U0128258

概論

Introduction to Public Management

林淑馨◆著

巨流圖書公司印行

公共管理概論

國家圖書館出版品預行編目（CIP）資料

公共管理概論／林淑馨著．-- 初版．-- 高雄市：巨流, 2018. 12
面；　公分

ISBN 978-957-732-574-7（平裝）

1. 公共行政　2. 行政管理

572.9　　107020059

著　　者　林淑馨
責任編輯　邱仕弘
封面設計　黃齡儀

發 行 人　楊曉華
總 編 輯　蔡國彬

出　　版　巨流圖書股份有限公司
80252 高雄市苓雅區五福一路57號2樓之2
電話：07-2265267
傳眞：07-2264697
e-mail: chuliu@liwen.com.tw
網址：http://www.liwen.com.tw

編 輯 部　23445 新北市永和區秀朗路一段41號
電話：02-29222396
傳眞：02-29220464
劃撥帳號　01002323 巨流圖書股份有限公司

法律顧問　林廷隆律師
電話：02-29658212

出版登記證　局版台業字第1045號

ISBN 978-957-732-574-7（平裝）
初版一刷・2018年12月

定價：480元

自序

這些年來國家與社會整體發展迅速改變，連帶也影響公共事務的管理。傳統公共事務管理方式早已無法因應時代快速的變動，同時也難以滿足民眾的需求。因而各國政府無不希望借用私部門的管理經驗，以協助解決層出不窮的公共事務問題。但公部門的特質與運作模式終究有異於私部門，這些適用於私部門的管理方式如何才能順利運用於公部門中，又可能面臨哪些困境？這些乃是公共管理這門學科所欲探討的主要內容，也是本書撰寫的核心架構。各位讀者若能以此脈絡來閱讀本書或準備考試，或許可以達到事半功倍的效果。

仔細算算，包含專書與教科書在內，這是我的第 12 本書。回國十多年來，這樣的產出應該還算對得起自己，也可說是對本身專業領域的一個交代。自從 2012 年年底出版《公共管理》以來，一直受到該領域授課老師和讀者的鼓勵與支持，有讀者甚至還來信討論相關議題，讓我相當感動。然卻也常有老師提醒我：「這本書內容太多，一學期 2 學分很難全部上完，能否考慮出上下冊或是精簡版？」。但說實在，當時在寫《公共管理》，我只考量自己授課和考生的需求，因此竭盡可能要將許多概念和專業知識放進書裡，希望能說清楚講明白，卻也因而導致該書的內容越來越多。雖然這段期間也想將該書整理成精簡版，但因教學和研究工作占去相當多時間，所以始終未能付諸實際行動。

今年終於有些時間可以著手處理此事，卻也面臨「定位」和「區隔」問題。如果只是單純將先前的《公共管理》抽離部分內容出來，或許是件簡單的事，但總覺得不應僅是如此，應有些許不同。我期望這本《公共管理概論》能更淺顯易懂，能讓初學者覺得公管是有趣的、實務的，非僅是理論性的，從而願意置身於公共管理的學習領域。因此，在內容的安排上較爲簡潔，爲了提高讀者的學習興趣，在每章內都增加了與主題相關的「實務櫥窗」和「公管小檔案」，除了協助讀者檢視理論與實務的差異外，還希望喚起讀者對本學科實用性之重視。

本書得以出版，首先感謝巨流出版社長期以來對出版的執著與附出，儘管這些年出版業的經營頗爲艱辛，但出版社仍然願意持續出版專業書籍，單是這點就非常不容易。而台北大學公共行政暨政策學系的老師與助教們，以及公共行政領域的先進平時對我的關懷和提攜，還有宗穎、維倫、姿安與伃安等多位研究助理在資料蒐集和校稿上的協助，都是促使本書得以快速出版的最佳動力。這些年來，透過教科書的撰寫，意外地和讀者產生另類互動。雖然多數的讀者我都不認識，但卻可能在許多不同場合（有時是公務人員受訓時）相遇。曾經在一次訓練場合，有位讀者跑來跟我說：「老師，我讀過你的書ㄟ，對我幫助很大」。聽到這句話，眞有說不出的高興與成就感，覺得寫書是件有意義的「大事」，可能影響讀者至深，更加警惕自己在資料蒐集和內容撰寫上須處處小心謹慎。

最後，感謝家人長期以來對我的包容。由於大多數的時間我都待在研究室，所以犧牲了許多和家人相處的時間。但他們卻毫無怨言，始終默默守候著我，讓我無後顧之憂。若是沒有他們，我應該不會如此多產。謝謝你們！

林淑馨於
國立台北大學
公共事務學院 326 研究室
2018.7.6

目錄

1

公共管理的基本概念

學習目標

- ▶瞭解公共管理興起背景，區分 P 途徑與 B 途徑之差異。
- ▶掌握公共管理的特性，釐清公共管理與企業管理之不同。
- ▶明瞭新公共管理的特質以及哲學基礎。
- ▶論述新公共管理的優點與限制。

傳統行政理論之本質乃是奠基於大有為政府的觀念之上，並以韋伯（Max Weber）所提出之官僚體制作為公共組織設計的原理。然而，在1960年代末期到1970年代，激進的反國家主義之思維大為盛行，民眾對於政府無所不在的管制作為日漸感到不耐，取而代之的是，小而美的政府觀念逐漸受到重視，使得公共行政的論述朝向嶄新的內容發展（吳定等，2007：277）。

基於此，在跨越21世紀的前夕，公共行政學術領域最重要的大事毋寧是「公共管理」（Public Management）的崛起。公共管理肇始於美國1970年代，而在1990年代大放異彩，其著重目標達成、績效獲致，而非死守程序；強調顧客導向、解除管制（deregulation）、授能（empower）；行政機關只須領航，無須操槳（steer, not row），應盡量利用市場式的競爭（marketlike competition），以獲致績效等觀念，在在顛覆傳統公共行政的中心思想，改變了公共行政學術理論與實務的原本面貌，成為世界各國行政管理學、政兩界矚目的焦點。正如同 Hughes 所形容的，這是傳統公共行政「改變的年代」（era of change），此種改變不僅是管理技術與管理公式的改變，也涉及政府在社會中的角色以及政府與民眾之間關係的改變（吳瓊恩等，2005：3）。

受到公共管理相關理論的影響，自1980年代開始，世界各國掀起了一股政府再造的風潮。公共管理企圖顛覆，或者轉化舊有公共行政的本質——僵硬、層級節制的官僚體制，取而代之的是形塑一個彈性的、市場導向的公共部門，而這樣的理念正好被視為解決過去政府組織積弊的一帖良方，不但政府層面，就連民間社會皆對這股再造風潮的預期效應寄予厚望（林鍾沂，2001：160；吳瓊恩等，2005：3）。然而，公共管理的興起是否真的意味傳統公共行政已經過時？或代表典範的移轉已經從行政移轉到管理；從官僚移轉到市場？公共管理的意涵、內容與理論基礎究竟為何？為何能引領風潮這麼多年，廣受各國政府部門的支持，進而促使各國政府部門進行內在的變革？其在公部門的實際應用情形與成效為何？是否會產生困境與限制等？這些都是本書所欲探究的議題。

針對上述的問題意識，在本書的各章中將一一予以探討。在第一章中先對公共管理的發展歷程和理論基礎進行簡單的概述。基於此，本章首先整理公共管理的興起背景及研究途徑；其次就公共管理的基礎概念加以敘述；接著針對新公共管理的發展背景、主要論點及優缺點進行介紹；最後討論新公共管理的優點與限制。

第一節　公共管理的緣起

一、公共管理興起背景

關於公共管理興起的背景有很多，許多學者採用不同的觀點加以分析。Minogue 指出推動公共管理的理念，係因為受到財務、服務品質及意識型態等三大壓力之下而興起的；另一位學者 Kettl 則認為公共管理的興起，應從政治、社會、經濟與制度四個角度來分析。而我國學者丘昌泰（2010：50-66）則指出：公共管理發展的背景大致可分別從內生因素及外生因素來觀察；內生因素包括新右派意識型態出現以及來自新古典經濟理論的批判；而外生因素則是指面對著全球化的挑戰以及資訊化社會的衝擊，迫使傳統的政府管理思維必須轉型以為因應。此外，孫本初（2009：30-31）則認為，公共管理出現的原因，可從理論面及實務面觀之。在理論層面上，公共管理是一種跟隨對公共行政舊典範進行挑戰的「後官僚典範」而來，企圖跳脫傳統官僚典範陷入於層級節制的嚴密控制、狹隘的效率觀、空泛的行政執行程序（依法辦事）和抽象的公共利益等問題；另外，在實務上則是受到1980年代新公共管理浪潮及各國行政改革運動的影響，導致公共管理的產生。

綜上所述得知，公共管理的出現，即是肇因於理論界與實務界均普遍感受到傳統建構在韋伯式系絡下的公共行政已經出現「合法性危機」，因爲在其偏狹的理性主義之下，已明顯地發生理論無法指引行動，以及無法忠實地實現人民的需求等現象。公部門不僅背負著龐大的財政壓力、也必須面對人民的不滿與抨擊，再加上時逢意識型態與經濟理論的變遷，導致傳統公共行政的理論在二次大戰後、後工業社會來臨之際的時代環境下欲振乏力，於是開始有學者從管理面向著手研究，試圖改變傳統公共行政層級節制、嚴密控制的思維，以挽回人民信心。

二、公共管理的研究途徑

公共管理的研究途徑，以Bozeman的分類爲當前主流的看法：一爲「P途徑」（the P-approach）；一爲「B途徑」（the B-approach）。前者是從公共政策下沿而來（down from public policy）；後者則是從企業管理提升而上（up from business），茲分述如下（余致力，2000：23-24；吳瓊恩等，2005：16-19；孫本初，2009：35-36；丘昌泰，2010：31-32）：

（一）公共政策取向途徑（public policy-oriented），簡稱P途徑

支持此途徑者認爲，公共管理應與公共政策相結合，故稱爲「政策管理」。強調以問題取向而非量化取向，研究焦點定位在高層政策管理者職位上，關心公共政策的成果，及每個政策領域中政治因素對於政策的影響。在公共政策學派下的公共管理，根據Kettl的看法，有如下幾項

特徵：

1. 對傳統式的公共行政及政策執行研究予以拒絕

因爲政策學派中的公共管理學者大都來自政治學或公共行政學等領域外的學術背景，故均強調以自我原有的學科專長來研究公共管理，並將公共行政或政策執行的研究成果予以排除。

2. 偏向於前瞻性、規範性的理論研究

政策執行的研究焦點主要在克服執行時所遭遇之問題的解決，而公共管理的研究則著重於方案結果的形成，並將政治性主管人員視爲是政府績效的關鍵人物。

3. 著眼於高層管理者所制訂之策略的研究

認爲高層級官員的主要工作即在研擬策略，以利屬員朝其所訂之目標來提供服務。

4. 透過個案研究來發展所需之知識

即從實務運作及管理者的親身經歷中萃取出最佳的管理原則。

（二）企業管理取向途徑（business-oriented），簡稱 B 途徑

一般而言，企業管理學派取向下的公共管理與傳統公共行政較爲接近，且倡導的學者亦大都是受過企業管理或一般管理課程教育。因此，「B 途徑」與「P 途徑」之間對於公共管理的見解有顯著的差異存在。Bozeman（1993）認爲其主要的特徵如下：

1. 較偏好企業原則的運用。
2. 對公私部門間的差異不做嚴格的區分，並以經驗性的理論發展作爲公私組織差異的解釋基礎。
3. 對策略管理及組織間管理逐漸予以重視外，並強調組織設計、人事、預算等方面過程取向的研究，並非如同政策途徑僅強調對政策及政治的研究。

4. 以量化的實驗設計為主要的研究方法，個案研究僅是教學上的一項補充教材而已。

第二節　公共管理的基本概念

一、公共管理的意涵

公共管理是一門新興的學科與學派，旨在幫助公共管理者（即負責督導人員從事公務之政府官員），獲致解決公共問題、滿足民眾需求及處理公眾事務所需的知識、技能與策略，以造就一個績效卓越，也就是負責任、有反應、講效率、重公平的政府（余致力，2000：38）。

公共管理的意涵，就狹義而言，係指公部門的管理（public sector management）；就廣義而言，則包含公共事務的管理，從政治面向到行政面向，從公部門、私部門到第三部門（the third department）的事務皆包含在內。一般學界的通說是指涉公共事務的管理，意即政府部門（具有公權力）及非營利組織（如慈善機構、學校、社團法人等）的管理。

二、公共管理的特性

公共管理發展至今，已累積相當多的文獻與政府實務經驗，而其特質為何？各家說法分歧互異。國內學者丘昌泰（2010：16-22）則從「管理主義」、「公共行政」、「政策管理」及「新公共管理」四個面向出發，歸納出公共管理的幾個共同特質如下：

（一）將私部門的管理手段運用於公部門之上，並未改變公部門的主體性

公共管理者並不否認形成公部門特性的公共利益、公共道德、公共責任、公共服務等價值的重要性。公共管理在維持公共性格的實質基礎下，主張應該謙虛的學習與吸收私部門管理策略與方法等手段，以實踐公部門所揭示的效率（efficiency）、效果（effect）、公平（equity）及卓越（excellence）的「四 E」目標。

（二）選擇性地運用市場機制手段，並非將公共服務完全的市場化

公共管理由於受到公共選擇學派的影響，主張引進市場機制，將公共服務民營化，以加強競爭、降低預算與權力的極大化，故稱之為「市場取向的公共行政」（market-oriented public administration）。不過市場取向的公共管理是指選擇性地運用市場機制的手段與方法，並非實質上將政府予以「市場化」，在將公共服務交給市場之前，通常都會經過審慎的可行性研究，如英國續階計畫（Next Steps）中，係將可能民營化的業務進行市場測試，可以交給市場經營的項目大都是例行性的、作業性的、非管制性的公共服務。

（三）主張吸收公共行政和政策執行的內涵，並予以吸收修正

不同於公共行政強調管理過程與規則，公共管理較重視目標的設定與成果的衡量。另一方面，若從研究焦點來看，公共管理也不同於政策執行是重視執行組織的結構與過程研究，而是強調公共計畫的成果與績效。因此，公共管理學者認為，公共行政的管理程序與原則值得吸收，而政策執行因強調以公共計畫為單元的概念亦應重視，故公共管理吸收且修正了兩者的論點。

（四）重視外部環境的關係，強調最高管理者的策略設計為焦點

公共管理兼顧內部與外部的環境關係，特別是重視外部環境，故主張採取策略性的觀點進行資源的管理，包括：如何認定顧客的需求、如何研擬因應的計畫與如何進行資源的配置。但傳統的公共行政僅重視組織內部的環境因素，強調以標準作業程序與官僚控制完成組織目標。

此外，傳統的公共行政將官僚體系視爲分析單元，主要分析官僚人員的行政管理程序與原理[1]；但是公共管理者的分析單元爲官僚部門中最高管理者的策略，其所面對的問題是：如何爲本身的計畫或官僚結構設計適宜的管理策略。

（五）公共管理是與私部門、非營利部門、公民社會或個人進行「公私合夥」的合作模式

公共管理中所謂的管理者不一定是政府部門，私部門、非營利部門等都是公共管理者的一環，且都扮演積極角色，故公共管理非常強調「公私合夥」（public-private-partnership）的合作關係。

（六）公共管理與政策分析有密切關係，不可分離

政策分析主要是關切政府做什麼（what）的課題，公共管理則關切如何做（how）的問題，兩者密切相關，互爲因果。

三、公共管理的內涵要素

就公共管理的實質內涵而言，傳統以 Gulick 與 Urwick 的「POSDCORB」（計畫、組織、用人、指揮、協調、報告、預算）代表行政管理上的七項

1 如探討的主題是：行政人員應解決哪些問題？解決程序為何？如何能達到效率目標等。

主要功能，已轉化為 Garson 與 Overman 等兩位學者所謂之「PAFHRIER」，甚至於延伸至 Graham 和 Heys 所言之「PAMPECO」，反映了公共管理的新內涵與新功能，說明如下（孫本初，2009：39-40；余致力，2000：31；吳瓊恩等，2005：15-16）：

Garson 與 Overman 在 1983 年《美國公共管理研究》一書中，提出公共管理的發展已從 Gulick 與 Urwick 的「POSDCORB」轉化到「PAFHRIER」，即：

PA：政策分析（Policy Analysis）

F：財務管理（Financial Management）

HR：人力資源管理（Human Resource Management）

I：資訊管理（Information Management）

ER：對外關係（External Relations）

如觀察上述公共管理內涵要素的演變得知，從 Gulick 與 Urwick 的「POSDCORB」到 Garson 與 Overman 的「PAFHRIER」，意味著公共管理嘗試跳脫出傳統公共行政所強調的官僚式組織的控制管理模式，如預算、用人等，而著眼於引進私部門的管理概念，如財務分析、人力資源管理、資訊管理，甚至是重視對外關係的經營，以協助公共管理順利執行內部活動並瞭解外在環境。這對傳統公共行政而言，無疑是在觀念上的一大突破。

四、公共管理與企業管理之比較

有關公私部門管理異同之爭議，長年以來，一直是公共行政與企業管理學者專家所關心的課題。有部分學者認為，管理就是管理，無所謂公私部門之差異。無論是在政府機關或私人企業從事管理工作者，都需要類似的管理知識、技能、概念與工具，來幫助他們發揮相同的管理功能（如規劃、決策、組織、領導、溝通、控制等），俾將組織的資源（如人力、財力、物力與資訊）加以妥適地配置運用，以期有效地生產財貨與提供服務，達成組織的目標（余致力，2000：3）。

但另有部分學者專家並不認同「公私管理無異」的理念，認爲公共管理與企業管理在本質上有許多差異，可分別從下列幾個面向來分析（Denhart, 1991: 16-18；丘昌泰，2010：22-23；徐仁輝，2000：62-67）：

（一）底線

公共管理者很少有一清楚的底線，亦即沒有損益考量的限制；民間企業的經理人則必須時時刻刻以利潤、市場績效或企業存活作爲任何經營決策上的考量底線。

（二）時間水平

主張公私管理差異者認爲，公部門管理人面對政治的需求與政治時效性，經常是只有相對較短的時間可做政策制定與改變；相對而言，私部門經理人顯然有較長的時間去做市場開發、技術創新、投資與組織重建等。

（三）人事任免

在政府機關無論考試、任用、升遷、考績、解雇、退休等皆有詳細的法令規章與一定的作業程序，公部門管理者很難從效率的角度，善用人力資源。反之，私部門經理人對於人事的任用、調任與免職皆有很大的權限，可對人力資源做較佳的利用。

（四）分權與負責

主張公私管理差異者認爲，公部門基於憲法均權與制衡的設計，公部門組織的權力與責任是分散的，結果是任何一個公共政策的推動，公共管理者皆需不斷的與其他機關進行溝通協調。相形之下，私人企業則較無須花時間資源去做外部的談判。

（五）決策過程

主張公私管理差異者認爲，私部門經理人在經過專注的研究過後做決定性的決策；相對的，公部門管理者則是不斷的在做、重新修正或不做決定，而且是處於草率的分散狀況下。公部門管理者可能面對較多急迫性危機問題，暴露在來自各方利益的干擾，因此其決策經常是無法像私部門經理人一樣可以在有計畫的時程表下進行。

（六）公開性與封閉性

主張公私管理差異者認爲，政府管理必須攤在公共的目光監督下，因此較公開；相對的私部門企業管理皆是內部進行，不需經過大衆的審視，因此較封閉。

土城區公所與燿華電子簽署防災合作備忘錄[2]

爲提升地方整體防救災能量，新北市政府積極推動企業參與防災社區、建立夥伴關係，2018年6月6日上午土城區公所與燿華電子簽署防災合作備忘錄，公私協力共同合作。土城區長楊志宏表示，土城工業區有許多歷史悠久的企業，長期致力推動社會公益服務，期許這些企業在追求成長的同時，也願意持續善盡企業社會責任，將更多的資源回饋社會。

楊志宏說，土城區公所與燿華電子合作共同推動企業防災，在災害發生時，能夠結合燿華電子現有的志工團隊，協助社區災後復原的環境清理、防疫等工作；在收容避難處所開設期間陪伴災民，並給予災民溫馨關懷、心靈撫慰等協助，希望透過志工團隊的投入，讓災後復原能更迅速。土城區公所表示，期許透過這次與燿華電子簽署防災合作備忘錄，能帶動更多在地企業一起投入參與防救災工作，公私協力整合資源，提升防災能量，共同守護家園。

第三節　新公共管理

自1980年代以來，全球盛行起管理的風潮，而這波以「新右派管理主義」爲基礎的行政改革運動，是以「市場機制」及「效率」爲其核心理念，被稱之爲「新公共管理」(New Public Management, NPM)。廣義而言，公共管理與新公共管理雖爲同義詞，但仍有些微差異：公共管理興起於美國，雖強調將企業管理手段運用於公部門，但其實並未改變公部門的

2 資料來源：中時電子報（http://www.chinatimes.com/realtimenews/20180606004141-260405 [2018/6/6]；檢閱日期：2018/6/19）。

主體性，且公共管理僅是選擇性的運用市場機制，並非實質上將政府予以市場化（marketized）；而新公共管理則起源於英國，並盛行在紐西蘭、加拿大、澳洲等地，由效率觀點出發，重視企業家管理精神的植入，並主張政府機關應盡量將公共服務交由市場來處理，才能確實達成小而美的政府改造目標（丘昌泰，2010：18、86；吳英明、張其祿，2006：119）。簡言之，公共管理與新公共管理主要在於「興起國家」及「公共性程度」的不同，形成兩者之間的差異。基於此，爲使讀者更清楚公共管理與新公共管理之不同，在本章中乃以獨立的一節來介紹新公共管理的概念與相關理論。

一、新公共管理的發展背景

一般認爲，新公共管理思維的興起，乃是肇因於兩股力量的影響：一爲反國家主義（anti-statism）思潮的衝擊，使得以經濟學之市場理論爲基礎的公共選擇理論，其小而美的政府觀，被納入了公共管理的論述當中；其次，則是90年代美國柯林頓總統主政後，授權副總統高爾所進行的行政改革，試圖摒除官僚體制的僵化，爲公共組織帶來活力以提升政府績效，一般稱之爲政府再造（reinventing government）運動（吳定等，2007：277）。而這股自1980年代以來即盛行於各國的政府再造風潮，使得各國政府的行政管理文化產生「轉移」（transformation）的現象——從公共行政轉變爲公共管理（孫本初，2010：17）。學者Hughes亦指出，自1980年代之後，一項新的公部門管理模式已出現在大部分先進國家中，而這個模式被賦予不同的稱號，包括：管理主義（managerialism）、新右派（the new right）、新治理（new governance）、市場導向的公共行政（market-based public administration）、後官僚典範（post-bureaucratic paradigm）或企業型政府（entrepreneurial government）等，名詞雖異，但所探究的實質內涵卻大致相同，可統稱爲「新公共管理」（new public management）（吳定等，2009：52；孫本初，2010：17；林鍾沂、林文斌譯，2003：63）。

然而，爲何世界各國於1980年代以降，風起雲湧地加入政府再造的行列之中？此乃因爲1970年代隨著石油危機而導致全球性的經濟不景氣，面對停滯的發展、持續的通貨膨脹、能源成本的提高、生產力的降低、失業率的節節升高，加上政府財政收入的減少以及社會福利成本的持續擴張，使得凱因斯經濟理論顯得無力處理，而引發了福利國家的種種危機。若細加探討，這種危機可分爲：（1）經濟危機：因石油危機導致的世界經濟不景氣；（2）財政危機：福利國家因經濟蕭條導致稅收減少，不足以支應持續增長的公共支出；（3）官僚危機：福利國家爲分配龐大的福利，勢必建立起龐大的官僚體制來執行，而其所關心是預算經費的擴張，將造成不正確的公共財觀念、過度供給及官僚政治的竊盜行爲等後果；（4）合法性危機：當一個國家出現了經濟危機、財政負荷過重，以及人民的需求又不斷增加，若政府無法有效的因應，不但不能表現施政的效能感，也喪失民眾的信賴感，如此的政府體制勢必喪失其合法正當性。上述這些危機亦爲新公共管理產生的背景系絡（林鍾沂，2001：166-168）。

簡言之，1980年代以來，市場取向的論述促使政府的觀念從大有爲轉向小而美，再加上各界對傳統行政理論所採行之政治控制行政的模式有所質疑，也不滿傳統官僚體制的組織設計不符合民主的要求且缺乏效率（吳定等，2007：277-280），因此英、美、紐、澳等先進民主國家先後出現強大的民意壓力，要求行政革新、提升政府績效與加強公共服務品質，而新公共管理之改革運動隨即成爲一股世界潮流席捲全球。

二、新公共管理的主要論點

大抵言之，新公共管理係以市場取向的公共選擇理論爲基礎，發展出一套有別於傳統行政理論的論述內涵，並希望對行政實務進行改造。吳定等人（2007：281）從三項核心觀念來分析新公共管理的內涵：首先是顧客導向。新公共管理以市場取向爲起點，強調將人民視爲消費者，標榜以顧客導向作爲政府行動的方針；其次是公共組織內部市場化。新公共管理的支持者相信，市場的運作較官僚體制更爲有效率，因此行政改革的正確道路應該是將市場的競爭概念注入公共組織當中，論者謂之「組織內部市場化」，其實務上的作爲即Savas所謂的「將政府民營化」（to private government）；第三是企業型政府。新公共管理的倡議者目睹了許多成功企業的經驗，皆認爲政府的成敗與民選首長、政務官以及行政人員是否具有企業家精神息息相關，此一概念意謂大膽創新、追求變革、前瞻視野，以及接受挑戰應成爲公共經理人（public managers）的特質，論者將具有此種企業家精神的政府稱爲「企業型政府」（entrepreneurial government）。

申言之，新公共管理主要是引進市場機制、推動企業型政府；即指公共行政必須追求有效率、彈性與回應性的制度，其核心概念是競爭、授能、績效、顧客優先而非官僚體制的命令。根據新公共管理研究頗負盛名的英國學者Hood所言，新公共管理造成公部門內在的變革，而此一變革是由下列幾項特質所構成，茲說明如下（Hood, 1991: 4-5；林鍾沂、林文斌譯：2003：74-75）：

（一）在公部門中實踐專業管理

公部門應放手讓高階管理者進行積極、裁量性質的管理與控制，並且爲結果的達成與否承擔責任，即所謂權責相稱的落實。

（二）明確的績效標準與衡量

公部門需將重點放在產出或結果，而非投入，也就是需明確設定目標，並訂定可以衡量的績效，包括了任務成敗所需之課責的明確陳述，以及達成目標所需的效率指標。

（三）強調產出控制

過去公部門著重的焦點在於投入而非產出，或者不是組織的確實作爲。但新公共管理主張資源是根據所衡量的績效來分配，強調政策產出或結果的控制更甚於過程。

（四）公部門各單位的解體

解體（disaggregation）意指透過設立執行小型政策領域的機關，而將較大規模的部會分割開來。申言之，將公部門內部的組織結構依據產品或服務特性化分爲若干管理單位，再根據每一單位實施統合化的管理方式，以收管理效果。

（五）促使公部門中更具競爭性

在減少成本的理念下，將市場競爭觀念引進政府的服務中，並以簽約外包的策略進行市場測試，提供公共服務，期以競爭的精神，提高卓越的服務品質與降低成本。

（六）重視私部門管理實務的風格

將公部門軍事化的公務倫理予以革除，在人事甄補和獎酬方面更爲彈性（如根據契約來任用人員，或聘請外界人士擔任高層官員），以及運用私部門已經證實有效的管理工具（如誘因制度）。

（七）更加重視紀律與資源運用的節制

新公共管理需要增加注意力於資源的最佳利用上，包括撙節開支、強化人員的紀律、抗拒工會的要求、降低對企業的順服成本（compliance cost）等。政府擁有資訊後，便更有能力控制支出，達成「作為更多，花費更少」的目標。

簡言之，在新公共管理看來，科層官僚組織所提供的服務總是品質低劣，同時亦無法符合消費者的需求或期望。基於新右派「私人就是好的；公共就是壞的」哲學，指出國家官僚組織應依比例減少，若無法如此，私部門的管理技術就該引進（楊日青、李培元等譯，1999：565）。

三、新公共管理的哲學基礎

（一）交易成本理論（transaction cost theory）

交易成本理論主要是指簽約與執行契約之成本，由於所有交易狀況皆涉及不確定性，並受到人們決策能力的限制，以及完全資訊取得的不易，故交易成本是高昂的。該理論係由 Williamson（1986）所提出，認為經濟與組織制度形成的最基本原因，乃進行經濟交易或契約過程中，由於不確定性（uncertainties）與人類的有限理性（bounded rationality），導致可能遭遇到的各種成本，包括搜尋成本、協商成本、締約成本、監督成本與違規成本等。若要降低交易成本，則必須仰賴「制度」來降低議價過程中的風險，因此制度正是降低交易成本的不二法門。例如我國 ETC，在招標過程中，因私部門（遠通）資訊隱蔽，使公部門（交通部）付出龐大成本。而公部門因資金與技術不足，產生私部門對其威脅的問題。

（二）代理人理論（principal-agent theory）

代理人理論通常稱爲「委託人－代理人理論」，是建立在兩個基本概念之上，一是社會「分工」（division of labor），另一是「契約」（contract）關係。就組織而言，上層的決策者委託下層的執行者執行組織功能，決策者與執行者形成一種「分工」關係，也形成一種「委託代理關係」。理性的經營者（即代理人）常試圖獲取自己最大利益（薪資、獎金、福利等），結果可能使當事人利益受損（盈餘減少或風險增加）。在有限理性的制度環境下，這樣的契約通常是一種「不完全契約」，代理人也會利用不完全契約所留下的「不確定性」，進行機會主義（opportunism，或投機主義）性行動，而成爲代理人的「道德危險」（廖坤榮，2005）。

主張代理人理論者認爲，在政府與企業的關係上，政府可以將某些業務以契約外包方式委託給民間負責，政府依雙方簽訂之契約控制民間企業的經營品質，藉以縮減政府組織規模與確保服務品質。例如桃園市免費公車服務的提供乃是一種委託與代理關係，委託人爲桃園市公所行政室，而代理人即爲具公路汽車客運業或市區客運業營業執照者。

（三）公共選擇理論（public choice theory）

公共選擇理論是指經濟學者利用經濟學的基本假設與分析邏輯來研究政治活動，該理論假定人都是自利動機，以追求個人利益爲最高原則，因此官僚體系中的文官和政客的作爲均在追求個人利益，且基於這些自利動機的運作下，官僚體系在預算與政府組織規模上必然呈現極大化的現象，以致出現沒有效率的官僚病態。透過公共選擇理論的分析可以發現，政策市場的供給與需求的問題，將非常可能造成政府決策的偏差，進而造成「政府失靈」的現象。

福德坑垃圾掩埋場變身智慧能源火車頭[3]

走進臺北市木柵的福德坑環保復育公園，看到大片綠地，還有白鷺鷥悠閒散步，蜻蜓來回穿梭。讓人難以想像，30 年前還堆滿垃圾的地方，現在不但是休閒的好去處，更重要的是，它還有臺灣第一座已完工發電的掩埋場太陽能電廠，成功讓垃圾變黃金。

福德坑停止掩埋垃圾後，臺北市政府希望有效使用這塊土地，因此向德國「能源之丘」取經。德國這座山丘在二次大戰後被棄置大量廢棄物，漢堡市委託專業組織淨化這個區域後，設置了風力、太陽能等潔淨發電的設備，供電給鄰近地區家庭使用。

靠智慧方案　產出潔淨能源

臺北市採取「公私協力」的模式，打造臺北能源之丘。2016 年公開招標，市政府零出資，提供 3 公頃的土地；業者則要負擔所有建置和維運的成本，將電力賣給台電。當時躉售電價每度爲 5.23 元，售電收入 10% 回饋給市政府，租約期間 9 年 11 個月（得續約 9 年 11 個月），最後由大同公司得標。2016 年 9 月開始動工，大約 3 個月就鋪設完成 7,680 片太陽能板，單一裝置容量爲 2 MW（百萬瓦），2017 年 1 月開始發電後，到年底的發電量已達 208 萬度。

3　資料來源：科技新報（https://technews.tw/2018/06/17/landfill-renewable-energy-taipei/；檢閱日期：2018/6/17）。

第四節　新公共管理的優點與限制

雖然新公共管理有前述各項特色，但並不是沒有遭遇問題，這些挑戰基本上都是來自於學術界基於捍衛公共行政理論的角度加以抨擊。此處首先說明新公共管理的優點，然後再就其所受到的批評加以說明。

一、新公共管理的優點

一般而言，新公共管理的提出被人肯定之處，乃是它因應過去經濟不景氣、財政惡化和正當性危機等險惡環境，企圖克服雙環困境（catch-22）而提出解決良方，希望釋放官僚，使治理工作更具彈性、創新與回應，並導入民間活力，運用授能手段等來執行服務傳輸功能，以使政府不必事必躬親，擺脫萬能政府，實現「小而能、小而美」的自由主義和新保守主義的理想（林鍾沂，2001：173-174）。其產生的優點如下（丘昌泰，2010：95-96）：

（一）許多國家的政府確實裁撤了多餘的人力，生產力在許多領域中也確實提高甚多，且並未減少對於公共服務的數量與品質。

（二）公共服務的決策制定更能採取理性途徑與策略設計導向，而且以契約管理方式兼顧了服務品質、效率與責任標準。

（三）公共服務對消費者更具回應力，公開的管道也增加顧客參與途徑（如公私協力），並提供快速的服務方式，如公部門提供一站式服務。

（四）將公共官員的權力由專業者與工會轉移到管理者與主雇團體（例如藉由民營化，將國營事業移轉民營），減低工會對公共部門決策的影響力。

（五）使公共部門保持更大彈性，能夠提供各種創新與改進計畫，逐漸形成企業型文化。

二、新公共管理的限制

近年來，公部門的改革深受新公共管理意識型態之影響，強調結果導向（Result Orientation），要求公部門之表現應該以結果或績效作爲衡量的指標。新公共管理探討的焦點侷限於組織內部，探討行政人員如何有效生產，並未討論與剖析行政人員對政治社會的相關責任。因此，新公共管理是以組織導向、技術導向與生產導向爲特質。在此特質之下，可能產生下列幾項問題（顧慕晴，2009：8-15；蘇偉業，2009：113；林鍾沂，2001：174-175）：

（一）未注意公共行政的政治本質

新公共管理從管理技術面向改善政府績效，只能治標不治本，未能就公共行政的政治面向所應追求的價值，如社會公義、公平等進行深入的探討，將導致行政人員成爲缺乏倫理思維的技術官僚，再次陷入傳統行政理論只重視工具理性的迷思中；如電影《海角七號》中的精典台詞：「山也BOT，海也 BOT」。

（二）新公共管理無法協助達成社會正義

新公共管理強調以市場機制、競爭使生產效率、生產成果更高，行政機關在此觀點下以生產爲導向，充其量僅能達到平等的目標，對所有大小團體一視同仁，卻無法達到調處社會中各種團體的勢力之社會目的，使各團體立足於平等的社會公正目標。

（三）使社會大眾無法參與決策

行政人員被期望具有前瞻性之遠見、具創新能力的公部門企業家，而此種特質與民主政治鼓勵人民參與決策過程悖離；其次，行政人員想保有競爭力，勢必在決策中保密，此與民主政治要求開放資訊，容許人民參與的精神相左；最後，新公共管理視人民為顧客，剝奪人民參與決策、分享權力的基礎。

（四）公眾利益遭到棄置

在強調績效的體制下，新公共管理只重視行政方法的問題，而非行政目標的問題，此為以往政治行政相分離的觀點，為了提升行政效率，將犧牲政治，無論國會議員或人民的觀點都將遭到忽視。簡單來說，欲求有效率的服務觀點，行政人員會盡量選擇容易達成的工作作為目標管理的指標，避開任何的燙手山芋，使得公共利益成為被棄置的概念。

（五）限縮行政人員的思考範圍與倫理角色

新公共管理強調企業取向，希冀行政人員成為有效率的生產者，此種角色要求將壓抑行政人員的施展空間，限縮行政人員的思考與角色，忽視其所擔任更廣泛的教育與代表的倫理角色。此外，中下階層行政人員雖被賦予一定裁量權，但並未改變科層體制，政策方向仍把持在最高決策者上，整體運作仍是由上而下，政府機關的中下階層行政人員仍是處在被動狀態。

（六）忽視社區意識的培植

新公共管理視人民為同質性高的市場內個體，均在追求個人的最大利益，在此情況下，人民沒有意願參與公共事務，也不願和他人、行政人員分享觀點，建立整體的社區意識。

（七）新公共管理產生課責問題

政府在面對日漸拮据的財政狀況，勢必賦予官僚體制更大的行政裁量權，運用企業手段解決財政上的困境。爲使官僚體制更具效率與效能，促使官僚所擁有的自主性越大，越讓民主課責更難發揮制衡的能力，民主課責即越受到威脅與挑戰。

公管小檔案

臺北市政府以公私協力模式打造智慧城市[4]

臺北市長柯文哲將發展智慧城市作爲其施政理念，而爲實踐此目標，北市府在2016年3月成立「臺北智慧城市專案辦公室」，期望能應用創新科技來滿足市民需求，進而將臺北市打造成一座實踐創新科技的「Living Lab」。北市府在推動智慧城市的過程中，強調透過公私協力及市民參與來引進民間資源及創意十足的提案點子，期望能建構政府、市民、產業三者共榮、開放且樂於實驗的平台，藉此讓更多市民能接觸到更多的智慧化服務。

針對臺北智慧城市專案辦公室的推行做法，其兼採Top-Down途徑（智慧城市專業幕僚服務）和Bottom-up途徑（創意、資源與場域媒合）。在Top-Down途徑的部分，主要是以北市府內部的專業幕僚擔任主導角色，其除了藉由蒐集國外案例及相關文獻來提供政策建議、善用政策分析的技術來協助各局處評估方案之可行性之外，亦積極整合中央及地方政府的資源。在Bottom-up途徑的部分，北市府嘗試將專案辦公室打造成媒合各種創意、資源的開放式平台，而此平台更擔負協助團隊將其方案在實際場域中試驗的功能，另外，該途徑更強調地方民意的蒐集，期望導入眞正符合市民需求的智慧化服務。

4 資料來源：臺北智慧城市網站（https://smartcity.taipei/events/34；檢閱日期：2018/5/11）；聯合新聞網（https://udn.com/news/story/7240/2482703；檢閱日期：2018/5/11）。

該辦公室成立迄今，已洽談200多家廠商、與北市府眾多局處攜手合作，成功媒合不同領域的智慧服務，其中，較爲知名的案例包含：與都發局合作發展智慧型公共住宅、與消防局合作發展無人機救災通訊、與產發局合作發展IoT Lab。由此可知，臺北智慧城市專案辦公室確實媒合政府與民間的資源，更在其引導之下，協助各局處在短時間內將智慧創新應用服務在實際場域中先行試驗，以回應市民需求。

臺北智慧城市專案辦公室已攜手各方合力創下許多佳績，並持續與更多不同領域的業者的商談合作機會，藉此讓市民能享受到更爲「智慧」的公共服務。此外，臺北智慧城市專案辦公室也進一步積極與眾多國際城市建立溝通、合作、交流的管道，藉由跨界激盪、相互分享的方式來一齊解決城市問題，並開拓臺北市在國際舞台上發揮的空間。

歷屆考題

1. 下列何人認爲新公共管理所強調之政府角色，並不能滿足人民對於政府的高度期待，從而主張應該重視公共行政當中的「服務」觀念？（106 年地方特考：行政學） (C)
⑷賽蒙（H. Simon）
⑸薛瑞（W. Sayre）
⑹丹哈特（R. Denhardt）
⑺李普斯基（M. Lipsky）

2. 從追求效率的目標而言，1980 年代興起的新公共管理（New Public Management）和下列那一派管理論之間有著共同核心要素？（106 年地方特考：行政學） (A)
⑷科學管理
⑸新公共行政
⑹系統理論
⑺後邏輯實證論

3. 1990 年代新公共管理（New Public Management）思維的興起，是肇因於下列那兩股力量的影響？①科學管理運動②黑堡宣言觀點③政府再造運動④反國家主義思潮（106 年地方特考：行政學大意） (B)
⑷①②
⑸③④
⑹①③
⑺②④

4. 下列對於公共選擇理論的敘述，何者最正確？（106 年地方特考：行政學大意） (A)
⑷爲新公共管理的理論基礎
⑸開啓人群關係學派的研究

(C)為科學管理的核心價值
(D)提出官僚行政的主張

5. 下列關於公共管理意涵的敘述，何者錯誤？（106 年地方特考：公共管理概要） (D)
(A)公共管理是一種策略性的領導
(B)公共管理蘊含企業性政府的概念
(C)公共管理涉及公共行政的藝術面向
(D)公共管理僅著重於技術導向

6. 下列何者並非從管理主義角度思考公共管理所提出之主張？（106 年地方特考：公共管理概要） (D)
(A)強調政府施政的專業主義
(B)重視公務人員的課責和紀律
(C)運用先進科技提升機關生產力
(D)探究公平正義的核心價值

7. 有關知名學者胡德（C. Hood）所提出的新公共管理主張中，何者錯誤？（106 年地方特考：公共管理概要） (D)
(A)彈性僱用與報酬
(B)以競標方式進行公共服務的管理
(C)強調市場與企業文化
(D)組織結構集中化

8. 下列有關公共管理「公共性」的描述，何者錯誤？（106 年地方特考：公共管理概要） (A)
(A)「政府施政」即公共生活
(B)公共管理除了關心政府施政外，也包含對非營利組織及公民活動等議題的關心
(C)公共管理對公共利益的執行受憲法監督
(D)公共管理雖然師法私部門，但有時亦可因公共利益而主導市場

9. 在新公共管理所受的批判中，下列何者不在其內？（106 年地方特考：公共管理概要）　(A)
⑷過於多元的大眾參與
⑻無法協助達成社會正義
⑶公共利益遭到棄置
⑷忽視社區意識的培植

10. 下列何項敘述符合企業型政府的特質？（105 年地方政府特考：公共管理概要）　(B)
⑷公益導向
⑻重視顧客滿意度
⑶主張科層管理
⑷強調公平正義

11. 有關公共管理理論的概念，可用 PAFHRIER 英文字加以表示，下列何者錯誤？（105 年地方政府特考：公共管理概要）　(D)
⑷ “PA” 意指政策分析（Policy Analysis）
⑻ “F” 意指財務管理（Financial Management）
⑶ “HR” 意指人力資源管理（Human Resource Management）
⑷ “I” 意指創新管理（Innovative Management）

12. 下列何者最不屬於企業管理學派（B 途徑）取向下的公共管理範疇？（105 年地方政府特考：公共管理概要）　(A)
⑷高階層管理者的策略制定
⑻組織再造工程與組織精簡
⑶全面品質管理與團隊建立
⑷建構績效指標與資訊管理

參考文獻

一、中文資料

丘昌泰，2010，《公共管理》，台北：智勝。

余致力，2000，〈公共管理之詮釋〉，載於黃榮護（編），《公共管理》，台北：商鼎，頁 4-48。

吳定、林鍾沂、趙達瑜、盧偉斯等著，2009，《行政學析論》，台北：五南。

吳定、張潤書、陳德禹、賴維堯、許立一，2007，《行政學（下）》，台北：空大。

吳英明、張其祿，2006，《全球化下的公共管理》，台北：商鼎。

吳瓊恩、李允傑、陳銘薰，2005，《公共管理》，台北：智勝。

林鍾沂，2001，《行政學》，台北：三民。

林鍾沂、林文斌譯，2003，《公共管理的世界》，台北：韋伯。譯自 Owen E. Hughes. *Public Management and Administration*. Basingstoke, Hampshire: Macmillan.

孫本初，2009，《新公共管理》，台北：一品。

孫本初，2010，《公共管理》，台北：智勝。

徐仁輝，2000，〈公私管理的比較〉，載於黃榮護（編），《公共管理》，台北：商鼎，頁 49-83。

楊日青、李培元、林文斌、劉兆隆譯，1999，《政治學新論》，台北：韋伯。譯自 Andrew Heywood. *Politics*. Basingstoke: Palgrave Macmillan.

廖坤榮，2005，〈台灣農會信用部經營管理的道德危險研究〉，《公共行政學報》，17：83-112。

蘇偉業，2009，〈公共部門事前定向績效管理：反思與回應〉，《公共行政學報》，30：105-130。

顧慕晴，2009，〈新公共管理理論下行政倫理的強化——新公共服務的理念〉，《T&D 飛訊》，87：1-25。

二、西文資料

Denhardt, Robert B. 1991. *Public administration: an action orientation*. Calif.: Brooks/Cole.

Hood, C. 1991. A public management for all seasons? *Public administration* 69(1), 3-19.

2

政府再造與企業型政府

學習目標

- ▶瞭解政府再造的定義與核心特質。
- ▶掌握企業型政府的意涵、特質與十項原則。
- ▶討論形塑企業型政府的可能環境。
- ▶檢討政府再造與企業型政府的可能限制。

政府再造（Reengineering Government）與行政革新是現代化國家重要的議題，並在1980年代成為各國政府關注的焦點，「政府再造」運動儼然已形成世界性官僚體系的一項「變革文化」，而成為文官體系提升績效的改革聖杯，甚至轉化為象徵治理能力的政治圖騰（江岷欽，1998：64；詹中原，1999：20）。研究指出，80年代以來，全球性所發生的政府改革風潮具有雙重意義：一是推動政府改革的國家相當廣泛，從英美、OECD等先進國家到開發中與第三世界國家都大力推動這種改造計畫，其範圍是全球性的；二是在改革方法及策略上都較過去的改革更為激進與徹底（丘昌泰，2010：134）。整體而言，政府再造運動涉及兩個面向問題，即是政策面與管理面。前者是關於政府規模與角色的定位，涉及各種價值優先序位的政治決定；後者關注的是政府運作的更有效率，以提升公民滿意度（Kettle, 2000: 30）。

政府再造與企業型政府所涉及的相關概念相當繁雜，受限於篇幅，本章僅以核心概念為主要介紹內容。在本章中，首先說明政府再造的背景因素，釐清政府再造的定義與核心特質；其次，以政府再造的核心——企業型政府為主，介紹企業型政府的形成背景、意涵、原則與特質等；接著探討形塑企業型政府的環境；最後則是分析政府再造與企業型政府所可能產生的限制。

第一節　政府再造的基本概念

一、政府再造的背景

隨著政府職權的擴張，全球性的政府財政萎縮，行政環境快速複雜的變動，再加上人民需求的增多和期望的升高，現代民主政府普遍遭受「能力不足」、「績效不彰」、「欠缺效率」、「浪費資源」和「政府失靈」的種種批評。面對此種困境，1980年代產生「民營化」、「小而美」的政府革新風潮，希望以減少支出或增加服務的方式，挽回民眾對政府的失望，而形成另一波革新的風潮（張潤書，2009：455）。以美國爲例，許多學者所倡導之行政革新的基本觀念，乃是希望將企業經營中所重視的品質、成本、顧客滿意等觀念，注入於政府部門的運作之中，藉由這些觀念的指引，使政府的運作更有效率且更具品質（吳瓊恩等，2005：35）。

由以上所述得知，政府再造之所以成爲世界各國紛紛投入的重要議題，其關鍵的因素在於外部因素的壓迫以及內部因素的限制，導致政府無法負荷來自於人民所提出的服務需求，不僅效率上難以達到民眾的要求，預算上的限制也使政府部門陷入兩難的困境。此外，科技的進步使民眾服務的範圍與樣態日趨多元，而政府部門爲了因應這些外部壓力，需要就目前政府的體質做通盤的檢討與改變，期望藉由各項技術的引進和觀念的轉變，以減少施政成本，提高政府的效能，使所提供之公共服務得以符合人民的需要與期待。

二、政府再造的定義

政府再造在不同國家間的用詞有所差異，有學者認爲這種政府的改革運動稱為公共管理改革（public sector reform），美國學者稱之為政府再造（reinventing government）或政府轉型（government transformation），德、法學者稱之為「行政現代化」。雖然用詞不一，但所代表的皆是改造政府，希望提高政府效率與服務品質的改造運動，其最終目的在於建立一個「成本最少，做得最好」的「企業型政府」（丘昌泰，2010：134）。換言之，若賦予「政府再造」較精確的定義，應該是「公共行政再造」或「行政再造」（reengineering administration），是對組織過程的徹底再思考及根本性的巨幅再設計，以促成組織績效劇烈的進步。這種過程必須是整體而非片段分裂的枝節流程。「再造」也不只是對現有結構的調整或是修正，其應是工作過程巨幅的重新創造及再設計，所期盼的不是績效或服務品質微幅的提升，而是大幅的改進（轉引自詹中原，1999：7-8）。

三、政府再造的核心特質

談到政府再造運動，學者認為大多環繞在下列六項核心特質（Kettl, 2000，轉引自丘昌泰，2010：137-138）：

（一）生產力

各國公民一方面希望能夠減稅，另一方面卻希望政府可以提供更好的公共服務，導致政府必須在有限的財政資源或是更少的財政收入額度內為人民提供效率服務。

（二）市場化

許多國家已經將公營事業徹底的民營化，也有國家與非政府的夥伴進行服務提供計畫，這些改革策略的基礎觀念是以市場機制代替命令控制官僚體系，以改變計畫管理者之行為。

（三）服務取向

許多公民認爲政府大多是缺乏回應能力，爲使政府更具回應性，徹底改造服務提供系統，有些國家不再以官僚機構爲優先地位，而將爲民服務視爲首要，讓公民有更多選擇不同服務提供系統的權利。

（四）分權化

爲提升政府的回應能力，許多國家的改革策略是授權給基層政府單位，而有部分國家則是將服務提供的責任由中央移轉至地方政府，甚至將責任分權化，授權給第一線的管理者並賦予誘因，以滿足公民需求。

（五）政策能力

許多國家將政府作爲服務採購者的政策功能，以及作爲服務提供者的服務運送功能予以劃分，由於政策不一定要假手政府本身，一方面可以改善服務提供的效率，另一方面則提高服務採購能力。

（六）結果責任

許多國家已開始將由上而下的、規則基礎的責任系統，改爲由下而上的、結果導向的責任系統所取代，焦點著重於績效與結果，而非過程與產出。

荒謬的政府再造[1]

過去臺灣創造了許多世界奇蹟，其中有個奇蹟卻是不爲人知：臺灣小小一個島國，「政府部會數」竟然居全球之冠，不僅超越鄰近的日本與韓國，連美國、中國這樣幅員廣大的國家，都比不上我們。小國卻要養最多的部會，加上不斷膨脹的公務員人數，光是領院長與部長級薪水的人，就有一百多位，這樣的奇蹟，未免太沉重。攤開亞洲國家的政府部會數字，臺灣的部會數字之多，令人驚訝！日本只有11個部會，韓國15個，而臺灣卻高達37個，遠遠超過日、韓，臺灣勝出！

行政院組織改造

《行政院組織法》於2010年2月3日修正公布，明定從今年1月1日開始施行，新的行政院組織架構將由原本的37個部會精簡爲29個，此次組改共有經建會、文建會、勞委會、體委會、研考會、蒙藏會、工程會、青輔會、海巡署及新聞局等單位走入歷史，堪稱是30多年來最大的行政組織變動。

組改六大荒謬，恐形成一場行政災難

一、形式主義：37個部會減爲29個，數量依然是世界第一。

二、表面功夫：人事成本仍偏高，明年度中央政府人事費用占總預算22%，達4225億元，相當於蓋一條高鐵經費。

三、沉痾未除：凍省遺留問題未解，行政院公文須南北奔波。

1 今周刊830期（http://www.businesstoday.com.tw/article/category/80392/post/201307150179/%E8%8D%92%E8%AC%AC%E7%9A%84%E6%94%BF%E5%BA%9C%E5%86%8D%E9%80%A0；檢閱日期：2018/5/27）。

四、五都膨脹：五都升格，人力大擴充，中央、地方人力高達1/3重疊。

五、虛設人力：行政院本部增設近百人的發言人室，及科技會報辦公室、聯合服務中心等。

六、配置不當：部會更名後，業務內容換湯不換藥，功能疊床架屋。

第二節　政府再造的核心：企業型政府

提到政府再造，多數學者都會提及企業型政府的概念，認爲師法企業的管理技術有助於改善政府部門長期以來的各項缺失，透過企業管理的方法有效的將政府部門的資源做妥善的運用，並設法提高民衆對政府的施政滿意度。在本小節中乃簡述企業型政府的相關概念。

一、企業型政府的形成背景

奧斯本與蓋伯勒（Osborne & Gaebler）在其《新政府運動：如何將企業精神轉換至公務部門》（*Reinventing Government: How the Entrepreneurial Spirit is Transforming the Public Sector*）一書中指出，如果政府管理文化與行爲能夠加以改革，則可以從「官僚型政府」轉變爲「企業型政府」，並且像私人企業般，積極爲人民解決問題。因而兩氏認爲：政府機關唯有具備企業精神，以企業精神經營政府機構，才得以建立企業型政府，以滿足人民的需求與社會的期待。研究顯示，企業型政府的形成背景，可分別從兩方面來探討（莫永榮，1998：75-76；丘昌泰，2010：108-109）：

（一）從理論層面而言，政府再造的壓力來自於現代生活的三項特徵：

1. 社會大衆對公共服務需求的質和量大幅成長，但官僚體系提供服務的模式卻未能滿足民眾，因而期待透過企業型政府的能力來恢復社會大眾對於政府的信心。

2. 因科技的進步擴大服務範圍，並促使其多樣化，不僅提高了政府服務的成本，同時降低其效率和效能。因此希望藉由企業型政府的建立來改善上述的情形。

3. 官僚體系行事遲緩、缺乏效率的特質，使得社會大眾對於官僚型政府的運作情形普遍不信任，甚至認爲政府經費的運用是缺乏效率的。

（二）就實務層面而言，大多數推動政府再造的領導者，經常面臨內外交迫的「雙環困境」（catch-22 situation）。對內方面，改革者需撙節施政成本，如裁撤機關、精簡員額，但卻容易遭致公務員的抗拒及既得利益者的排斥；對外方面，改革者若欲提高服務效能，滿足民眾的期望需求，則需要增加稅賦、擴大稅基，以增加可用資源，然此舉極易引發民意機關的質疑，與一般公民的負面回應。

二、企業型政府的意涵

奧斯本與蓋伯勒在1992年出版的《新政府運動》是形塑「企業型政府」最重要的概念架構，其不斷強調公共部門對於企業家精神的迫切需要，藉以去除陳腐的官僚文化積習。換言之，企業型政府強調揚棄舊方案和舊方法，不但求新求變且願意承擔風險，取消傳統的預算制度，與民間企業合作，眞正運用商業頭腦來經營（吳瓊恩等，2005：47）。

然而，政府和民間企業在本質上仍存有差異，無法完全像民間企業般經營。政府的最終目的是謀求公共利益，而企業是創造產品和追求利潤，基於截然不同的組織目標，公私部門成員的誘因和面對風險及報酬的看法自然有所不同，況且民眾也不希望政府像企業般牟取私利。因此，企業型政府並不是要政府部門完全像商業機構一樣，人民所期望的是政府不要太官僚化（江岷欽，1995：15-16），而能擁有如企業般的彈性與機制。

三、企業型政府的十項原則

根據奧斯本與蓋伯勒所言，企業型政府運作或治理需遵循下列十項原則，茲說明分述如下（江岷欽、劉坤億，1999：74-77；張潤書，2009：458-459）：

（一）導航型的政府：強調領航而非操槳

強調政府的職能在於引導領航（steering），而非親自操槳（rowing）。奧斯本與蓋伯勒認為高層的領導和實際的執行運作應予分開，以便高層全力做好決策和領導，而實際的運作則可交由基層人員負責，否則決策者恐將陷溺於運作細節，以致導航功能無從發揮；如藉契約外包、抵用券、特許制或租稅誘因，來達到以「導航」替代「操槳」的轉型。

（二）社區性政府：授權公民參與監督政府

政府應該提供有效意見發表管道，鼓勵民眾關心並參與公共事務，如此政府才能確實掌握社會問題，瞭解民眾需要，進而對症下藥。透過公民參與和公眾監督，有助於提升人民對政府施政的認同感。

（三）競爭性政府：鼓勵公共服務提供者之間的競爭

競爭機制雖不是萬靈丹，卻是紓解官僚體制運作失靈的良方。官僚體制最大的問題在於其獨占的特性，會造成政府機能的僵化、保守、浪費和無效率，若是提供公共服務的組織，彼此之間能形成競爭態勢，將有利於效率的提升，並刺激政府機關改變做法。

（四）任務導向的政府：以目標和任務為導向，而非以法規命令為策力

官僚體制強調藉由法規命令控制成員，然此種做法不僅無法確保課責性，反而造成政府管理成本過高，組織成員的消極抵抗和目標錯置等病症。而以目標和任務爲導向的治理方式，強調政府要以民衆福祉爲依歸，在合法範圍內，行政人員以所欲達成的目標成果爲指引，發揮效率、創意、彈性，並提升士氣。

（五）結果導向的政府：以實際成果為施政重點

一般官僚機關只重投入、不重產出，其後果是政府只重視施政形式，而不重視實際績效。企業型政府企圖改變此種本末倒置現象，強調施政的實際結果，預算和績效並重，企圖建立目標導向、分工協力與結果導向的管理體制。

（六）顧客導向的政府：強調建立即時回應系統並重視顧客滿意度

民主政府以創造民衆利益、服務民衆爲目的，從市場的觀點來說，就是針對顧客的需要提供服務。因此，企業型政府強調政府的服務要以滿足顧客需求爲優先，應建立即時的顧客回應系統，政府的施政績效和品質也應由顧客（人民）的滿意度決定。

（七）企業型的政府：強調開源，而非一味講求節流

傳統的財政理論，強調國家應該撙節支出，達到收支平衡。企業型政府則強調如何增加利潤的觀念，認爲機關應該發揮企業經營的精神，進行有效投資，以解決困窘的財務狀況，達到自給自足的境界；如藉由開創基

金（enterprise funds）、配合使用者付費（user fees）或影響受益費（impact fees）等來解決財政困境。

（八）前瞻性政府：具有防範未然的能力

傳統官僚組織僅著重眼前問題的解決，習慣以被動姿態來處理問題，而容易引起民怨。但企業型政府重視策略思考和長期性規劃，能夠以遠見來治理國家，危機管理能力較強，能面對未來的需求和問題預作因應，是一個具有前瞻性的政府。

（九）分權化的政府：講求分權，並鼓勵參與式管理

企業型政府講求分權的管理觀念，授權地方政府或派出機關發揮因地制宜的功能。對內則講求參與管理的觀念，授予部屬決定的權力，並透過集體參與凝聚向心力，以提高生產力和工作效率。

（十）市場導向的政府：強調市場機能優於官僚機制

現代政府在有限的資源條件下，無法扮演過去大有爲政府的角色，所以企業型政府相信市場機能優於官僚機制，認爲透過市場競爭機制能創造資源有效運用，如民間機構能共同分攤營運風險，協助處理公共事務，將有助於政府效率的提升；如以課徵污染費、環境維護費等來取代原有行政管制機制，以解決公共問題。

四、企業型政府的特質

企業型政府中的企業型官僚若欲推動行政革新，落實「政府的企業精神」，抽象宏觀的概念架構固然重要，但具體實際的外顯行爲尤不可缺。就行爲的實踐觀點而言，企業型官僚需具備某些特質，才能體現「政府的

企業精神」。茲整理企業型政府的共同特質分述如下（林水波、陳志瑋，1999：49-53；林水波編著，1999：41-44）：

（一）重視成本效益關係

企業型政府必須改變過去重視預算而不關心產出的做法，重視政策或計畫的成本效益關係。特別在非管制性的政策領域內，經濟效益的重視可以減少政府開支，並獲得更大之產出。基本上，要求政府重視成本效益關係，源自各國普遍面臨預算赤字與債務危機，就如1997年所爆發的亞洲金融風暴，國際貨幣基金會趁機要求接受援助國家必須進行經濟改革、撙節政府開支、提高行政效率即是相同的道理。

（二）重視績效評估

企業型政府的運作講究產出與績效，因此必須重視評估工作，以衡量政府機關是否達到產出極大化、資源利用最適化的目標。績效評估通常需以量化的形式來進行，但政府機關本質上和企業並不相同，無法單純從利潤、收益或成本的角度來考量，而造成政府機關在規定評估標準時的困難。基本上政府機關衡量績效的標的包括成果（outcomes）和產出（outputs）兩項。

（三）對執行者授權與課責

企業型政府的管理者必須賦予執行者自由裁量權來完成其所執行的計畫，並保證其能達成清楚、具體目標的責任。由於創新的政策與管理必須使行政人員充分瞭解本身的工作目標，並給與其足夠的資訊與裁量權，這同時也蘊含支持、資助與包容錯誤。也因此，具有企業家精神的行政組織會提出一套清晰且涵蓋各組織功能的績效標準，並鼓勵行政人員達成這些目標，也就是負有履行達成績效結果的責任。

（四）重視選擇與競爭

競爭是市場運作的主要手段，企業型政府若欲滿足民眾對公共服務的需求，則可考慮透過競爭的手段，在公私部門中尋求多元選擇的機會。選擇與競爭機制的重視，促使企業型政府發展「標竿管理」（benchmarking）的技術，也就是以其他部門或民間企業的服務水準或產出訂爲標竿，藉以督促該機關行政朝此標竿邁進；如BOT的引進、結合社區參與和非營利組織合作等，皆可以有效提高公共服務的品質，而選擇的結果也提高政府機關間的競爭機會。換言之，選擇與競爭的意義不僅是簽約外包，還包括政府機關之間的競爭。

（五）強調創新與改革

創新與改革乃是企業型政府的主要特徵，因此解除規則枷鎖、打破結構慣性、活化官僚思維等便成爲創新與改革之先決條件。創新與改革的需求來自環境變遷的壓力與現實問題之困境，以致無法使用舊方法加以解決，若政府體系本身過於保守、僵化，也無法提出因應之道。因此，創新與改革必須根據環境的特性與發展，找尋另外一條出路，故具有權變的意涵。

（六）主張法令鬆綁

官僚體系最受詬病之處乃是繁複的行政作業程序與規定，並以此作爲管理控制的目的，但卻造成公部門爲了遵守規定，必須花費更大的交易成本。因此，如何簡化法規與行政流程，改以較具彈性與效率的方式替代，便成爲企業型政府努力達成的目標。其中的一項做法乃是法令鬆綁，授權管理者或下級，以彈性做法因應各種狀況之變化，進而達成活化官僚體系之目標。

（七）重視顧客導向

企業型政府高舉爲民服務的口號，希望藉由顧客導向的行政管理方式，改善目前的作業流程，朝向結果導向的目標邁進。企業型政府不但認爲公共服務不應先考量投入，而應更重視產出，認爲公共服務不應只站在政府供給面的角度來看，也應以顧客需求面的立場來看，才能眞正落實「民之所欲，常在我心」之理念。

實務櫥窗 **組改政策像月亮，初一、十五不一樣**[2]

歷經近 20 年、四次政黨輪替執政後，行政院組織再造（下稱組改）的最後一塊拼圖，終於在 5 月 3 日行政院院會通過，並即將送請立法院審議。組改拉得這麼久總算完成，看似功德圓滿，但卻在「行政院工程會」去向上留下敗筆，無端衍生「行政院工程會」與「內政部國土管理署」和「交通及建設部」職掌劃分不當的三角習題，甚至更衝擊上次組改已劃歸「財政部」的政府採購業務，行政院原定要在此次組改中重新改歸「交通及建設部」也未予處理。畢竟行政院工程會去向攸關政府每年 4～5 千億元公共工程執行的成敗，並與工程產業發展息息相關。立法院如不加周妥研修，必將在歷史上留下罵名。

2 資料來源：風傳媒（http://www.storm.mg/article/435441?utm_source=Yahoo&utm_medium=%E7%9B%B8%E9%97%9C%E5%A0%B1%E5%B0%8E%E9%BB%9E%E6%93%8A&utm_campaign=Y!News_RelatedCoverage；檢閱日期：2018/5/11）。

第三節　形塑企業型政府的環境

由於公共組織的結構惰性（structural inertia），包括沈澱成本、有限理性、既得利益團體和歷史包袱，造成公共組織適應能力的內在限制，乃是其最嚴重的弊病。因此，成功的創新者就必須推翻政治和制度的障礙尋求創新，並以此作爲改善公共組織績效的最重要手法。李文（Lewin）和辛格（Sanger）提出企業型官僚創造新環境的八大步驟，茲分述如下（孫本初、莫永榮，1997：23；孫本初，2010：31-33）：

一、容忍錯誤

從成功經驗中不難發現，創新組織的重要因素之一爲容忍可理解的錯誤。在公部門中由於鼓勵創新的有形報酬很少，倘若制度上欠缺支持積極進取的機制，將難以避免官僚惰性和組織僵化情形的產生。因此，管理者應表達容忍錯誤的訊息，授予行政人員適當自主權，以增加自發性創新提議的產生。

二、有創造才能與對承擔風險的支持

高層管理者必須尋找官僚體制中抑制才能的結構因素予以改善，並設法塑造基本價値（initial value）和獎酬系統（reward system）以改變組織誘因。如和中、下層管理者溝通創新理念，以確實瞭解顧客的需求，並作爲改善政府績效的基礎。

三、賦予執行者自由裁量權與達成績效的責任

欲落實創新的政策和管理，必須給予執行者足夠的資訊和裁量權，同時表達對其支持、資助與包容錯誤。如此才能提升工作能力和增進組織內部的互動參與，擴大創新的機會。

四、重視分析和評估

分析的主要任務是在創新方案實施中加以衡量，以達成方案設計之目標；而評估是藉由反饋系統，持續不斷探索創新方案的執行情形，遇有錯誤立即修正。因此，企業型政府會將分析與評估納入例行活動中。

五、藉由新的組織結構來加強彈性

由於大型的層級節制組織有較多的法規與限制，加諸於組織中不同層次和功能（如預算、人事），以致難以用新的提議整合資源。因此，扁平式的組織較能適應變遷的組織結構，而能自由的以非傳統方式來組織人員、資源和關係，如將政府服務外包（contract out）給民間，便可提供彈性，避免層級節制體系的限制。

六、獎酬制度能彈性運用

由於公部門的獎酬受到法律、規則和工會契約的限制，因此公共管理者應找尋其他方式來對有成就者加以確認和獎酬。除了基本的物質報酬外，尚有聲望共享，尊榮感等培養「公共服務的價值觀」之措施。

七、建立外在的擁護者

由於公共服務的創新，單靠政府部門是無法獨立完成的，須藉由公私部門的協力才能達成目標，因此，如何建立外在多元的擁護者，並將社會資源導入公部門中，則成爲創新方案成功的關鍵。

八、媒體：建立受歡迎的公共形象

欲尋求外在擁護者對方案的支持或至少降低反對聲浪，就必須爲機關或方案塑造正面的公共形象。因此，行政人員必須瞭解如何藉由媒體向公衆進行行銷與溝通的技術，如有系統的建立與媒體的關係、主動創造媒體事件等，都是有助於建立外在的擁護者。

實務櫥窗　**政府服務品質獎**

「政府服務品質獎」是政府機關推動服務品質的最高榮譽，參獎對象包括行政院暨所屬各級機關、直轄市、縣（市）政府暨所屬各級機關，獎項內容則依據服務性質及績效屬性區分爲「第一線服務機關」及「服務規劃機關」。「第一線服務機關」指日常業務直接、高頻率面對民眾提供服務之機關，採全面績效評核，著重實際提供服務事項的效率與品質，評核構面與項目請參閱表❶。至於「服務規劃機關」指負責統籌規劃服務作業爲主之中央主管機關或地方政府，採專案績效評核，著重服務專案的實際效果及運用的解決方法，評核構面與項目請參閱表❷。

「政府服務品質獎」自民國97年起至民國106年共辦理九屆評獎（之後改爲「政府服務獎」），共計1,471個機關參獎，並從中評選出262

個優質服務機關，整體獲獎率約爲18%，充分展現品質嚴選的精神。得獎機關幾乎涵蓋所有爲民服務機關類型，包括：户政、地政、稅務、環保、醫療、警政、消防及觀光遊憩等，爲各類型機關立下了標竿學習的優良典範。

表❶　第一線服務機關評核構面、項目

評核構面	評核項目	評核指標
優質便民服務（600分）	服務流程（280分）	服務流程便捷性（180分）
		服務流程透明度（100分）
	機關形象（170分）	服務場所便利性（50分）
		服務行爲友善性與專業性（90分）
		服務行銷有效性（30分）
	顧客關係（150分）	民眾滿意度（80分）
		民眾意見有效處理性（70分）
資訊流通服務（250分）	資訊提供及檢索服務（130分）	資訊公開適切性（40分）
		資訊內容有效性（50分）
		資訊檢索完整性與便捷性（40分）
	線上服務及電子參與（120分）	線上服務量能擴展性（80分）
		電子參與多樣性（40分）
創新價值服務（150分）	創新（意）服務情形（150分）	有價值的創意服務（100分）
		服務措施延續性及標竿學習效益（30分）
		服務措施執行方法效能性（20分）

資料來源：行政院研考會政府服務品質獎評獎作業手冊

表❷　服務規劃機關評核構面、項目

評核項目	評核指標
實際效果（700分）	外部效益（550分）
	內部效益（150分）
解決方法（300分）	整合性解決方法（300分）

資料來源：行政院研考會政府服務品質獎評獎作業手冊

第四節　政府再造與企業型政府的反思

一、政府再造的限制

政府再造的思潮，帶給許多國家不同的改變與思考方向，大部分的國家對於政府再造所帶來的效應期望甚高，甚至視其爲「萬靈丹」。然而，政府再造仍有下列幾項迷思與困境值得深切探討（陳正隆，1999：145-148；孫本初，2009：97-98）：

（一）企業化政府與企業家精神之釐清

有學者指出，「企業化政府」基本上是一個錯誤的名詞。如果政府最終目標是要改型成企業，則「民主」必然受到傷害。因爲公共行政和企業管理的本質原本就不同，前者強調公平正義，後者重視成本利潤。因此，企業精神政府主要是強調政府部門學習企業之若干機制，如誘因、競爭等，藉以改變政府體質，以繼續執行公權力所賦予的維護公平正義之使命，但卻必須謹記，政府部門所提供的公共服務有時無法完全以成本效益來衡量，所以借用企業的機制也必須考量不得與政府基本性質相衝突。

（二）以「顧客為導向」的適當性

美國政府改革經驗認爲，以顧客爲導向之企業型政府具有諸多優勢，然而卻有研究提出批判，質疑將政府服務對象比擬爲市場之顧客的適當性。因爲公部門顧客的認定不易，顧客之間各自擁有不同的服務期望，而公部門本身所提供的服務又大都有一致性，很難滿足不同顧客之需求。加上公私部門有其本質上的差異，若完全師法企業的經營技術，純由私部門管理角度思考而非政策面著眼，恐怕有其缺失。

（三）利潤（營收）觀念之合宜性

政府再造雖以裁併機構、刪減員額、節省減少支出爲其部分內涵，而如此的做法也確實有「可能」提高政府效能，但減少支出並不必然導致更高效能（Costs less ≠ Works better），實施政府再造也不一定可以提高政府績效或增加政府營收。若公務人員不改變使用資源的方式，同時培養成本效益的觀念，則很難獲得較佳的績效與具體改善成果

二、企業型政府的限制與省思

企業型政府期望改變政府結構的制度性因素，從傳統的「管制導向」轉化爲創新進取的「顧客導向」。不過，對於實行顧客導向動機的描述常是規範性的，亦即政府公務員的作爲態度「應該」如何；政府設計策略「應該」如何。而有關如何達成里程目標的誘因機制卻付之闕如，此乃企業型政府最大的限制。以下將針對企業型政府所面臨的限制進行探討（吳瓊恩等，2005：47-50）：

（一）誘因結構的差異

驅使企業討好顧客、提高服務品質的原動力是市場競爭機制；企業服務顧客的基本動機，不是應不應該做，而是如果不做，就無法在激烈競爭的環境中生存。反觀政府部門，由於公共服務多具有獨占性特質，「只此一家，別無分號」。對於民選政治人物而言，服務人民最大的誘因是「競選連任」；對於政黨而言，交出亮麗政績的最大誘因是「極大化選票」，這是公共領域當中最接近市場邏輯的誘因機制。

但是對於不用選舉的常任文官而言，卻沒有上述強烈的誘因動機，由於常任文官的身分受到文官法保障，基本心態是「防弊重於興利」，任內

不出事是最高原則。因此，民選政治人物與常任文官的誘因動機不同，在推動行政改革運動上，往往出現「上面一頭熱，下面冷冰冰」的現象。

（二）主觀意志論的限制

企業型政府的成功是建立在企業型官僚的積極開創之行爲假設上，亦即十分強調人的重要性。然而，政府績效的良窳不一定是人的因素，而是系統本身或政府設置的結構因素。此結構又和官僚文化、誘因機制、思維模式等有關，以致政府過於因循而保守，無法開創新局。這種結構上問題如欲徹底解決，唯有從改變組織文化著手，否則在結構改變前，任何人的涉入恐怕都沒有大用。也因此，企業型政府認爲傳統的文官結構已經無法適應環境變遷與挑戰，必須精簡其規模和職能，並盡量導入私部門的力量，以協力合作或權力分享的方式，才可能有效落實改革。

（三）對私部門企業管理的迷思

政府存在的最重要意義在於矯正市場失靈（market failure）。所謂市場失靈包括自然壟斷、資訊不充分、外部效果等情況。當市場機能在某些市場領域的失調，將導致企業顧客至上誘因的失去，結果是消費者將任人宰割。換言之，自利動機若是缺乏競爭市場的制約，將造成消費者主權的瓦解。從福利經濟學的觀點，政府以財政政策與公共政策介入市場，設立官僚體系執行這些政策，以挽救消費者主權，改正社會上因市場機能失調所產生的問題，是政府存在的唯一目的。

正因爲市場失靈的現象比比皆是，政府必須經常扮演管制者（regulator）的角色，不能只強調效率和成本，也必須要考慮公平、政治和人道層面的價值。因爲完全競爭市場存在的障礙，市場競爭的維繫，有賴政府公權力的介入。換言之，私部門令人稱羨的服務品質，部分是因爲政府存在的結果。政府的管制干預功能是針對市場機能失調，而企業型政府卸下管制的角色，向市場學習，似乎有些角色混淆。

（四）創新與彈性的風險

再成功的企業也可能出現經營不當、投資錯誤，而慘遭市場淘汰的命運。企業型政府致力於創新與改革的同時，時空環境的不確定性也相對增加，造成風險的增大，因此可能面臨失敗的命運。另外，企業化預算所強調的彈性、授權原則，也面臨預算執行者道德風險的問題，而可能出現貪瀆舞弊更爲嚴重之情形。換言之，創新也需承擔風險，企業型政府本身就像兩面刃，取捨之間既涉及價值判斷，也受到政府情勢、環境變遷的影響，難有必然的是非對錯。

公管小檔案

環資部組改爭議凸顯政府再造危機[3]

長期以來將「水土林」統合於環境資源部的組改方案，最近在拍板定案關頭產生變化，由於相關部會對於國家公園與林務局等是否納入環資部各持己見，行政院會決議再延長組改期限。而環資部歷經13年的組改歷程，森林部分從流域治理事權統一的思考，演變成回歸各家職掌管理的爭議。姑且不論這個組改的轉彎會不會坐實外界多頭馬車協調困難的批評，更要問的是，這個組改的理性決策基礎何在？行政院對於各種方案有沒有完整周詳評估？環資部與其他部會（如內政部、農委會）的組織目標，在組改後應產生什麼樣的變化？

政府的組織再造目的是針對組織運作過程，包括既有的組織結構、流程、配置與規模進行分析評估，透過解構與重組，期望再造後的組織運作

3 資料來源：蘋果日報（https://tw.appledaily.com/headline/daily/20171025/37824142；檢閱日期：2018/4/30）。

更具效率與效能，並能回應外在環境的挑戰和滿足民意的需求。行政院的組改目標是打造一個「精實、彈性、效能的政府」，因此，組織再造並非僅是邊際性的改革，不等同於組織人員精簡或是組織結構重組，而是需要重新思考組織使命，針對行政組織的建制與運作重新設計以使組織重生，達成該組織所應完成的任務。

重新思考組織使命

環資部的成立與臺灣因應氣候變遷挑戰，強化國土防災保育有極大關係。新的環資部不再局限於環境管制業務，而需轉化爲以永續爲基礎的國土資源保育管理機構，回應以往分散在各部會，國土資源使用價值目標紊亂，不利於預防與因應複合型天然災害潛勢加劇的問題。

在此目標下，環資部不應被視爲環保署的升格版，其任務、使命與業務顯然大爲不同；環資部也不應被視爲永續的統包單位，便於其他機關卸掉「保育」「環境」等相關責任，可不顧國家永續目標地全力發展「生產」業務。事實上，如何調和各機關在國土永續利用與健康潔淨效能經濟目標下，加強橫向聯繫合作推動政務，毋寧是此次組改最主要的挑戰。

理想的政府再造需要具備四個成功的轉型過程，首先是重新建構組織願景與目標，或特定政策目標，因爲不同的組織目標會影響其所屬二級機關及整併或分割的設計，透過合法程序的討論讓立法委員、行政機關達到共識，並且回應相關利益團體的期待，是組改成功的關鍵要素。

機關首長各自為政

其次是透過策略改變，對可能產生的問題進行盤點，繼而進行組改後的政務影響評估，找到更有利基的新政策方案和發展空間；再者，讓個人能力與信念與組織一致，維持組織內部共識，提升組織的效能與生產力；最後，針對組織結構基本要素與整體設計所進行的改變，包括工作結構、職權關係及組織體系，討論機關業務內容與其所屬三級機關應有哪些，組織規模如何調整。

從環資部組改爭議新聞中，只看到機關首長們在各自爲政的想像中協商決策，在意轉型過程末端的員額、機關、資源移撥等問題，而缺乏上位之組織願景重構過程與確認，以及由下而上對問題的指認、溝通與策略的盤整分析，更無不同組改方案的政務影響評估。因此必須指出，這種類前現代的行政組織變革模式，將無法引領臺灣公部門前瞻性地轉型，而終究成爲拖累社會進步的阻力。

歷屆考題

1. 下列何者是為了使原本僵化的官僚體制恢復活力所提出的改革作法？（106 年特種考試地方政府公務人員五等考試試題） (A)
   (A)企業型政府
   (B)代表性官僚
   (C)功績制度
   (D)零基預算制度

2. 1990 年代新公共管理（New Public Management）思維的興起，是肇因於下列那兩股力量的影響？①科學管理運動 ②黑堡宣言觀點 ③政府再造運動 ④反國家主義思潮（106 年特種考試地方政府公務人員五等考試試題） (B)
   (A)①②
   (B)③④
   (C)①③
   (D)②④

3. 有關利用市場機制代替直接管制，是屬於美國前副總統高爾（A. Gore）在「國家績效評估報告」（National Performance Review）中揭示政府再造的那一項原則？（105 年特種考試地方政府公務人員三等考試試題） (B)
   (A)組織民主，簡化程序
   (B)顧客至上，民眾優先
   (C)分配公平，實現正義
   (D)集中權威，提高效能

4. 各國政府再造雖有些微差異，但整體而言，再造「目的」基本上脫離不了：（105 年公務人員高等考試三級考試暨普通考試） (D)
   (A)提高政府效能，創建大有為政府

(B)建立積極回應性，強固文官永業化
(C)強化國家體制，控制市場運作
(D)撙節施政成本，提高政府效能

5. 下列那一項政策工具比較符合企業型政府的精神？（105 年公務人員普通考試試題） (D)
(A)成立國營事業
(B)強調管制政策
(C)增加稅賦
(D)強調使用者付費

6. 下列何者不是「企業型政府」的核心特質？（105 年公務人員普通考試試題） (A)
(A)強調操槳而非領航
(B)屬於顧客導向的政府
(C)鼓勵參與式管理
(D)強調市場機制

7. 公部門契約委外符合下列何種企業型政府的原則？（105 年公務人員高等考試三等考試試題） (A)
(A)導航式的政府
(B)大有為的政府
(C)民主行政的政府
(D)依法行政的政府

8. 關於 1990 年代興盛的企業型政府理念之敘述，下列何者正確？（105 年公務人員普通考試試題） (C)
(A)主張大有為政府
(B)主要推動者為學者古力克與尤偉克（Gulick & Urwick）
(C)各國紛紛興起政府或行政改革的呼聲
(D)強調行政的公共性

9. 政府再造運動的鼓吹與推動，主要是反映出下列那個學派的中心思維？（105 年公務人員普通考試試題）　(C)
(A)新公共行政
(B)新公共服務
(C)新公共管理
(D)傳統公共行政

10. 傳統的財政理論強調政府應當撙節支出，然而企業型政府強調：（105 年公務人員特種考試關務人員考試、公務人員特種考試身心障礙人員考試及國軍上校以上軍官轉任公務人員考試試題）　(C)
(A)擴大政府支出
(B)擴大國家預算
(C)進行有效投資，達到充裕財源目的
(D)擴充政府任務，完全滿足民眾需求

11. 政府再造過程中，許多原由政府提供的業務委託外包給私人企業或第三部門經營，此委託經營者在學理上可被稱之為：（105 年公務人員特種考試關務人員考試、公務人員特種考試身心障礙人員考試及國軍上校以上軍官轉任公務人員考試試題）　(A)
(A)影子政府
(B)私人政府
(C)官僚政府
(D)聯合政府

12. 有關企業型政府理念之敘述，下列何者錯誤？（104 年特種考試地方政府公務人員考試）　(B)
(A)注重市場機制的運作流程
(B)追求企業的營利觀點
(C)強調服務品質的改善
(D)行政績效的追求

參考文獻

一、中文資料

丘昌泰，2010，《公共管理（再版）》，台北：智勝。

朱鎮明，1999，〈政府再造的政治分析——權力互動的觀點〉，詹中原（編），《新公共管理——政府再造的理論與實務》，台北：五南，頁 281-334。

江岷欽，1995，〈企業型政府與行政革新〉，《台灣月刊》，156：14-19。

江岷欽，1998，〈政府再造之標竿：企業型政府〉，《行政學報》，29：61-131。

江岷欽、劉坤億，1999，《企業型政府——理念、實務、省思》，台北：智勝。

吳瓊恩、李允傑、陳銘薰編著，2005，《公共管理（再版）》，台北：智勝。

林水波、陳志瑋，1999，〈企業精神政府的政策設計與評估〉，《中國行政評論》，8（2）：45-73。

林水波編著，1999，《政府再造》，台北：智勝。

席代麟、張嘉惠，2011，〈公部門提升服務品質的理論與實踐〉，《T&D 飛訊》，131：1-44。

孫本初，2009，《新公共管理（修正第二版）》，台北：一品。

孫本初、莫永榮，1997，〈形塑企業型政府策略之探討〉，《人事月刊》，25（4）：20-35。

孫本初編著，2010，《公共管理（第五版）》，台北：智勝。

張潤書，2009，《行政學（修訂四版）》，台北：三民。

莫永榮，1998，〈建構企業型政府之探討〉，《空大學訊》，223：75-80。

陳正隆，1999，〈美國「國家績效評鑑」之省思與啓示〉，詹中原（編），《新公共管理——政府再造的理論與實務》，台北：五南，頁 129-154。

陳照明，1999，〈我國政府組織再造的策略措施初探〉，《人力發展月刊》，66：19-29。

詹中原，1999，〈政府再造——革新「行政革新」之理論建構〉，詹中原（編），《新公共管理——政府再造的理論與實務》，台北：五南，頁 3-28。

二、西文資料

Kettl, Donald F. 2000. *The Global Management Revolution: A Report on the Transformation of Governance*. Washington, DC: Brookings Institution Press.

3
顧客導向與全面品質管理

第一節　顧客導向的基本概念

第二節　顧客導向的理念與特質

第三節　全面品質管理的意義與特性

第四節　全面品質管理與傳統組織管理之比較

第五節　政府推動顧客導向與全面品質管理的限制

學習目標

▶明瞭公部門顧客導向的意涵和影響因素。

▶瞭解顧客導向的特質與推動步驟。

▶掌握全面品質管理的意義與特性。

▶釐清全面品質管理與傳統組織管理的差異。

▶討論公部門運用顧客導向與全面品質管理的限制。

政府再造具有提升治理能力、形塑優良政府的功能。為了發揮此項功能，政府再造大量轉借企業管理的經驗與實務，企圖注入民間的活力；其中，「全面品質管理」的引進，更為公務部門的服務方式，注入了迥異於傳統層級的管理思維。全面品質管理的主要原則有三：顧客為主、團隊工作以及永續改善；三項原則之中，「顧客為主」實居首要。由於政府再造的「顧客導向」服務理念，是以顧客價值（customer value）作為行政措施的重要基礎，直接與顧客互動，蒐集顧客的相關資訊，再依據資訊改善行政機關的服務與產品。因此，許多國家的政府再造方案，皆以具體法規及措施，落實顧客導向的服務理念（江岷欽，1999：52）。

近年來不僅是私部門，連公部門都積極引進此概念，並予以落實，「顧客導向」儼然已經成為許多策略宣言中熟悉的口號。尤其是過去十年來，公部門熱衷於推動為民服務品質提升的計畫，更顯示重視顧客導向的目標已經不僅限於私人企業。但是誠如Williamson（1991）的觀察發現，如果對於顧客導向意義僅有粗淺的瞭解，則很容易導致組織業務無法進行徹底的改善。這些表面的改變對於組織的發展不但毫無貢獻，相反地會讓組織沾沾自喜，並且傷害組織策略性的發展。

另一方面，全面品質管理在企業界及外國政府部門中早已經行之有年，但遲至民國85年之前，我國公部門中仍尚未有實施案例，除了經濟部於民國83年曾經有實施「團結圈」的經驗外，其他行政機關內尚無實施全面品質管理的經驗。直到民國85年，政府為展現與民眾期望緊密結合，再創服務品質新境界的決心，重新規劃為民服務工作的總體目標與具體做法，於同年底研擬完成「全面提升服務品質方案」，自民國86年1月開始推動執行。在推行10年之後，行政院提出服務品質續階計畫、政府服務創新精進方案與評獎實施計畫，開創政府服務由品質管理走向品質創造的新階段。

基於上述，在本章中首先介紹顧客導向的基本概念，釐清公部門中「顧客導向」的意涵，以及影響顧客導向的因素；其次，整理顧客導向的理念、特質與推動步驟；接著闡述全面品質管理的意義與特性；最後則論述我國政府機關推動顧客導向和全面品質管理的限制。

第一節　顧客導向的基本概念

一、顧客導向的意涵

顧客導向的意義是將顧客的位置放在第一，企業經營的出發點是顧客，設法使顧客得到滿足（何雍慶、莊純綺，2008：256）。在早期賣方市場的時代是以產品產出（product-out）爲導向，產品製造完成後，再行銷到市場上，並不在乎市場的需求。然而隨著市場競爭劇烈，消費者意識抬頭，爲了提高顧客的滿意度，讓企業更具競爭力，「顧客導向」（Customer Orientation）的理念便應運而生，將顧客需求帶入製造過程中，讓產品更能被顧客支持與接受。「顧客導向」係以顧客的利益爲優先，讓員工能破除本位立場解決問題，進而設身處地，爲顧客著想（溫璧綾，2005：2）。所謂「顧客導向」，是一種企業文化，而每個員工都代表著組織的形象。因此，組織需將「顧客導向」內化爲全體員工的信念，再經由第一線服務人員將此信念落實於提供優質服務，並創造出更具顧客價值的服務內容，讓「顧客導向」不是口號（溫璧綾，2005：2），其核心則是以顧客爲中心的服務設想與作業。換言之，所有的服務項目、內容，以及進行方式，甚至服務可能產生的感覺，都事先以顧客的立場與角度思考和設計。

二、公部門中「顧客導向」的意義

本章所談的「顧客」並非狹隘的指位於組織外部，使用組織最終產品或服務的人員而已；它同時亦指組織內部，由於分工而形成的單位，故顧客的範圍應同時包含內部顧客及外部顧客。對公部門來說，外部顧客就是指人民整體或社會大衆，而內部顧客則是政府部門組織的各級公務人員（江行全，2002：94）。

從公共服務與人民的關係而言，人民與公共服務單位（即政府機關）之間從來就不存有市場機制。結構上，比較像大型托拉斯現象，而且是多產業的，端視政府的服務層面（或管轄層面）的多寡。這也是全世界公務系統普遍被評爲最沒有效率的原因；以及西方民主經過數百年的發展，存有政府管得越少，對國家社會和人民越好的概念由來（葉維輝，2008：25）。

若比較政府與企業存在目的之差別在於：政府存在之目的，在於服務人民；企業存在之目的，則在追求利潤。企業之一切以顧客導向爲決斷，有別於政府機關之官僚體制。其主要原因很簡單，因爲政府機關的經費並非直接來自「顧客」；但企業卻是，企業之營運讓顧客滿意，生意就興隆，顧客不滿意，生意就清淡，甚至導致關廠倒閉。所以，企業都必須在激烈競爭環境中想辦法吸引顧客，滿足顧客以成就事業。相形之下，政府機關的經費雖然來自立法機關、議會，對於一向獨門生產供給的政府機關而言，「顧客」大多數手到擒來，只要坐著守株待兔，「顧客」根本沒有選擇機會。對於公務員的公共事務生涯，政府的主要收入來自稅賦（taxation），其支出配置，則依循法制程序決定，因此，政府機關的「顧客」比較著重於規範性定義，而非經濟性定義（林建山，2008：18-19）。

三、影響顧客導向服務之因素

爲提升政府機關推動顧客導向爲民服務工作的品質與效率，以因應民眾對公共服務的期待，政府各階層的領導者、管理者及工作者，不僅要善用資訊科技提升政府效率及服務品質，更需要改變工作內涵，重新及不斷學習新的工作技巧，才能滿足顧客日益增加的需求。在組織中影響顧客導向服務之因素約可以整理如下（陳啓光等，2004：209-210；葉維輝，2008：19-20）：

（一）領導者的態度

領導者在培養顧客導向服務文化中扮演著關鍵性角色，若沒有組織承諾與有效的領導，不論組織如何努力，顧客導向的策略永遠僅流於形式。因爲追求顧客導向的目標需要配合改變組織的行爲，而居於組織首位的高階領導者對顧客導向的認知與看法，則攸關組織改革的成敗。

（二）組織文化

根據席恩（Edgar Schein）的說法，組織文化是由特定組織團體發展出來的一種行爲基本假設，用來適應外在的環境，並解決內部整合的問題。組織文化的內容包含信念、共同的價值觀念、思考模式（轉引自張潤書，2009：214）。也因之，當政府部門將顧客導向視爲組織文化的一環時，意指組織將強調顧客作爲策略規劃與執行的焦點，且該文化會遍及整個組織，並影響組織成員的表現行爲。

（三）資訊科技

資訊科技在公共服務方面所扮演的角色日益重要，主要乃是因資訊科技能改善組織運作的效益，提升內部的溝通。同時還能藉由資訊科技的應用，提升行政機關的生產力，對於政府組織、領導管理及爲民服務的工作，帶來相當的影響與衝擊。

（四）行銷觀念

在過去，以供給面爲主導觀念的政府公務人員，總認爲民衆是找麻煩的，所以打從內心不喜歡民衆，甚至以對立之態度看待民衆，認爲「顧客永遠有過高的期望」，要滿足顧客之需求幾乎是不太可能的。但在今日，講求以需求面爲主導觀念的政府施政，所以公務人員的觀念必須予以改變，重新界定「顧客」一詞，並賦予全新的意義與價值。

在公部門中，行銷組合被視爲是目前公務人員在講求顧客導向工作觀的施政過程中所必須要有的一套「策略性變項」（strategic variable）。公務人員在運用行銷組合時最重要的核心觀念在於：任何一種組合都必須充分反映機關本身之資源條件、目標市場與需求狀況。在民主政治體制下，一般政府所採行的普遍化公共服務行銷組合，大多以 1970 年代應用於製造產業的四個變項，亦即產品（product）、價格（price）、地點（place）和推廣（promotion），簡稱 4Ps 組合爲基礎，將公共政策或施政理念傳達給民衆。

第二節　顧客導向的理念與特質

一、顧客導向的理念

研究指出，欲有效推動「政府再造」，落實「顧客導向」的服務理念，有下列三項原則值得注意（張廷駿，2003：28）：

（一）講求策略，勇於實踐

政府再造的成敗，取決於具體實踐的程度。欲使僵化保守的官僚體系蛻變成為具富於創新、有彈性且兼備企業精神的公共組織，高階管理層級必須「講求策略」，運用智慧，尋找關鍵支點，巧妙地改變公共組織的目標方向，在責任歸屬、酬賞制度、權力結構以及組織文化上做全新的考量，形塑文官體系。

（二）持續有效地實踐

政府再造的方案內容，固然兼顧理性規劃與組織文化，並力求實踐，而更重要的是，持續地執行具體的相關方案，以累積成果。

（三）從制度層面著手，以真正落實「顧客導向的服務理念」

行政機關欲有效執行顧客策略，理應聽取顧客的心聲與需求、應用顧客意見調查技術、親自拜訪懇談、服務評鑑制度、顧客抱怨追蹤處理制度等。

二、顧客導向的特質

顧客導向策略並非可單獨存在的改革工具，而須仰賴結果策略與文化策略互相配套而行。顧客導向策略能否產生正面效應，事實上更有賴於政府結構與制度能否適度調整、行政程序能否彈性化、顧客至上的文化是否能建立、結果導向的改革策略能否實施等因素而定。此外，顧客導向策略的驅動力不是來自政府本身；策略成敗的評估也不是由行政官僚、政務首長或立法者定奪，政府績效良窳最終取決於顧客本身的評價。根據研究指出，顧客導向策略備有下列六點重要特質（林水波，1999：228-234）：

（一）由外而內改造

傳統科層體制講究政策制定與執行均由上而下（top-down）來貫徹，而參與型政策模式則講究由下而上（bottom-up）傳輸。但在顧客導向的改造文化上，政府的行動是依循由外而內（from-the-out-side-in）的路徑而行。換言之，顧客的期望決定政策設計的藍圖；顧客的需求決定財貨和服務的供給內涵；顧客的滿意度決定政策執行的成效；顧客的評價則決定政策變遷的方向。

（二）顧客永遠優先

顧客導向策略的第一課是「顧客永遠優先」（Putting the Customer First — Always!）。換言之，政府施政所念茲在茲者，應是「顧客之所欲，長在我心」，顧客是行政與管理的中心、政策與服務之標的。顧客導向策略使公共組織的焦點從「過程」轉向「人」身上，因此反映行政改革中的民主取向，使政府、顧客與公務人員的參與心、投入情、權能感及責任識得以建立，透過顧客優先的理念，提高顧客對公共服務的滿意度，進而建立改革的口碑。

（三）雙重課責要求

總體而言，官僚組織面臨兩大群顧客：首先是一般人民；其次是政務首長與立法人員。雖然在名義上，人民應是頭家與主權者，但實際上這兩大團體各有不同的行動邏輯與利益關懷，因而形成雙重課責（dual accountability）的現象。代議政治假定代議士或民選官員具有良好的代表性，並根據其良心與判斷力行使職權，爲人民謀取最大福祉。然而代議政治不免遭受利益被扭曲，或假民意之名遂行個人私利的問題，因而顧客導向策略強調官僚組織也應直接向人民負責述職，以彌補代議制度之不足。

因此，顧客導向策略形成雙重課責機制，從制度面確保公共組織和顧客之間的連帶關係，以增強公共組織的責任意識。

（四）政府顧客對話

顧客導向策略之所以發揮功效的前提之一，便是政府是否建立充分的溝通機制，進行雙方的對話與互動，以使雙方反省固有視框的限制，得以重新調整彼此視框，並且互相適應與諒解，否則「外情無法內達」，則政策設計將無法呼應顧客的心聲與需要，政策產出勢必與傳統的決策模式並無二致。因此，顧客導向策略試圖建構一種新型決策模式，透過與顧客的諮商與互動，進而開發新的政策議題、明瞭問題本質、研擬行動方案，並作爲評估政策成敗的準繩。爲了服務顧客，提升顧客的參與乃一必要手段。因此，政府必須提供顧客參與的管道，使得顧客的聲音得以進入行政過程。除此之外，政府應該顧及基層公務人員的重要性，賦予一定的地位與裁量權，如此才能建立政府與顧客雙方有效互動的基礎。

（五）小眾市場區隔

由於民間企業的產品和服務均有特定標的階層與對象，因此容易掌握顧客的特質與需求。但公共服務浩瀚無邊，政府所面對的顧客含括各個階層、團體，其需求與利益又彼此不同，甚至互相衝突，因此公共政策亦常面臨價值衝突的窘境。爲了避免上述問題，顧客導向策略重視公共服務的小衆市場區隔，以反映顧客的異質性與多元性。因此，顧客導向策略必須根據不同型態的顧客特質與需求，擬定相契合的政策對應工具，如此將能提高顧客導向策略的功效，減少價值衝突與顧客彼此扞格所帶來的抵銷效應。

（六）多重顧客角色

政府不僅須面對異質且多元的顧客組合，同時也應瞭解任何單一或團體顧客均具備多重角色，如此方能設計出合宜的顧客導向策略。簡言之，在公共服務的轉換過程中，顧客經常扮演資源者、合產者、購買者、使用者、主權者、受造者等諸多角色，因此政府施政應以能盡量滿足多重顧客之不同需求爲目標。

三、顧客導向的推動步驟

要如何建立「顧客導向」的服務理念呢？首先要瞭解顧客及其消費的心理，建立良好的顧客關係，並注意與顧客關係的管理及維護。對於顧客投訴的抱怨也要盡速處理，要隨時聽取第一線服務人員的意見，更要掌握社會的脈動與趨勢。Cocheu（1988）提出組織要落實顧客導向有四個步驟（轉引自溫璧綾，2005：3-4；何雍慶、莊純綺，2008：7）：

（一）確認顧客：先確認目標市場的客戶是誰，凡是與組織所提供的產品服務有直接相關的人員皆是目標顧客。

（二）確認顧客的需求：確認目標客戶後，關心顧客是否滿意所提供的產品或服務。

（三）設定員工的績效目標：主管必須爲員工設定以顧客導向爲主的目標，並制訂績效評估的標準。

（四）建立回饋系統：透過回饋系統的設置，使員工瞭解其所提供的服務是否滿足顧客需求。

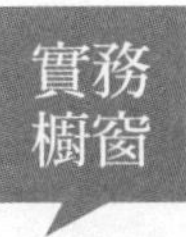

户政結合銀髮族 手機 App 線上預約申辦更 Easy[1]

爲讓社區銀髮族居民瞭解智慧型手機App應用發展與未來趨勢，高雄市阿蓮社區發展協會於5月26日在阿蓮里老人活動中心暨文化學習中心開辦智慧型手機應用班，阿蓮户所主任得知此訊息，隨即接洽阿蓮社區發展協會理事長，希望能結合該班推廣户政線上e指通App預約申辦相關操作，由秘書負責主講App應用教學課程，讓社區居民更加充實智慧型手機相關應用知識，到場的婆婆媽媽也感到新奇和驚訝，覺得社會已經進步到可以用手機申辦政府機關業務，甚至可以跨域跨區申辦、預約、取件，讓民眾透過e指通隨時隨地線上申辦户籍登記，將申請資料連同應附繳證件掃描或以相機拍照影像檔上傳作業系統完成登記，再前往户政機關取件，縮短申辦等候時間。運用行動裝置，讓户籍登記變得輕鬆簡單。

第三節　全面品質管理的意義與特性

一、全面品質管理的意義

有研究指出，全面品質管理是一門整合性的管理哲學，其內容包含持續性改善、迎合顧客需求、降低重做產品、建立公司願景，重視長期性績效，強調團隊合作提高員工參與度、重新設計流程等，藉由此基本訴求，

1　資料來源：https://tw.news.yahoo.com/%E9%98%BF%E8%93%AE%E6%88%B6%E6%94%BF%E7%B5%90%E5%90%88%E9%8A%80%E9%AB%AE%E6%97%8F-%E6%89%8B%E6%A9%9Fapp%E7%B7%9A%E4%B8%8A%E9%A0%90%E7%B4%84%E7%94%B3%E8%BE%A6%E6%9B%B4easy-114828202.html；檢閱日期：2018/5/28。

共同以最經濟有效方式，達成全面提升生產績效與品質的管理活動（湯玲郎、林正明，2002：59）。

奧克蘭（Oakland, 1993，轉引自李清標，1995：148-149；宋秀鳳，1997：46-47）認爲，全面品質管理就是指「對顧客需求的滿足」，認爲組織最終目標是顧客導向。換言之，組織運作無論有形或無形之服務，均以顧客滿足爲前提。因此，奧克蘭以顧客導向的觀點爲全面品質管理建立一種運作模型，如下圖❶所示：模型的中央是顧客與供應者，顧客包括內、外部顧客，爲一連串過程；圈內三角形由三個頂點——團隊、管理系統、技術等三個部分所構成；「團隊」（teams），指組織運作係以團隊合作方式進行，如會議、品質改進團隊、品質圈等；「管理系統」（systems），係指管理制度規劃或施行，均以品質達成爲基礎，以滿足顧客；「技術」（tools），指各種品質管制之技術。三者之間分別以文化形成、相互溝通、彼此承諾等方式互相聯結以達顧客及供應者需要爲基礎的過程，使持續變革能在今天競爭的環境中成爲組織中每一個人的生活方式。全面品質管理藉著以顧客爲重的觀念而有效的改變了整個組織。也因之，顧客爲主、不斷改善和團隊工作可視爲是全面品質管理的三項共同原則。

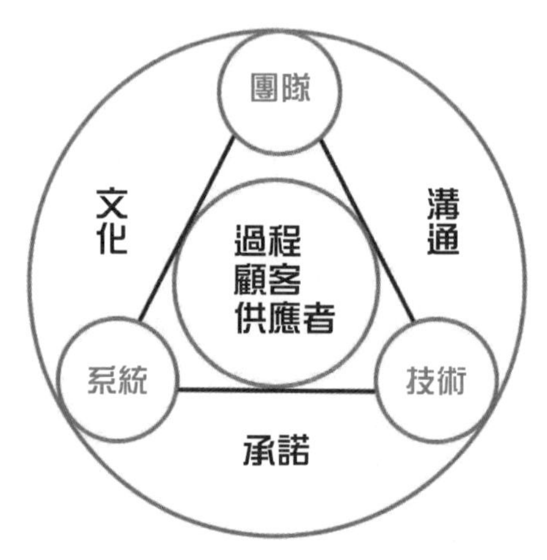

圖❶　全面品質管理模式

資料來源：Oakland（1993；轉引自宋秀鳳 1997：46）。

二、全面品質管理的特性

全面品質管理是以行爲主義（behaviorism）爲基礎，加上部分員工參與及分散決策等概念轉化而成的「思考上的新管理學派」（new managerial school of thought）。綜合歸納全面品質管理的基本要素或特性大致有以下幾項（轉引自林長宏，1995：22-24）：

（一）顧客至上

全面品質管理強調組織成員需持續的滿足顧客的需求與期望甚至要超越顧客原先的要求，以增加其滿意度。而產品或服務品質的達成與否也是由顧客決定的。顧客乃是指從過程中接受產出的任何人而言，因此組織顧客包含外在顧客與內在顧客兩者，前者即一般認知的位於組織外界接受組織輸出之服務與產品的個人或團體，後者則是組織運作過程各個分工單位與個人，因爲在運作中不同單位或個人間亦是一種輸入－輸出的關係。且全面品質管理強調與顧客及供應者間的溝通，著重持續、雙向及開放的溝通，以確保顧客及供應商的需求能正確的被接收，有關的問題及事項能被雙方清楚的瞭解。

（二）全員投入

全員的投入包含所有人員的參與，從最高階層的領導者、中階層管理者、基層人員，還有顧客和供應商應也包含於其中，所參與的範圍則包含產品或服務品質產生的所有過程。全面品質管理特別強調組織全員的投入以及每位成員對於品質的允諾與責任，只有在人人皆對品質負責的狀況下，才能有效的推行全面品質管理。而品質文化之塑造也必須獲得組織最高階層到第一線工作人員全員的投入與奉獻、承諾才能達成。

（三）高階管理人員的支持與承諾

高階管理人員必須直接且積極的投入全面品質管理的活動中，建立一種鼓勵變革及爲所有顧客而持續改善的環境，鼓勵組織各單位的合作環境，並以獎勵的行動來反應組織對全面品質管理的支持行動。在全面品質管理中，高階人員必須充份授權、塑造團隊工作的環境，重視團隊與個人的表揚、利益分享，重視員工的意見，與員工充份溝通，引導成員的自動自發，投入全面品質的改善，親自督促考核，才能眞正落實全面品質管理的精神。

（四）事先預防（prevention），而非事後的檢視（detection）

全面品質管理所強調的是「第一次即以正確的方法完成任務」的工作觀，以往的品管方式是在生產過程後查驗產品的缺陷再加以修正，而全面品質管理著重的是在事先便找出問題、缺陷所在並立即加以處理，事先預防不良產品與服務的產生，強調品質的提升關鍵乃在於「上游階段」，即較基本的原料品質、製造流程、制度設計便能決定最後產出的品質，即所謂的「源流管理」或「管理源流」，只要事先確實整合每一製造環節，去除浪費及其他不正確的程序即可產生高品質及降低品質的成本。因此，品質需建立在生產過程的起始階段（上游階段），而非是在生產過程結束後才建立。

（五）重視團隊合作（teamwork）

在推行全面品質管理的過程中，特別需要團隊合作與協調合作，因在品質改善的過程中，所有相關成員的通力合作乃是相當必須的，全面品質管理的團隊中在工作程序認同與問題解決取向的共識上將管理者、部屬甚至其他單位或組織外部人員均納入其中，使其成爲一整體。在整體中，命令與服從的比重將降低，取而代之的是相互支援及對團隊問題的共同關注。此外，由於全面品質管理認爲品質是衆人經由組織體系運作而達成，不是個人的努力。個人特別優異的表現對組織品質並不能產生重大的影響，相反的情形卻可能產生極大的破壞，因此提升品質重視的是團體、體系，而非是個人。

（六）持續性的改善

所謂改善（improvement），乃是一種顧客導向的策略，所有的改善活動都是以增進顧客的滿足爲唯一目標。因此改善即是要求組織成員從不間斷的追求改良與進步，每位成員隨時不間斷的注意所有能改善的大小事情，一切生活方式，無論是工作方法、社交方式或家庭活動皆可以透過不斷的改善而獲得進步。持續性的改善是一種「過程導向」的思考方式，認爲唯有透過過程的改善，工作才有改善的可能。持續性改善活動之推行必須由上而下，而改善建議的提出則必須由下而上，因基層的員工最瞭解問題，也最有資格提出具體的建議。換言之，全面品質管理持續性的改善活動需要由上而下，也需要由下而上兩種方向的努力。

（七）教育與訓練的重視

在全面品質管理的活動中，教育與訓練是激勵組織朝向全面品質管理邁進的重要要素。在概念上對於組織使用不同的技巧去支持全面品質管理過程的人需要教育並接受必須的訓練。「教育」的目的在於使員工不斷的成長，提高品質的意識，瞭解施行步驟；「訓練」則是讓員工學習運用持續性改善的工具與技術，但是必須注意接收訓練的範圍和程度應視組織層級、工作性質及特定過程的改善而不同。

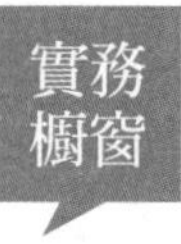

提供一站式便捷服務，主動回應民眾需求[2]

服務流程改造是政府提升效能的關鍵，在國發會的規劃推動下，已有13個中央及地方政府籌組工作圈積極檢討服務流程的設計，希望大幅簡化行政流程，提供高效率且民眾有感的便捷服務。因此，中央各部會規劃成立工作圈，並以「不出門能辦大小事」、「臨櫃服務一次OK」、「主動關心服務到家」等三大目標改造服務流程。例如衛福部建置「送子鳥資訊服務網」，提供新手父母查詢，從懷孕、生產到育兒階段政府相關服務及衛教等整合資訊。若民眾註冊成爲會員，更提供「主動提醒」功能，透過電子郵件或行事曆註記進行提醒通知，主動且即時提供客製化相關資訊，另貼心提供新生嬰兒申辦健保卡及國民年金或勞保生育給付進度查詢，使會員享有個人化服務，讓初爲父母者更得心應手。

第四節　全面品質管理與傳統組織管理之比較

全面品質管理是一種新的觀點，不同於傳統的管理。根據全面品質管理之定義及原則，全面品質管理是全員參與方式，以持續不斷的改善，追求全程品質。當組織採取全面品質管理途徑時，組織文化會有某些改變，整個組織在權力、結構、流程方面將有新變革。如表❶所示，全面品質管理和傳統管理有下列之差異（宋秀鳳，1997：53-54）：

2 資料來源：國發會網站（https://www.ndc.gov.tw/News_Content.aspx?n=6FDC603ACC3D414D&sms=DF717169EA26F1A3&s=2E7BA693A039923F；檢閱日期：2018/5/16）。

表❶　傳統管理和全面品質管理之比較

	傳統管理	全面品質管理
組織結構	層級化、充滿權威和責任的僵硬	水平，較有彈性和較少層級
組織文化	個人主義、專業分工	集體努力、跨部門合作、追求品質
溝通方式	下行溝通	下行、上行、斜向、多向溝通
參與方式	主管決策	態度調查、參與建議制度（品質圈）
變革的態度	保守	組織的持續變革和過程
員工對上級認知	老闆或警察	指導和輔助者，管理者被視爲領導者
上司－部屬關係	依賴、恐懼和控制	互賴、信任和多元承諾
員工努力焦點	集中在個人，視彼此爲競爭者	以團隊爲主，視彼此爲團隊成員
決策	管理階層憑經驗與直覺	重視資料蒐集，以事實作決策依據
勞力和訓練	管理者視勞力和訓練爲成本	管理者視勞力和訓練爲投資
品質決定者	管理者決定什麼是品質	由顧客決定品質，爲「使用者導向」
績效評估	個人因素並由主管考核	團隊因素、由顧客、同仁、主管共同考核、強調品質與服務
薪資制度	以個人單位爲衡量	以團隊績效爲基礎之酬勞，如財務性或非財務性之表揚
升遷考核與生涯發展	由主管考選、以個人績效決定升遷、狹窄直線式生涯	由同儕決定考選、以團隊表現決定升遷

資料來源：宋秀鳳（1997：54）。

一、組織結構

傳統管理是金字塔型層級和權威式僵硬的結構；全面品質管理是水平和彈性組織形態，打破了結構障礙。

二、組織文化

傳統管理的組織文化是個人主義、專業分工；而全面品質管理強調的組織文化爲團隊努力、顧客滿意、追求品質持續改善。

三、溝通方式

傳統管理溝通方式是下行溝通；全面品質管理是全員參與、跨部門，其溝通包括下、上、斜向及多向溝通。

四、參與方式

傳統管理成員沒有參與權，完全由主管決策；全面品質管理是參與建議制度，以團隊（品質圈）參與決策。

五、變革的態度

傳統管理對於組織變革的態度是保守、抗拒的；全面品質管理則是持續變革，追求顧客滿意之品質。

六、員工對上級認知

傳統管理員工視上級如同老闆和警察；全面品質管理上級位於指導和輔助者之地位。

七、上司—部屬關係

傳統管理是上級控制下級，下級充滿恐懼及依賴；全面品質管理爲相互信賴之關係，管理者是一個指導者或輔導者，甚至是朋友。

八、員工努力焦點

傳統管理是個人自我中心，互爲競爭；全面品質管理是團隊導向，增進彼此溝通，互爲合作。

九、決策

傳統管理決策由管理階層憑個人經驗及直覺做決策；全面品質管理重視品質，重視資料蒐集，以事實做決策依據。

十、勞力和訓練

傳統組織視員工的勞力和訓練爲成本；全面品質管理則視爲價值和投資。

十一、品質決定者

傳統組織視管理者決定品質；全面品質管理以顧客至上，追求符合顧客需求，由顧客決定品質。

十二、績效評估

傳統管理績效評估決定於個人因素，並由主管考核；全面品質管理則以團隊因素考量，由顧客、同仁、主管共同考核強調品質與服務。

十三、薪資制度

傳統管理薪資決定於個人因素，依個人職位及考績晉敘俸給；全面品質管理則以團隊績效為酬償之基礎，包括財務性之酬償及非財務性之表揚等。

十四、升遷考核與生涯發展

傳統管理升遷因素決定於個人，依個人績效、年資、學識等因素決定升遷及生涯發展；全面品質管理則以團隊績效為酬償之基礎，依團隊表現決定。

第五節　政府推動顧客導向與全面品質管理的限制

一、政府機關運用顧客導向的限制

整體而言，各國政府在推行政府再造的運動過程中，顧客導向觀念的引進與推廣實有其必要，能促使公共服務的供給獲得相當程度的改善。然而，即便如此，公私部門在本質上畢竟有所不同，顧客導向管理難以完全適用而產生部分限制。以下乃整理分述之（林水波，1999：249-252；陳菁雯，2002：147-149）：

（一）資訊不對稱問題

顧客導向在公部門難以實行的主要因素來自於資訊不對稱。因為官僚掌控行政程序運作，有解釋、執行法令的權力，所以產生行政裁量的空間，並成為政府權力與資訊的獨占者，會在依法行政的基礎上，朝向有利於官僚自身的利益，或回應到最有影響力的顧客。換言之，若沒有強而有力的驅力促使官僚釋放出資訊，則容易造成與顧客間的資訊不對稱，使顧客導向無法眞正落實。

（二）利益團體的宰制

顧客導向是假定透過政治管理，便可塑造一個去政治化的公共行政市場，且可依循市場邏輯而使選擇與競爭機制自行建立。然而，資源豐沛、政商關係良好的利益團體，往往可獲得較豐富的資訊、較高的發言地位，以及較廣的接近管道，因此造成不平等的聯合策略聯盟。這些利益團體彼此結盟後，勢必破壞顧客導向所期待的去政治化的平等服務系統，製造利益團體對全民「綁票」的可乘之機。

（三）引發部際衝突

政府部門欲落實顧客導向的目標，很難僅靠單一部門即可達成，而需依賴各部門通力合作、相互溝通協調，才能有良好的績效與服務品質。然而，在實際行政服務輸送的過程中，政府部門往往出現本位主義、整合困難的問題，甚至引發部際衝突，致使顧客導向流於形式並淪為口號。

（四）缺乏誘因機制

顧客導向所面臨的最大困境是公共服務都具有獨占壟斷的性質，例如在管制性政策裡，被管制者恐怕難以被視為顧客來對待。另一方面，公務人員也沒有來自「市場」的實質誘因去實現顧客導向策略。其次，許多顧客導向所需提供的財貨和服務，多屬於第一線基層人員直接和顧客打交道的下游服務，如警政、地政、戶政、衛生等，基層人員若未能被賦予實質權限，則顧客導向服務難以全面落實。

二、政府機關運用全面品質管理的限制

全面品質管理的概念，在我國及其他許多國家的公共部門中，一開始即被推崇爲一種必然可成功且絕對適用於公共行政領域的新管理經典，而未有充分的思考與討論。此種現象除了因全面品質管理在許多私人企業組織中應用的成功之外，一般人的基本心態認爲，企業組織的管理模式普遍優於公共組織則是更重要的因素。此種心態目前雖然廣泛地見於新近各國的行政改革方案之中，但公共行政學界已許多人開始質疑，全盤轉移私人企業之全面品質管理模式的適當性與可行性，歸納反對政府組織一體適用全面品質管理之最重要理由至少有五點理由，分述如下（李清標，1995：150-151；黃朝盟，2000：658-662；吳瓊恩等編著，2005：119-120）：

（一）全面品質管理的本質與公共服務無法相容

全面品質管理的基本精神與公共組織的目的及特性先天上即不能相容。因全面品質管理的原始內涵乃純爲工業與製造業的操作環境而設計，而工業與製造業的操作環境與政府機構的運作環境可謂有天壤之別，因此以全面品質管理來控制公共服務的效能可能產生互斥的效果。換言之，反對者根據全面品質管理的特性，認爲全面品質管理所適用的領域爲可經由重複的過程所製造之有形的產品，而公部門所提供的公共服務多屬勞力密集之服務。服務與產品之最大不同在於：服務的產出與使用往往在同一時間，使得產品品質的統一難以控制；且消費者評估服務品質的標準常常除

了服務的結果外，還受到服務者的行爲等因素的影響，而使得品質管制的工作難以有可靠的基礎。

（二）公部門的本質排斥全面品質管理的運用

相對於前述的觀點，亦有人認爲兩者的互斥性並非源自於全面品質管理的本質，而是由於公共部門本身的特性，這些特性包括下列兩點：

一是公部門抗拒改變的力量較大：組織成員對組織使命的固有觀念，極易阻礙其對新管理理念的認識，而這種現象又以公部門科層化傾向最爲明顯。另一則是公部門管理者即使績效提升，也不易獲得實質的獎勵；但若不依循舊規，試圖引進創新的方法，一旦犯錯又得承受政客與媒體的指責，所以難以激勵公共管理者進行大幅度的改變。

（三）公部門的組織文化與全面品質管理相違

全面品質管理的成功有賴於組織文化的改變。然而公部門中明顯的層級關係，以及權威性的特殊官僚型組織文化，與全面品質管理強調向下授權及廣泛的參與式管理相互牴觸。此外，由於大多數公部門內部存有多種不同專業人員，且這些不同專業的人員通常堅持本身專業的立場與專業法規，而無法與其他組織成員產生協調合作的工作關係，形成全面品質管理要求摒除單位間障礙的一大阻礙。再加上許多公共服務的主旨在於約束、規範人民的行爲，此與全面品質管理希望在組織內創造「顧客至上」的品質文化相違，所以，全面品質管理並不完全適用於公部門。

（四）對公部門而言，「顧客」是一個有問題的概念

政府機構必須同時對許多懷有不同（或甚至互相衝突）目的之不同顧客提供公共服務，除了這些鮮明的顧客外，政府的施政還須考慮一般沉默大衆的不同意見。因此，公共服務的內容往往是這許多不同壓力下妥協後

的產物。但全面品質管理的第一個原則，乃是要求以顧客的滿意程度作爲服務品質的標準，這對許多公部門而言，由於顧客對象的多樣性與顧客間目標的衝突性，「顧客至上」即成爲一個非常不明確的無用口號。

（五）公共服務品質與成本的關係較私人企業複雜許多

全面品質管理的最重要目標之一是在不增加成本的前提下，提高產品的品質，但對於公共服務而言，提高品質而不增加成本卻有相當的困難。公部門的主要政策及預算都決定於選舉產生的行政首長及立法人員，對組織所追求的品質目標與達成目標所需的成本並無控制的權力；而民選的首長與立法者，由於爭取連任的壓力，在權衡厲害得失時，通常以短期可立即顯現利益的政策作爲優先的選擇，且在考慮不同族群間之政府預算分配時，傾向增加政府的預算以滿足其主要選民的要求。此外，預算審核過程的誘因結構，又變相鼓勵行政機關將所分配到的預算耗盡；以上種種的現象說明全面品質管理之提高顧客滿意度而節約成本的理想，在公共組織實現的政治環境中是不切實際的。

公管小檔案　**「1999 臺北市民當家熱線（免付費電話）」，一個號碼，全面服務**[3]

政府在顧客導向的潮流下，推動的公共服務須從民眾的角度出發，兼顧民眾的需求及期望，全力規劃簡便的行政措施，如作業標準化、縮短辦理時程、延長服務時間、減少等候時間、服務態度親切與民眾抱怨即時回應等，以提供更便捷、更人性化及更貼心的公共服務。

長期以來，臺北市政府市政大樓設有市政總機機房，提供民眾單一窗口轉接或電話告知等市政電話服務，所屬機關也提供一般性業務單位電話

3 資料來源：整理自廖洲棚、魏國彥（2012）和黃家玓（2010）論文。

及專業性質之0800專線免付費服務。然而，臺北市政府所屬機關電話號碼眾多，民眾多不易記得，常常需要透過104查號台、機關網站或市政府便民手冊加以查詢，且接聽人員由市府派遣7名職工於每周五天（周六及周日未提供服務）、每日上午八時至下午六時，提供民眾市政府內部的機關電話轉接服務，以及市政府外部機關電話告知服務，屬於總機性質的服務工作。亦即民眾如提出各項市政業務詢問，無論屬於複雜或簡易，市府總機的接聽人員皆是以電話轉接後送的方式，轉介至機關承辦單位來處理。若民眾透過總機電話提出陳情或申述，接聽人員也是直接電話後送至後端的行政機關，完全不提供民眾案件的電話登錄服務。

由此可知，臺北市政府所屬機關的爲民服務電話，常侷限於轉接功能或成效不佳，且未能整合成單一專人服務窗口及答詢，市民無法透過簡單易記的單一專線號碼與政府機關聯繫。爲提供市民單一市民單一電話服務窗口，臺北市政府於民國93年整合市政總機、各機關0800服務專線、市政專線等，統一併入「1999市民熱線」中，並以訓練有素的委外話務人員，提供親切、全年無休、每日24小時的市政話務服務。民眾經常來電詢問的市政查詢問題、民眾抱怨、緊急事件處理等，話務人員由委外客服業者所建立的資料庫查詢系統，提供民眾線上查詢的立即回覆服務。不能即時解決的市民陳情、申訴或派工通報問題，話務人員則透過後送系統的機制加以登錄，將民眾陳述的案件內容傳送至系統後端，由市政府所屬行政機關負責收件、處理及回復。民眾如來電找尋機關人員或詢問特定機關業務，話務人員在轉接電話時，會先主動協助民眾找到機關的正確承辦人員。又如機關電話忙線而無法電話轉接聯繫時，話務人員則轉接至機關首長辦公室的專責窗口，作爲話務人員提供民眾查詢服務的最末端，以建立整合性市政諮詢服務網，落實「一個號碼，全面服務」的目標。

歷屆考題

1. 追求顧客滿意的四個假設中，下列何者錯誤？（107 年身心障礙人員考試四等考試試題） (B)
⑷顧客心理上或行為上，都以滿足自己需求來思考
⑸每位顧客手中資源無限，可以選擇想要的各種服務
⑹顧客對於需求，有著主觀的排序
⑺顧客會在慾望與實踐中取得平衡

2. 公部門在採行「顧客導向」的管理時，下列觀念何者最正確？（106 年特種考試四等考試試題） (D)
⑷公部門內部顧客的重要性，高於外部顧客
⑸公部門的顧客，僅是指組織外的一般民眾
⑹公部門的顧客，就是指機關內部成員
⑺機關中人事單位所面臨的大多是內部顧客

3. 所謂魚缸原理（fishbowl principle）是學者用來落實那種公共管理的技術方法？（106 年身心障礙特考四等考試試題） (D)
⑷目標管理
⑸標竿學習
⑹危機管理
⑺顧客導向

4. 根據奧斯本（D. Osborne）與蓋伯勒（T. Gaebler）合著的《新政府運動》一書中提及，政府再造的內涵是「企業精神」，以及下列何者？（106 年身心障礙特考四等考試試題） (C)
⑷依法行政
⑸目標管理
⑹顧客導向
⑺重視執行

5. 「提高品牌忠誠度，降低品牌轉換率」的策略，這是那種公共管理的理念？（106 年退除役軍人轉任公務人員考試四等考試試題） (D)
⑷組織再造
⑻流程再造
⒞目標管理
⒟顧客導向

6. 從顧客滿意經營的角度而言，一個成功的抱怨處理機制應該能夠：（106 年公務人員普通考試試題） (D)
⑷將顧客忠誠度降到最低、顧客留住率降到最低
⑻將顧客忠誠度降到最低、顧客留住率提至最高
⒞將顧客忠誠度提至最高、顧客留住率降到最低
⒟將顧客忠誠度提至最高、顧客留住率提至最高

7. 政府再造工程一再強調顧客導向，最可能造成下列何種負面效果？（106 年原住民族特考四等考試試題） (A)
⑷民粹主義
⑻社會主義
⒞統合主義
⒟社群主義

8. 組織中影響顧客導向服務的因素，下列何者錯誤？（106 年原住民族特考四等考試試題） (C)
⑷資訊科技的應用
⑻領導者的態度
⒞以供給面為主導觀念
⒟組織文化

9. 政府公關與行銷主要是以下列何種概念作為中心思想？（106 年原住民族特考四等考試試題） (B)
⑷公共管理者

(B)顧客導向
(C)民意塑造
(D)公共資訊傳播

10.「公民憲章」是那個國家在 1990 年代首開風氣，提出落實顧客導向理念的政府改革行動？（105 年身心障礙人員考試四等考試試題） (D)
(A)美國
(B)澳洲
(C)紐西蘭
(D)英國

11. 將顧客導向觀念運用在政府機關的公務運作中，下列有關政府部門顧客的敘述何者錯誤？（105 年公務人員普通考試試題） (D)
(A)政府機關的顧客比較著重於規範性定義，而非經濟性定義
(B)享受政府公共服務者是顧客，受罰受刑的犯罪者也是顧客
(C)顧客的範圍應同時包含內部顧客與外部顧客
(D)政府部門中顧客的概念較企業部門具體而明確

12. 顧客導向會在公部門受到關注，是民主行政最強調的政府什麼特性？（105 年原住民族特考四等考試試題） (C)
(A)效率性
(B)效能性
(C)代表性
(D)回應

參考文獻

江行全，2002，〈建構顧客導向服務文化的觀念與作法〉，《研考雙月刊》，26（5）：93-10

江岷欽，1999，〈政府再造與顧客導向的服務理念〉，Golembiewski、孫本初、江岷欽（編），《公共管理論文精選（I）》，台北：元照，頁 39-66。

何雍慶、莊純綺，2008，〈從顧客導向的觀點看為民服務〉，《研習論壇》，85：5-12。

吳瓊恩、李允傑、陳銘熏，2005，《公共管理（再版）》，台北：智勝。

宋秀鳳，1997，《從全面品質管理到公共組織應用品質圈之研究——以財政部所屬機關實施品質圈經驗為例》，台中：東海大學公共行政研究所碩士論文。

李清標，1995，〈從行政落後論政府全面品質管理〉，《中國行政評論》，4（4）：141-160。

何雍慶、莊純綺，2008，〈從顧客導向的觀點看為民服務〉，《研習論壇》，85：255-268。

林水波，1999，《政府再造》，台北：智勝。

林長宏，1995，《行政機關採行全面品質管理之研究》，台北：國立政治大學公共行政研究所碩士論文。

林建山 2008，〈顧客導向的公共服務思維與策略〉，《研習論壇》，85：18-23。

張廷駿，2003，〈經營顧客——談服務型政府〉，《今日海關》，27：26-30。

張潤書，2009，《行政學（修訂四版）》，台北：三民。

陳啓光、于長禧、楊秀娟、張秀珍，2004，〈影響政府機關推動顧客導向為民服務作為之相關因素探討〉，《品質學報》，11（3）：207-222。

陳菁雯，2002，〈建立公部門對顧客導向機制：以蒙藏委員會對藏事服務為案例〉，《法政學報》，14：117-152。

湯玲郎、林正明，2002，〈品質成本制度實施程度與 TQM 製造績效之相關性研究〉，《中華管理學報》，3（3）：57-73。

黃家玓，2010，《臺北市政府「1999」市民熱線之研究——顧客導向及全觀型治理的觀點》，台北：國立臺灣大學政治學研究所碩士論文。

黃朝盟，2000，〈全面品質管理策略〉，黃榮護（編），《公共管理（第二版）》，台北：商鼎，頁 633-670。

溫璧綾，2005，〈由「顧客導向」看公立博物館的觀眾服務〉，《文化驛站》，17：2-7。

葉維輝，2008，〈顧客導向與公共服務〉，《研習論壇》，85：24-34。

廖洲棚、魏國彥，2012，〈從協力治理觀點剖析臺北市 1999 市民熱線的營運與管理〉，《T&D 飛訊》，150：1-26。

4
電子化政府

第一節　電子化政府的基本概念

第二節　電子化政府的功能

第三節　電子治理

第四節　電子化政府的推動成果、挑戰與展望

學習目標

▶掌握電子化政府的定義與服務類型。

▶明瞭電子化政府的功能。

▶區分電子民主、審議式民主和電子治理概念之差異。

▶檢討電子化政府面臨的挑戰。

20世紀末可說是政府治理模式快速轉型的年代。由於新公共管理運動的蔓延，使民眾頓時轉變為政府亟欲服務的「顧客」，新右派的意識型態成為各國政府積極推動的改革方向，「顧客至上」、「組織精簡」、「企業型政府」等口號到處充斥。然而，面對民眾需求日益升高，政府人事、預算等資源卻日漸減少的情況下，政府如何紓解官僚體制失靈，改善組織與流程的僵化，從而提升組織效率，發揮「以小事大」的綜效，以快速回應民眾之需求，則被視為是當前政府實踐「公共治理」（public governance）的首要任務。在諸多改革方法中，網際網路（World Wide Web）及資訊通訊科技（Information and Communication Technologies，簡稱 ICTs）技術的快速發展，不僅造成全球電子商務的急速成長，更促使各國政府積極思考如何利用資訊科技，進而帶動公共服務輸送的轉型（曾冠球、陳敦源、胡龍騰，2009：3-4）。因此，資訊科技（IT）的採行受到許多先進國家的重視，而成為各國政府再造的主要方針之一（許清琦、曾淑芬、劉靜怡、吳鴻煦，2003：74-75；宋餘俠，2006：36）。

我國行政院受到新公共管理與政府再造浪潮的影響，自 1994 年成立國家資訊基礎建設（National Information Infrastructure，簡稱 NII）小組推動國家資訊通信基本建設，網路化的議題開始受到重視。而為了促進政府再造，在國家資訊通信基本建設的架構下，行政院研究發展考核委員會[1] 在 1997 年提出並推動「電子化政府」計畫，其意義在於使政府機關運用資訊與通信科技形成網網相連，透過不同資訊服務設施提供自動化之服務，讓行政業務得以藉助現代資訊及網路通信科技提升效率與效能（李仲彬、陳敦源、蕭乃沂、黃東益，2006：79-81）。

隨著資訊技術的蓬勃發展與電子化政府的建構逐漸完整，民眾和企

1 已於民國103年1月22日，併入國家發展委員會後裁撤。

業與政府互動越來越少使用面對面的方式或是書面郵寄，而是透過電子郵件、網站和互動式語音系統來進行，而政府方面也藉由網際網路以多元化方式來發布政策宣傳政令，甚至與民眾溝通。但另一方面，有關安全和隱私等問題卻隨著電子化政府的發展而成為民眾關心的焦點，並成為現代法治國家所關心的議題之一。

基於此，在本章中首先介紹電子化政府的概念；其次，整理電子化政府的功能；接著從電子民主和審議式民主來釐清電子治理的相關意涵；最後探討電子化政府的挑戰與展望。

第一節　電子化政府的基本概念

一、電子化政府的定義

電子化政府（e-government）的具體內涵非常廣泛，而電子化政府的推動代表一種新穎、高效率的服務提供。根據聯合國（2003）的定義，所謂電子化政府係指「政府應用資訊通訊科技提升內外部關係」，或更具體的說是「使用資訊通訊技術提升政府與民眾、企業或其他政府機關之間的關係」（United Nations, 2003: 1）；而世界銀行（World Bank, 2012）網頁中則將電子化政府定義爲：「政府使用資訊通信技術提升政府行政效率與效能，促進政府資訊透明化，強化政府的責任，也就是透過資訊能力將服務有效率的移轉至相關的人民、企業與所屬單位之中。」至於經濟合作與發展組織將其定義爲「利用資訊和通訊技術，特別是網際網路，作爲實現良善政府的一種工具」，這意味著實現「更好政策結果，更高質量的服務，更多地公民參與，並且推進公共改革議程」(OECD, 2003: 1；OECD, 2008: 1)。

我國研考會則將電子化政府定義為：「透過資訊與通訊科技，將政府機關、民眾及資訊相連在一起，建立互動系統，讓政府資訊及服務更加方便，隨時隨地可得。」由以上所述不難得知，電子化政府背後的理念乃是希望透過網際網路提供更為便民的服務，為了達到這項目的，政府不僅要以資訊科技達到政府再造政府行政業務流程，也要讓政府行政在電腦科技的輔助下，改善政府內部的工作效率，最後才能對民眾提供更快更有效率的服務（轉引自陳祥、許嘉文，2003：103）。所以，電子化政府是政府建立一個與各界網網相連的資訊網路，把政府公務處理及服務作業，從現在的人工作業及電腦作業轉為數位化及網路化作業，便利各界在任何時間、人和地點都可經由網路查詢政府資訊，及時通訊，並且直接網路申辦。

二、電子化政府的服務類型

有研究認為電子化政府是源自於電子商務，因此電子化政府有許多概念可以與電子商務相通，也因而發展出類似於電子商務 B2B、B2C、C2C 的概念。現今電子化政府的主要發展類型，是指政府與顧客群之間的關係。一般認為有政府對公民（G2C）、政府對企業（G2B）、政府對政府（G2G）等三種類型，相關內容如下（王百合、王謙，2008：152；丘昌泰，2010：394）：

（一）政府提供民眾的電子化服務（Government to Citizen，簡稱 G2C）

當人們習慣於使用網際網路與銀行、書店及其他商務服務進行交易時，會預期希望與政府能夠進行類似的電子交易。因此政府機構透過網際網路直接提供人民所需要的服務，藉此可以簡化民眾洽公的手續，以及節省時間、人力、金錢等各項政府所需耗費的服務成本，並有效提升國家治理的效率。若根據不同的使用族群，如學生、銀髮族等使用者，提供不同的專屬服務區，可概分為：行政層面服務（如線上申辦各種事項、下載各種表單、繳交稅金等），以及民主層面服務（如首長信箱、公共論壇等）。

（二）政府與企業間所進行的電子化業務（Government to Business，簡稱 G2B）

G2B 主要體現在政府對電子商務的應用，並把焦點放在改善政府採購的效率上。對於政府採購實行電子化是今後改革的方向，線上申請功能、電子郵件傳遞的安排，以及對檔案的管理都有利於提高採購過程的效率與效能。G2B 方案把焦點放在市場交易時能夠減少採購的行政成本，以及擴大市場交易的機會；如所有政府採購案，承包商可在線上競標、發展及傳遞產品，除可節省舟車往返費用，還能加強行政效率。這與簡化工作流程，減少郵寄時間，增加資料的正確性有異曲同工之妙。目前我國政府部門的做法有經濟部與內政部主導建置維運的「商工行政服務 e 網通」、「全國建築管理資訊系統」，及公共工程委員會主導建置維運的「政府電子採購網」等。

（三）政府各部門與單位間的電子化整合（Government to Government，簡稱 G2G）

G2G 是指應用軟體設備，改善政府內在的運作，其中包括會計、預算、人力資源等領域，另外也包括檔案管理的概念或所謂資料庫的解決方案等，這些通常能夠減輕資訊管理的負擔。G2G 的目標是促進資料整合，以及經由除去分裂的系統來改善整個流程。這樣的系統旨在建立整個組織的整合性解決方案，並非僅局限在單一機關中行使，也就是借由建立資訊系統以進一步改善整個組織的決策效率。

從上述三種「電子化政府」的服務類型來看，資訊的取得、服務的傳遞以及雙向的溝通，是「電子化政府」的基本核心功能。透過政府網站的應用，可以達到資訊公開透明、服務申辦跨越時空限制、民主職能充分發揮的目的。而 G2C 的便民服務、G2B 的利商服務、G2G 的跨組織服務則是「電子化政府」用以提供顧客導向的服務，滿足不同族群需要的手段，進而強化其功能應用的層面。

公文電子化 市府自訂 65% 高標[2]

臺北市長柯文哲上任後喊出「2 年內無紙化」目標，首先就從公文電子化開始革新。2015 年北市府「線上簽核」的公文達 173 萬件，節省的紙張疊起來比臺北 101 還高。2016 年中央將線上簽核目標訂在 45%，柯市府無意再跟隨中央「低標」，自行設定 65% 標準，更強調市府 147 個機關「都要達標」。

為達到無紙化作業，中央這幾年帶頭推動公文「線上簽核」，讓公務員透過電腦系統，直接線上修改文字、批閱及簽核，目的是從公文的形成到傳送，不產生任何紙本。不過，許多公務員習慣紙本簽核，方便閱讀，中央訂定目標也屬鼓勵性質，「沒鞭子也沒蘿蔔」，以致從中央到地方，線上簽核推動成效不顯著。但柯文哲上任後，重視電子化作業，強調環保。為達成柯提出的「全面無紙化」目標，柯市府 1 月份頒布「臺北市政府擴大電子公文節能減紙作業計畫」，不再遵照中央標準，一舉將線上簽核標準拉高到 65%，讓不少推動成效較差的單位措手不及，備感壓力。

2 資料來源：中國時報（http://www.chinatimes.com/newspapers/20160319000456-260107 [2016/03/19]；檢閱日期：2017/5/30）。

第二節　電子化政府的功能

隨著網際網路的普及，人們使用網路溝通的能力提升，研究治理的學者已發現，電子化政府不但可以節省經費、精簡人事，更能強化公民與政府之間的互動，提高公民參與的機會與意願。因此，學者們除了探究電子化政府所應具備之提高績效、改善政府的能力以外，亦開始研究如何利用電子化政府達到「善治」（Good Governance）的政治理想。

根據相關研究指出，電子化政府是公共管理的改革工具，是「應用資訊溝通科技，特別是網路科技，以達成更佳的政府」的計畫，其功能包括下列幾項（OECD, 2003: 11-13，轉引自孫本初，2010：112-113；Pardo, 2000: 3-4，轉引自王詠蓉，2010）：

一、資訊透明化

電子化政府採取線上作業方式並提供服務，可以讓資訊透明化且有助於加速政府資訊的流通，便利社會大眾、民意機構、媒體及社會大眾來監督政府施政，達到行政透明化的作用，並提升政府責任性。

二、增進行政效率

透過網際網路、企業網路等現代科技的應用，政府一方面可以簡化工作處理流程，另一方面可以促進行政作業的快速運作，再加上網路溝通技術節省了資料蒐集、資訊的供應和傳輸，節省與顧客溝通的時間以及金錢、物資上的花費，故可用較低的成本擴大政府內部與外部資訊分享的過程，形成較佳的管理效率。若將其與企業的成本投入和效益產出做比較，電子化政府縮短了時間與地域的限制，提升政府的主動性與回應性。

三、提升政府政策與服務品質

電子化政府藉由資訊科技整合各種不同資料來讓政府各個部門間可以直接相互連結、交換資訊，進而提升政策規劃及施政決策。同時透過整合式的單一入口網站，簡化作業流程，加速政府的反應速度，提升政府的辦公效能，甚至提供民眾 24 小時的資訊查詢及通信服務。

四、增進民眾與政府的互動

網際網路允許民眾、政府官員進行雙向式、多層次的溝通，而政府藉助網際網路、電子郵件、電子佈告欄等系統，民眾一方面可以即時取得政府最新的資訊與服務，也可即時向政府反映意見，以增進民眾與政府的互動，改變了政府與民眾之間的關係。而網際網路的使用也會降低政府在宣導政策時的支出。

五、促進公民參與

電子化政府促使公民樂於參與政治與政策，強調民眾直接參與及涉入公共政策制定過程，民眾不再只是被動的接收政府政策，而是能夠透過各項公共論壇，充分表達意見，並提供建言，強化與民眾的互動性，故電子化政府有助於塑造公開和課責的政府形象，並在民眾和政府之間建立關係。因此，有越來越多的政府機關使用通訊科技，尤其是網際網路，以在政府、民眾、企業之間提供更好的服務，傳送數位化政府資訊。

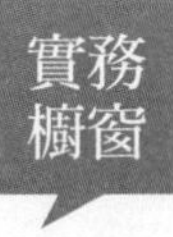

北市設「稅費 e 帳簿」平台　民眾再也不會忘記繳費[3]

臺北市財政局將規劃建置「稅費 e 帳簿」平台，民眾從平台可收到地方稅、水電、學雜費等帳單，並透過超商、支付平台等方式繳納，還可查詢過去繳費紀錄，預定民國 109 年啓用。財政局長陳志銘說，民眾過去繳納學費、水電費、房屋稅等費用都會收到紙本帳單，且需要親自持單到超商、ATM 等處繳納，除花時間也無法掌握帳務，因此規劃建置「稅費 e 帳簿」平台，平台服務包含申請各項稅費電子帳單、線上繳納以及查詢繳納紀錄等措施。

透過平台整合付費服務，除讓民眾不會忘記繳納規費外，也有效減少實體帳單印製寄送，平台將整合地方稅、水電費、停車費、違規罰單、學雜費，民眾可透過支付平台、QR 碼等方式繳納，「稅費 e 帳簿」平台已在規劃，預定 109 年建置完成並開放使用。另外，財政局也規劃從明年下半年推動電子發票核銷系統。陳志銘說，市府現行核銷作業包括請購、核銷、會計、支付共 4 個流程，請購及核銷仍採紙本審核及人工傳遞，進入支付系統後，從開立付款憑單、付款才是全面電子化流程。

3 資料來源：TVBS（https://news.tvbs.com.tw/life/839180；檢閱日期：2018/6/15）。

第三節　電子治理

一、電子民主

（一）定義

由於民眾對政府信任（trust in government）程度逐漸下降，是否會影響民主治理一直是個受到重視的研究議題。再加上近年來因爲政府在治理過程中對於資訊科技不斷擴大，能否藉此來提振公民對政府服務的滿意及信任程度，則受到學術界與實務界的重視，期望藉由資訊科技的快速、公開、正確與便宜的資訊接近方式，使民主政治過程更爲活絡，更有可能進入直接民主的型態，一般稱之爲電子民主（electronic democracy）、數位民主（digital democracy）或線上公民參與（electronic participation）。

（二）基礎條件

倡議電子民主者主張須促使參與政治對話更容易，使民眾更接近與權力中心的互動，故科技的發展應著眼於去除公眾參與統治的障礙。然而，此種理想境界只有在新科技被廣泛使用且被信任，以及人民想要且能夠使用新科技的前提下，才有機會實現。故以公民參與爲目的的電子民主有下列幾項基礎條件（項靖，2011：524-529）：

1. 數位能力：公民透過數位化管道參與政治過程，首先要具備資訊與數位素養、使用得到科技工具，以及可取用政府資訊。因此，爲了使公民有能力藉由數位管道參與政治過程，第一個基礎條件是公民皆具備使用數位化工具的能力。
2. 普及取用：意指每位公民皆使用得到現代化的數位科技與管道，而無關其經濟能力、社會地位與地理位置，用以確保所有可能會被一項政策所影響的人們都有機會表達其喜好，並有機會影響政策的形成。

3. 資訊公開：政府必須給予公民相關、正確、充分且及時的資訊，以使其瞭解政府的業務及運作情況。故政府決策與規劃資訊對於社會大衆而言是相當重要，可使民衆得以在不同意那些已被政府規劃或著手進行的事務時，可以採取對應行動。
4. 政策行銷：爲了使公民有意願藉由數位化管道參與政治過程，公民須被告知並知曉其得以選擇透過數位化途徑或方式參與公共事務，而此有賴於政府對於數位民主方案有效的公共服務或公共政策行銷與推廣。
5. 參與實效：若公民不相信其自身之參與會產生實質的影響，則數位民主的目標將無法達成。因此，須使公民認爲此種途徑或方式的參與結果將有實質效用，使其相信最終的決策具有影響力。
6. 排除負效：若公民認爲此途徑的參與過程或結果會產生負面作用將會敬而遠之。因此，政府須確保線上溝通的安全性，絕不侵犯人民的隱私權。
7. 參與合法：亦即公民得以合法的數位化方式涉入公共事務。
8. 主政心態：乃是主政者願意充分實現ICT對於民主的潛能，並藉以進一步提升民主的品質，而非將之作爲用以監視、控制民衆等反民主的手段。

二、審議式民主

審議式民主又稱「商議式民主」（deliberative democracy）。審議式民主起源於對民主品質的反思，認爲民主政治不應該止於選舉結束或是代議士的選出，而應該是強化政策形成過程中，公民有意義地參與討論以及決策（曾冠球、陳敦源、胡龍騰，2009：10）。審議式民主的概念著重於「在集體決策的過程中，公民在具有充分資訊之下審愼思辨的討論參與」。根據 Cohen 的說法，審議式民主的內涵包括以下五點（轉引自曾冠球、陳敦源、胡龍騰，2009：10-11）：

（一）自由結社：不斷地、獨立地「結社」。

（二）價值分享：結社成員分享一些關於結社的價值，這種分享的價值成爲一種「承諾」，也就是成員都願意互相合作，使充分討論的制度得以維持，並對充分討論所獲得的共識規範，都願意遵守。

（三）多元價值：充分討論的民主是一個多元的結社。成員對於個人的偏好、對世界生命的看法，可以非常的不同，對於「集體選擇」，成員都允諾以充分討論的方式來解決，沒有任何一種偏好、信念應該佔有強制性的地位。

（四）充分認知：因爲結社成員皆視充分討論爲該結社正當性的來源，不只結社的產出都是充分討論的結果，結社的充分討論本質也應該是「了然於心」的。

（五）互相尊重：成員之間都承認對方具有參與充分討論的「能力」，這能力包括參與討論與執行討論結果。

三、電子治理的意涵

如前所述，政府運用資訊科技提升政府與民衆、企業或其他政府機關之間的關係，稱之爲「電子化政府」。而政府將資訊通訊科技運用至影響政治系統運作，透過讓民衆參與公共政策的制定，提升決策過程的透明度而產生的參與途徑，如目前的電子治理推動策略中的線上政策討論、投票等，稱之爲「電子民主」，故有學者將電子化政府與電子民主兩個概念相整合，稱之爲「電子治理」（e-governance）（黃東益、李仲彬，2010：79-80；李仲彬、曾冠球，2017：5-6）。

根據江明修等（2004）的分析，電子化政府應包含基礎建設、服務提供以及公共諮詢三個面向，而電子民主則包含服務提供、公共諮詢以及決策參與三個面向，而電子治理正好整合電子化政府與電子民主（參閱圖❶）（李仲彬、曾冠球，2017：6）。

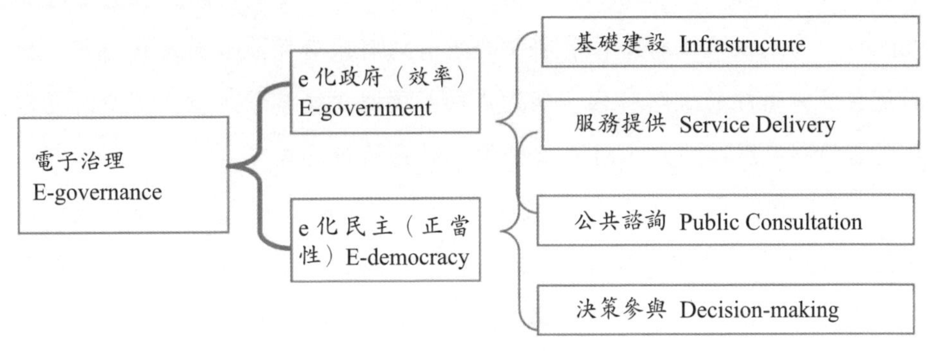

圖❶　電子治理的概念

資料來源：江明修（2004），轉引自李仲彬、曾冠球（2017：6）。

電子治理是運用新興的資訊通訊技術，創造更良善的政府治理。除了應用於政府各項行政，如民眾網路報稅、企業參與政府電子採購等，更期望透過各類資訊通訊科技與民眾（G2C）和企業（G2B）有更密切的互動，拉近相互溝通的距離，同時希望提升政府資訊的透明度、增強政府承擔責任的能力，以及提高政府制定政策的效率（黃東益、蕭乃沂，2014：51），以促進公平、透明及參與等民主價值（陳俊明等，2014）。

簡單生活，就從「e 管家 Plus」開始[4]

行動服務時代來臨，政府便民服務也要跟得上潮流！國家發展委員會今年 8 月初推出全新改版「e 管家 Plus」，六大便民服務齊上線。短短不到一個月，「生活地圖」點閱數破 2 萬次，「我的專區」點閱數近萬次、APP 下載數快速累積破 6,000 次。民眾熱烈點閱及下載最大因素在於 e 管家 Plus 貼心爲民眾完成跨單位資料整合，有效將政府開放資料活化應用；特別是在資訊爆炸的網路時代，能夠成功將資訊化繁爲簡，讓民眾更容易取得所需的政府服務訊息，這是政府便民服務的新模式。

e 管家 Plus 六大服務包括我的專區、全民快訊、生活地圖、我的收件匣、我的國民帳户及電子刊物等服務，應用多項互動及適地性服務技術，提升政府爲民服務之效率及便利性。「我的專區」——個人化的政府福利輕鬆查，彙整中央機關及 22 個縣市相關補助資料，分成家庭生活、學生、工作人、銀髮族、身心障礙、急難救助等六大族群，貼心提供聯絡窗口、申辦地點、申辦步驟、應備文件下載等注意事項；「全民快訊」——精選政府重點消息頻道，網羅民眾最感興趣的民生大事，集結縣市政府舉辦之各項娛樂活動或藝文消息等報導；「生活地圖」——改變在地生活全新體驗，整合政府機關 Open Data 資料，讓民眾一手掌握文化娛樂、生活資訊、保健醫療等在地化資訊；「我的收件匣」——政府即時訊息不漏接，提供政府重大政策、災害示警、停止上班上課等即時訊息，並可訂閱各種政府業務申辦的進度通知服務，讓重要訊息不漏接；「我的國民帳户」——線上繳費超便利，進一步整合個人化稅務、停車費、水費、電費

4 資料來源：國家發展委員會（https://www.ndc.gov.tw/News_Content.aspx?n=6FDC603ACC3D414D&sms=DF717169EA26F1A3&s=08073A6AA643B700，2014/9/24；檢閱日期：2018/6/15）。

等費用，並提供線上繳費服務，一鍵即可繳費，方便又有效率；此外「e管家Plus」還蒐集中央部會、縣市政府123個機關，近500種最齊備的「電子刊物」，提供完整資訊豐富智慧生活。

第四節　電子化政府的推動成果、挑戰與展望

一、電子化政府的推動成果

（一）第一階段「電子化／網路化政府中程推動計畫」（87 年至 89 年）

第一階段電子化政府計畫主要致力於建設政府骨幹網路、發展網路便民及行政應用、加速政府資訊流通、建立電子認證及網路安全機制等電子計畫，並配合該時期我國國家資訊通信基本建設所定「3 年 3 百萬人口上網」之總目標。

（二）第二階段「電子化政府推動方案」（90 年至 93 年）及「數位臺灣 e 化政府計畫」（92 年至 96 年）

爲持續深化及擴大政府網路應用，提高行政效能及便民服務品質，民國 90 年推動「電子化政府推動方案」（90 年至 93 年），主要目標包括建立暢通及安全可信賴的資訊環境、促進政府機關和公務員全面上網、全面實施公文電子交換、推動 1,500 項政府申辦服務上網及政府資訊交換流通與書證謄本減量作業。

（三）第三階段電子化政府計畫——優質網路政府計畫（97 年至 100 年）

爲持續推展政府服務整合互通，「優質網路政府計畫」配合行政院施政重點及「愛台十二建設」中「智慧臺灣」目標，串聯基礎建設，整合中央與地方服務，並依民衆與企業的思維角度整合創新應用，以發展主動服務、創造優質生活，普及資訊服務、增進社會關懷，強化網路互動、擴大公民參與爲目標，進一步推展服務流程簡化，提供主動關懷及隨手可得的資訊服務，期能增進公共服務的價值，建立社會的信賴與連結。計畫重點包括統整各機關分散建置之 e 化服務，簡化與整合服務流程，精進提升服務效能，並能將服務方式從 E 化、M（Mobile）化提升到 U（Ubiquitous）化，在著重社會關懷的前提下，無縫提供民衆優質的政府服務。

二、電子化政府的挑戰

我國電子化政府在各機關通力合作下，推動成績斐然，不但屢獲國際評比肯定，更有效提升政府運作與服務效能。根據相關研究指出，電子民主的出現有即時的結果、遞增的服務、單位成本的降低、減少資料的流入、對環境有利、減低人民參與公共事務的成本、藉由政府資訊公開提升人民對公共事務的瞭解與對政府機關的信任，以及促進組織的創新等多項功能，以下分別說明之（管中祥，2001：303-304；項靖，2005：3-7；葉俊榮，2005：21-22；陳敦源、李仲彬、黃東益，2007：54；陳海雄、蔡世田，2007：105；丘昌泰，2010：398-400；黃東益、李仲彬，2010：111-112；宋餘俠、楊蘭堯，2013：20）：

（一）資訊安全

隨著雲端運算服務及行動化服務的普及，伴隨而來的是不同類型的資訊安全威脅，各類 APP 應用服務的盛行，在使用智慧型行動裝置的同時，更應正視其衍生的潛在威脅，如有不慎，將可能洩漏使用者資訊，進而影響到雲端資訊安全，故資訊安全乃是目前最普遍被提及與關注的主題。不可諱言的是，網路的使用雖然很方便，但首先必須克服資訊安全問題，由於在網際網路上傳送訊息容易遭到截取、偷竊等不法行爲的侵害，加上網路資料很容易遺失與毀損，故如何確保網路資料的安全性，即成爲電子化政府的重要課題。

（二）隱私和身分認證

隱私被視爲商業、衛生保健、數位通訊、財務事項、教育和許多其他領域不可缺少的部分。個人身分和能力驗證以及保護隱私是重要的議題，使得在設計和提供個性化服務，以及所需的電子商務和控制之時，人民得以相信並接近所提供的系統、服務和資訊。因此必須驗證對方身分，以防他人冒名傳送，又必須能保持資料傳送之順序及內容完整，以防被複製、遺失、刪除或篡改，同時確保民眾無法否認已送出資料，以及政府無法否認已收到資料等問題。

（三）跨機關資訊共享與整合

政府資訊整合需要各部門、組織通力合作，但受限於政府部門的本位主義，常使資料的蒐集整合不易，合作難以落實。以往各機關爲求安穩，常有以資訊安全或機敏性爲由，不能充分提供跨機關資料分享；資訊化過程以機關內部需求爲主，較少考量到以民眾爲觀點的服務流程，而雲端服務強調資源共享，如何摒除各機關「本位主義」的狹隘思考模式，改以便民角度思考，結合民間資源發揮利用有待政府部門費心結合。

（四）公民接近和參與保證

立法機構和地方政府所關注的議題，包括縮小數位落差、寬頻部署、公眾意見及社群對話。惟這些資源只注意民主參與的過程，大多集中在單向通信（例如立法網站、廣播、電子郵件管理），而非互動式討論或審議，故僅能發揮增加民眾瞭解政府資訊管道的功能。如要實現公民接近和參與，重點在於要為這些溝通管道建立規範與制度，如針對民眾的反應意見需於一定時限內回覆或完成；以及打造資訊設備的基礎設施，這些可透過寬頻部署、市政無線網絡系統及電信管制來實現。

（五）數位落差的消弭

電子資訊的使用者與非使用者之間對於資訊的取得差異甚大，如何協助後者進入政府資訊系統，不僅是政府政策而已，更牽涉消費者意願問題。現階段政府所推動的電子化政府相關架構無法符合完整的民眾需求，較偏重原本即是習慣於網路使用之族群需求，而忽略其他公眾接觸之面向。

因此，關懷弱勢族群及落實公平數位機會一直是政府推動資通建設與普及政府服務的施政重點，如何減少因資訊與通訊科技使用機會不同而可能導致的「數位落差」問題，為偏鄉民眾、銀髮族、新住民與弱勢團體提供適當的資源協助，創造且提供數位機會，以縮短數位落差，也是未來努力的方向。

三、電子化政府的展望

根據近年來電子化政府的發展，可發現各國政府提供線上資訊服務的型態與以往截然不同，大多數的國家莫不積極化被動爲主動，試圖將傳統政府所扮演的角色重新詮釋成爲現代小而美的政府治理。在本章最後，作者試圖整理有關電子化政府未來的發展如下：

（一）改善數位落差與安全問題

在電子化政府的政策框架裡，資訊的安全、隱私、技術管理、數位落差和監督要求尤被重視（Dawes, 2008: 92）。其中，Norris Pippa 認爲數位落差（digital divide）對於政府從事電子化政府之影響，其以社會經濟發展、民主化程度及科技擴散程度等三因素，解釋電子化政府網站的推行與網站的民主特性，發現電子化治理的推行與特性大致受到科技擴散程度的影響（Norris, 2001: 26-40）。就此而論，部分都市之所以未建置政府網站或網站不具民主特性，主要肇因於上網人口比例的低落（項靖，2005：5-6；林裕權，2007：22）。

安全獲得政府資訊已成爲重大的政策關注，各級政府設法保護資訊資源和基礎設施（陳祥、許嘉文，2003：110；葉俊榮，2005：21）。要消除網際網路上安全的疑慮，必須要有良好的資訊安全機制，健全完善且安全的電子環境，使人民的資料權和隱私權等基本權益受到保障，政府機關電子化和網路化就比較容易推行，普及率也能迅速提升（陳海雄、蔡世田，2007：105-107）。而爲了在網路上辨識使用者的身分，防止身分被僞造、冒用，歐美等先進國家即建置了所謂的「公鑰基礎建設」（Public Key Infrastructure）和「電子簽章制度」（Digital Signature），以確保資訊交流的可信度，增加網路活動的安全保障，加速推動各類網路申辦業務以及跨機關資訊的交流，避免網路成爲敵意國家與駭客入侵管道，並建立網路安全防護機制與緊急事件通報體系，進而對連接於機關網路設備與資料安全提供多一層防護（林俊宏，2006：37）。因此，在政策架構之中要以解決資訊落差以及安全等議題爲優先考量。

（二）提供公共服務與建立評估機制

政府官員身為公共利益的代表者，其首要目標是創造公共利益以及提供公民服務，因此電子化政府必須以加強服務為目標，即改變以往威權的做法轉變為顧客導向，提供民眾接觸的管道、便民服務以及提供尋求政府資訊或服務公民和企業的選擇（林裕權，2007：22）。電子化政府之所以能夠提升政府的內外部關係，主要是因其能夠改革公部門傳統服務遞送之模式，使民眾皆能在網際網路上即時取得政府提供之資訊及服務（李國田，2007：47）。

（三）設立資訊官與建立資訊管理

電子化政府增進各種各樣的管理、專業和技術，以提升政府的效率、基礎設施投資、資訊管理和使用、組織創新、風險管理、採購改革、勞動能力和績效評估。然而電子化政府並不會，也不能夠改變人與人之間的互動關係（Shafritz, Russell & Borick, 2009: 339），還是需要 IT 人才加以來管理。因此近年來，資訊長的角色與功能受到公私部門的重視。其主要功能在掌握資通訊技術，發展組織的策略性資訊應用，提升組織競爭力。為強化政府資訊發展政策領導功能，行政院組織改造已規劃在行政院設置資訊長，行政院所屬各部會亦規劃設置專責資訊單位，並規劃由政務副首長兼任資訊長，以加強資訊組織的功能，發揮資訊領導力，有效落實職掌範圍內的資訊策略規劃，進一步強化電子化政府整體的推動發展（何全德，2006：110；吳毓星，2009：142-143）。

（四）重視數位公民與建立單一入口網站

公民參與在電子化政府當中通常被稱為「電子參與」，涵蓋民主過程的範圍，其包括技術和資訊內容的無障礙和可用性、公眾與政府互動、公眾對政治議題討論以及公眾諮詢，或在議程設置過程中納入利害關係人。

我國電子化政府整合型入口網站（以下簡稱入口網站）之推動，即扮演民眾與網路化政府間單一溝通的橋樑角色，是政府服務民眾的網路單一窗口，並提供高品質資訊查詢及線上申辦服務。預見未來，不僅政府的各項施政作爲、資訊可隨時經由入口網站取得；各項與爲民服務有關的查詢、申辦等業務，也可透過此一網路單一窗口獲得線上服務（楊秀娟，2003：48-49）。入口網站將以全球及網際網路應用先進國家，如美、歐、日、澳等國政府之入口網站，爲主要參考網站，並且將從即時、快速、多樣、完整、高品質等五個方向努力，以提供服務（研考會，2001：3-5；吳毓星，2009：143）。

（五）進行流程再造與重視跨域治理

現今的政府因爲受到新公共行政之影響而對新公共管理做出反思，因而強調課責、透明度和信任，制度改革涉及到政府的結構和過程，以及政府實現公共利益的角色和責任。隨著電子化政府的日漸普及應用，政府與各式利害關係人之互動與依存的關係變得日益緊密，對政府服務的提供以及施政決策產生相當程度的影響；且隨著新興資通科技（寬頻／無線網路）的普及，以及工作流平台的實現、上傳（uploading）的推波助瀾，電子化政府的利害關係人可能成爲一股力量，促進（電子化）政府內涵的改變（張玲星、游佳萍、洪智源，2010：209-210）。而這些技術的改革也因此讓政府發展出跨域、多元組織的結構，對於政策決策和行動代表著邁向一個新的領域，更激進的行政改革意識正在展開。因此有必要在此時重新界定政府與政府跨域的府際關係概念，以及政府與利害關係人之夥伴關係，形塑良好之互動，以調整政府電子化政策方向及服務之設計（宋餘俠，2006：40-42）。

公管小檔案

臺東縣政府「TTPush 踢一下」[5]

臺東縣政府在2017年推出了一款「TTPush」APP，而其在概念上是一個結合智慧型行動裝置之應用，並藉由此單一窗口來即時推播縣政服務之訊息，期望能打破過去被動等待民眾的習慣，進而實踐「主動通知、主動服務」的精神。在推播訊息方面，「TTPush」整合了地政、衛生、稅務、社福、交通、活動等訊息，只要臺東縣民在APP輸入相關個人資料（姓名、手機號碼、身分證號碼、電子郵件、通訊地址）即可進一步獲得申請案件申辦狀況、中低收入補助、稅務通知、停車費繳費提醒等個人化訊息。換言之，臺東縣政府各部門會藉由此APP來主動回報相關業務之處理進度，讓縣民能即時且便捷地掌握與其息息相關的訊息。

另外，臺東縣政府爲了有效吸引民眾使用此APP，其加入了「臺東金幣」的數位集點機制，民眾可藉由參與APP中由各局處所舉辦的行銷活動，或是填寫提供市政建議之問卷調查，即可獲得臺東金幣點數。在累積一定數量的金幣之後，民眾可以在任何合作店家免費兌換實體商品或商品折價，而這些商品琳瑯滿目也很貼近民眾的生活，像是各種農產、牛肉麵、雞肉飯、日式料理、鹽酥雞等。

除此之外，「TTPush」並不只適用於臺東縣民，外地觀光客也可下載此APP，藉由此APP來獲得一手的旅遊資訊，並善用旅遊過程中所累積的金幣來兌換經濟實惠商品，更甚減免吃喝玩樂和民宿的費用！綜觀上述，「TTPush」有三大功能：

5 資料來源：臺東縣政府國際發展及計畫處（http://www.taitung.gov.tw/News_Content.aspx?n=E4FA0485B2A5071E&s=CBDAFF8ED19F7F2B&themesite=BAA86C8F16BADDE6；檢閱日期：2018/3/23）。

一、主動服務

臺東縣政府可藉由此 APP 來主動向民眾推播各局處之訊息，而若民眾願意填寫相關個人資料，可進一步獲得專屬的個人化訊息，可謂一機在手，市政訊息不漏接！

二、改善市政服務品質

臺東縣政府可藉由發送金幣來提高民眾填寫問卷的意願，而政府即可透過問卷的回收來瞭解民眾對於市政發展的想法與建議，在群眾智慧的基礎之下，政府可進一步商討具體的改善措施，提升市政服務的品質。

三、吸引外地觀光客

臺東縣政府可藉由此 APP 即時提供觀光客第一手在地資訊及相關好康活動，並透過金幣集點的機制，讓觀光客能在旅遊過程中邊吃、邊玩、邊集點，金幣在手換禮品！

歷屆考題

1. 下列那一項不是電子化政府的同義詞？（106 年地方特考：公共管理概要） (D)
   (A)數位化政府
   (B)線上政府
   (C)網站政府
   (D)開放政府
2. 下列何種資訊，政府可以限制公開或不予提供？（106 年地方特考：行政學大意） (A)
   (A)政府機關作成意思決定前，內部單位之擬稿或其他準備作業
   (B)請願之處理結果及訴願之決定
   (C)由政府機關編列預算委託專家、學者進行之研究報告
   (D)政府機關為協助下級機關統一解釋法令而訂頒之解釋性規定
3. 在電子化政府的應用範圍中，「G2C」所指為何？（100 年原住民特考：公共管理概要） (D)
   (A)政府對政府
   (B)政府對顧客
   (C)政府對企業
   (D)政府對公民
4. 巴伯認為代議民主、功績文官、多元主義，以及公共選擇理論，都會限縮公眾自我治理的能力。因此，提出可以強化直接民主參與的活動，下列敘述何者正確？（103 年初等考：行政學大意） (C)
   (A)里民大會、電子化投票、財團化
   (B)里民大會、電子化投票、置入性行銷

(C)里民大會、電子化投票、職場民主
(D)里民大會、職場民主、政府掌控

5. 下列何者最可能是電子化政府帶來的潛在問題？（100年原住民特考：公共管理概要）　(D)
(A)逆選擇
(B)行政空洞化
(C)官樣文章
(D)資訊不平等

參考文獻

一、中文資料

王百合、王謙，2008，〈行政機關推行電子化政府政策之研究——以海巡署為例〉，《政策研究學報》，8：147-178。

王詠蓉，2010，《我國電子化政府網站運作之研究——以縣市政府所屬一級機關為例》，屏東：國立屏東教育大學社會科教育學系碩士論文。

丘昌泰，2010，《公共管理（再版）》，台北：智勝。

行政院研究發展考核委員會，2001，《電子化政府整合型入口網站發展計畫》，台北：行政院研究發展考核委員會。

何全德，2006，〈電子化政府對社會發展的影響〉，《國家菁英季刊》，2（3）：97-114。

吳毓星，2009，〈台灣電子化政府發展之研究〉，《華人經濟研究》，7（2）：137-145。

宋餘俠，2006，〈重組行政組織及資訊系統提供整合服務〉，《研考雙月刊》，30（6）：35-43。

宋餘俠、楊蘭堯，2013，〈結合雲端科技推動電子化政府的機會與挑戰〉，《公共治理季刊》，1（3）：8-21。

李仲彬、陳敦源、蕭乃沂、黃東益，2006，〈電子化政府在公共行政研究的定位與價值：議題連結的初探性分析〉，《東吳政治學報》，22：73-120。

李仲彬、曾冠球，2017，〈地方政府電子治理執行架構與推動策略：以台北市政府為例的初步觀察〉，《中國地方自治》，70（2）：3-23。

李國田，2007，〈電子化政府創新與整合服務〉，《研考雙月刊》，31（1）：38-48。

林俊宏，2006，〈檢視電子化政府與資訊安全機制之建置〉，《植根法學雜誌》，22（6）：21-40。

林裕權，2007，〈政府 e 化十年的回顧與展望〉，《研考雙月刊》，31（1）：13-22。

孫本初，2010，《公共管理（第五版）》，台北：智勝。

張玲星、游佳萍、洪智源，2010，〈台灣電子化政府資訊系統的挑戰——利益關係人觀點〉，《資訊管理學報》，17（2）：201-231。

許清琦、曾淑芬、劉靜怡、吳鴻煦，2003，〈公元二〇一〇年台灣網路化社會之發展策略〉，《國家政策季刊》，2（1）：71-89。

陳海雄、蔡世田，2007，〈政府實施計畫網路化管理後的新課題〉，《研考雙月刊》，31（4）：102-111。

陳祥，2005，〈電子化政府成長與演化——以我國「我的E政府」入口網站例〉，《研考雙月刊》，29（4）：76-91。

陳祥、許嘉文，2003，〈各國電子化政府整合型入口網站功能比較分析〉，《研考雙月刊》，27（5）：102-115。

陳敦源、李仲彬、黃東益，2007，〈應用資訊通訊科技可以改善「公衆接觸」嗎？〉，《東吳政治學報》，25（3）：51-92。

曾冠球、陳敦源、胡龍騰，2009，〈推展公民導向的電子化政府：願景或幻想？〉，《公共行政學報》，33：1-43。

項靖，2005，〈數位化政府的城鄉差距：以我國鄉鎮市公所爲例〉，《公共行政學報》，15：1-48。

項靖，2011，〈數位化民主及其基礎條件〉，收錄於項靖、朱斌妤、陳敦源主編，《電子治理：理論與實務的台灣經驗》，台北：五南，頁517-533。

黃東益、李仲彬，2010，〈電子治理與民衆對政府信任：台灣的個案分析〉，《行政暨政策學報》，51：77-124。

黃東益、蕭乃沂，2014，〈電子治理與資訊產業發展〉，《公共治理季刊》，2（2）：51-57。

楊秀娟，2003，〈政府網路服務單一窗口〉，《研考雙月刊》，27（1）：40-49。

葉俊榮，2005，〈電子化政府資通安全發展策略與展望〉，《研考雙月刊》，29（1）：20-34。

管中祥，2001，〈從「資訊控制」的觀點反思「電子化政府」的樂觀迷思〉，《資訊社會研究》，1：299-316。

二、西文資料

Dawes, Sharon S. 2008. “The Evolution and Continuing Challenges of E-Governance.” *Public Administration Review* 68(1): 86-102.

Norris, Pippa. 2001. *Digital Divide: Civic Engagement, Information Poverty, and the Internet Worldwide*. UK: Cambridge University Press.

Organisation for Economic Co-operation and Development (OECD). 2003. “The E-Government Imperative.” Paris: OECD .

Organisation for Economic Co-operation and Development (OECD). 2008. “The E-Government Project.” Paris : OECD .

Shafritz, Jay M., E. W. Russell & Christopher P. Borick. 2009. *Introducing Public Administration* (8th Edition). New York: Pearson Education, Inc.

United Nations. 2003. *World Public Sector Report 2003: E-government at the Crossroads*. In https://publicadministration.un.org/publications/content/PDFs/E-Library%20Archives/World%20Public%20Sector%20Report%20series/World%20Public%20Sector%20Report.2003.pdf. Latest update 7 June 2017.

World Bank. 2015. *A Definition of E-Government*. In http://www.worldbank.org/en/topic/ict/brief/e-government. Latest update 7 June 2017.

5 績效管理

學習目標

- ▶掌握績效管理的意義、功能與做法。
- ▶明瞭績效指標的建立與各項評估工具。
- ▶分析政府績效管理的原則與成功要件。
- ▶檢討政府部門運用績效管理的迷思與應用 KPI 的問題。

「績效」(performance)是所有企業組織致力追求的目標之一，然而公部門開始正視績效，並引進「績效管理」(Performance Management)此一概念，則大約始於1980年代。分析其背景，主要與英國首相柴契爾夫人推動行政革新所引起的政府再造風潮息息相關(郭昱瑩，2009：31)。當時各國政府普遍面臨嚴重的管理危機與信任危機，迫使政府機關必須重新思考其傳統管理機制及制度的適當性，並轉而採用民間企業的管理哲學與管理方法來重塑政府，期望在強調市場機制、以顧客需求為導向的新治理模式下，能夠建立一個「成本最少、效率最高、回應最快、品質最好」的企業型政府(汪家淦，2011：14)。

在這波形塑企業精神政府的浪潮中，「績效管理」扮演相當重要的角色，因為只有對政府的績效進行衡量，民眾才能知道政府各部門的施政作為如何，且使得課責變成可能(汪家淦，2011：14)。其次，行政機關施政績效之良窳，在競爭日益激烈的國際社會中，常左右一國的國際競爭力，同時也深深影響公共服務的遞送。因此，為提升國際競爭力及加強為民服務、重拾人民信任，近年來各國政府亦竭盡所能加強其施政管理，致力提升施政績效，在此情況下，完善的施政績效管理制度乃是一個必要的手段(古步鋼、陳海雄、林珊汝，2009：3)。

從上述可知，績效管理無論對於人民、政府機關本身甚或國家競爭力的提升皆極為重要。基於此，本章將以績效管理為主軸，首先探討績效管理的基本概念，如定義、功能、做法與步驟，其次說明績效指標的建立及其評估工具；接著分析政府績效管理的原則和成功要件；最後闡述政府運用績效管理制度的迷思並討論可能產生的限制。

第一節　績效管理的基本概念

一、績效管理的意義與功能

（一）意義

績效管理的意義是希望透過績效目標與標準之規劃（plan）、執行（do）、考核（check）與改善（action）來增進員工及組織之績效成果，並關注於員工能力與心態之發展。而績效管理之範圍包括組織之績效管理與個人績效之管理；前者還可以細分爲部門業績之考核與組織整體之考核，後者則又可以從工作成果之考核、行爲過程之考核與能力發展之考核等三方面來觀察。也因之，一般在談論績效管理的意義時，多從下列兩個面向來進行：

一是對組織而言，消極來說，績效管理的目的在於調校績效落差（performance gap），透過定期的檢查來發現組織成員的行爲與工作成果是否與組織的期望相符，並進行必要的獎懲以調整組織成員的行爲與態度。積極來講，績效管理的目的爲預測人員、部門與組織在未來週期中所可能產生之變化，以便及早發現問題並進行改善（黃新福、盧偉斯編著，2006：375-376）。另一是對組織成員而言，在進行績效管理時所採行的績效評估，應具備肯定或鼓勵的意義，因這兩者是創造高績效的要素（何明城審定，Rober B. Bowin, Donald F. Harvey 著，2002：208）。

（二）功能與做法

關於績效管理的功能，根據 T. Poister 的看法，有計畫實施績效管理可以發揮下列幾項功能：（1）強化管理與公眾溝通；（2）落實策略規劃；

（3）健全財務管理；（4）反映活動計畫效益；（5）發揮目標管理綜效；（6）進行全面品質管理；（7）健全外包合約管理（轉引自黃新福、盧偉斯編著，2006：376-378）。而有關績效管理之做法則包含績效目標規劃（plan）→業務執行（do）→績效評核（check）→績效回饋及改善（action）等四項步驟（張博堯，2001：32）。

二、績效管理的做法與步驟

整理國內外文獻，績效管理之做法與步驟有下列七項（郭昱瑩，2009：32）：

（一）建立願景（Vision）

所謂願景是組織成員心中共同願望的景象，企圖形成令人深受感召的內心力量，使組織成員願意爲此理想而努力付出。因之，願景可以凝聚組織共識，激發組織成員無限的創造力。願景建立是任何組織永續發展的關鍵，主要在釐清機關的未來發展願景和機關之基本任務。

（二）策略規劃（Strategic Planning）

策略規劃一般是指中、長程規劃，常採用 SWOT 分析，包含機關內部能力的優勢（Strength, S）與劣勢（Weakness, W）分析與機關外部環境的機會（Opportunity, O）與威脅（Threat, T）分析。

（三）目標管理（Management by Objective）

當組織設立願景與策略後，則據以訂定目標，就時間層次而言，依序有長、中、短程目標與年度目標；就組織層次而言，則依序包含組織目標、單位目標、個人目標等，構成目標體系，作爲管理依據，即爲目標管理之意義。

（四）績效標竿管理（Benchmark Learning）

組織設定目標的同時，組織往往也會嘗試找出績效卓越的政府機關、私人企業或非營利組織，將之定為標竿，學習其卓越的理由，以提高機關績效。

（五）設定績效指標（Setting Performance Indicators）

包含量化績效指標與質化績效指標，量化指標通常指可以統計數據加以表示的指標，如單位成本、產出比例、投入產出比等都是；質化指標則往往涉及價值評斷的指標，僅能以主觀感受加以表示，如抱怨分析、滿意水準、個案評鑑、例外報告。績效指標的設定，也可參考 Kaplan 與 Norton（2000）所提平衡計分卡架構，由顧客、財務、內部程序與學習成長等構面設定。

（六）績效評估與報告（Performance Evaluation）

上述績效指標訂定後，可根據評估個人、單位、組織績效，以瞭解組織是否達成既定目標，此系統化評估過程即為績效評估。績效評估後，為求績效資訊公開，需做成績效報告，以符合課責要求。

（七）獎酬制度（Reward System）

績效評估的結果除了作為課責依據外，也應與獎酬制度結合，以達激勵作用，促使績效較佳者可繼續維持，促使績效不佳者可進行改善。現行政府機關採行績效獎金制度，即是希望達成績效與獎酬結合之目標。換言之，機關的績效評估是獎酬制度的依據，而獎酬制度則可提供回饋、強化機關績效提升。

第二節　績效指標的建立及評估工具

一、績效指標之概念基礎：投入、產出與結果

績效指標在概念上可從投入、產出及結果三個層面進行如下分析：

（一）投入（input）：是指衡量爲了達成某項具體目標，所投入的人力、物力、財力或心力的多寡或程度。整體而言，是指組合公共服務所需的資源，包括實質投入（substantive inputs）和準投入（quasi inputs），實質的投入如某項公共服務的幕僚作業時間、資本設備與營運成本，通常盡量以貨幣化或量化的形式加以呈現；而準投入包括公共服務的特性與幕僚的個性，其評鑑較爲困難，通常不加以評鑑。

（二）產出（output）：是指衡量機關在先前投入的資源水準下，產出哪些具體成果，如辦了幾場說明會、推動多少法案、每位老人可以使用的養護中心家數、每位警官逮捕的犯人數等。

（三）結果或影響（impact）：是指組織活動產出對接受者產生的衝擊與影響。傳統上政府機關常強調大量的產出數據（如建了衆多的展覽館與地下道）來彰顯政績。但若這些展覽館成了「蚊子館」，或地下道鮮少有行人使用，便徒勞無功，故必須進一步衡量實際的結果或影響，才能深層探討政府產出的施政作爲對人民生活福祉或行爲的實際影響，如展覽館創造多少商機等。

根據前述的分析可以得知，公共政策的績效可以從兩個角度加以分析：一是爲民衆提供服務的過程，包括公共服務的投入、製造與產出；二爲服務接受者，強調公共服務對其之衝擊或影響程度。

二、績效指標之類型：4E

「績效指標」是近年來公共管理理論與實務的重要課題，建立績效指標有助於行政機關落實績效管理。績效管理大致上可分爲三個不同的重點途徑，首先是傳統的績效管理途徑，強調的是「事」的績效評估，故評估的重點在於「是否把事情做好」，在管理上是屬於「效率」觀點，研究方法偏向「量化」的研究，績效指標偏向量化基礎；其次是修正傳統的績效管理途徑，開始注意到「人」的因素，故評估重點漸漸轉向「做對的事情」，在管理上屬於「效能」觀點，研究方法偏向「質化」的研究，績效指標偏向質化基礎，品質觀念的萌生是其代表；最後則是整合的績效管理途徑，同時強調事與人，指標的建構同時注意到量化與質化指標的建構及其意義，重視「顧客導向」、「顧客滿意」等措施可爲其代表（黃一峰，2003：35）。

此外，有研究指出，績效指標的建立除應重視信度、效度外，更應重視其實用性，亦即指標能夠確實衡量不同業務性質之機關績效或政策績效。同時，績效指標還必須兼顧定量（如成本—效率）與實質（如民衆的滿意程度、政策品質等）的要求（吳瓊恩等，2005：145）。

至於如何建構績效指標，芬維克（Fenwick）指出：績效測量包含了三層面，經濟（economy）、效率（efficiency）與效能（effectiveness），即所謂三 E；但福林（Flynn）則再加上公平（equity）指標，而成爲四 E，整理分析其概念如下（轉引自吳瓊恩等，2005：145-147；謝佩珊，2005：27-28；丘昌泰，2010：286-290）：

（一）經濟

經濟指標是指「如何讓既定的資源發揮到最大效果的能力，或善用資源的程度」。運用於政府機關是指「政策資源（人力、預算、財產等）應用於一項公共事務活動的水準」；例如，針對幕僚人員的薪資水準進行比較，看看哪個機關在人事費用上的運用比較經濟？又如比較採購的物料或其他成本，在哪個單位的採購成本較經濟？

依此而論，經濟指標係關心「投入」的項目，如何使投入項目做最經濟有效的利用；進一步而言，經濟指標係以「最低可能成本，供應與採購維持既定服務品質的公共服務」。所以，經濟性的績效指標，主要是從「數量」的觀點評估投入是否符合經濟原則，公共服務的「品質」似乎並未列入考慮。

（二）效率

效率指標是指「產出與投入之比值」，所謂高效率是指能用較少的投入或創造更多的產出，運用於政府機關是指：「該機關在既定的時間內，預算是否有效運用？產生了哪些效果？」效率指標通常包括：服務水準的提供、活動的執行、產生數目的製造、每項服務的單位成本等。因此，所謂效率指標係指「投入與產出之比例或投入轉化爲產出的比率」，效率是關心「手段」的問題，經常以貨幣的方式加以表達或比較。

另一類則是強調配置效率（allocative efficiency），係指機關所產生的許多不同服務水準是否能夠滿足利害關係人的不同偏好。換言之，在政府部門所提供的種種服務項目當中，如國防、社會福利、教育與健康等，其預算配置比例是否符合社會民眾的偏好順序？這是配置效率的問題。

（三）效能

效能或稱爲效果（effect），是指「目標的達成度或產出是否符合原定的績效目標」，運用於政府機關，通常是指公共服務實現標的（targeting）的程度；又可稱爲公共服務對於標的團體狀態或行爲影響；抑或公共服務符合政策目標的程度，如新建馬路能否如期通車、經濟成長率的達成情形等，通常以產出與結果間的關係加以衡量。因而，效果只是關心「目標或結果」的問題，如使用者滿意度或現狀改變的程度。

（四）公平

公平指標是指接受公共服務的團體或個人所質疑的公正性而言，通常無法在市場機制中加以界定，故一般來說，公平性指標相當難以衡量。其主要關心的問題是：「接受服務的團體或個人，是否都受到平等的對待？弱勢團體是否享受到更多的服務？」

根據以上的分析可知：「經濟」指標與「投入」具有密切的關係；「效率」指標則與「服務製造過程和產出」都有密切關係；「效果」指標與政策「結果」和政策本身的「架構」藍圖具有密切關係；至於「公平」指標則與「結果」和「產出」有密切關係。

三、績效評估工具

績效評估工具經過多年發展，學者專家不斷的改進，已日益多元與精緻。學者整理國內外文獻，歸納績效管理之工具主要包括有標竿學習、全面品質管理及平衡計分卡等，由於全面品質管理已於前面介紹過，在此予以省略，以下就其他兩項績效評估工具加以介紹（林嘉誠，2007：155-161）：

（一）標竿學習（Benchmarking）

在績效評估的活動中，最常使用者即為「標竿學習」的制度。標竿學習是一項透過衡量比較來提升組織競爭力的過程，是以卓越的組織作為學習的對象，透過持續改善的過程，來強化本身的競爭優勢。依據美國生產力與品質中心（APQC）對標竿管理的定義，標竿管理是一項有系統、持續性的評估過程，透過不斷地將組織流程與全球企業領導者相比較，以獲得協助改善營運績效的資訊。

一般說來，標竿學習和其他的管理工具一樣，都是在追求績效的改善，其具有以下特色：

1. 追求卓越：標竿學習本身就是一個追求卓越的過程，會被其他組織選中來進行效法學習的組織，絕對是卓越超群的，普遍做法係藉由觀察、評估與比較，以分析有哪些做法可以實行到組織中，讓組織有顯著的成長與茁壯。
2. 流程再造：由於標竿學習著重於分析製造產品或提供服務的流程，並針對作業流程的弱項予以強化，將焦點放在過程改善，而非關注結果，可有效幫助組織達成突破性的績效改善。
3. 持續改善：所有管理工具都是在尋求提振組織績效的方法，而標竿學習強調持續改善的觀念，具有循環再生的特性，說明標竿學習不是一個短期的活動，也不是一次就完成的活動。

（二）平衡計分卡（Balanced Scorecard, BSC）

平衡計分卡是1990年由Kaplan與Norton首創，自發表迄今已廣爲企業界使用，被《哈佛商業評論》評定爲過去75年來最具影響力的企業管理觀念之一；另外，依據*Fortune*雜誌的報導，全球1000大企業中，至少有40%導入平衡計分卡，且比率仍在持續增加。Kaplan與Norton於《哈佛商業評論》上指出，平衡計分卡將企業制訂的策略與關鍵性績效評估指標相互結合，能在長期與短期的目標下，對財務性與非財務性、外部構面與內部構面、落後指標與領先指標及主觀面與客觀面等具體指標績效間取得平衡之策略性管理工具。

平衡計分卡運用最大的意義，在於能克服選擇指標的問題，將指標之選擇與策略目標（strategic objectives）連結，並以策略地圖（strategic maps）方式呈現策略與指標間之關聯性。Kaplan 與 Norton 認為一張好的策略地圖不僅要能清楚地闡述策略的因果關係，並且在實務應用上必須能用箭頭將所有的目標加以連結，藉此串聯組織策略從策略形成到徹底實施的動態管理工具。申言之，平衡計分卡不僅是績效衡量制度，更是衡量策略的制度。Kaplan 與 Norton 提出建構策略核心組織的五大基本法則，將策略轉化為執行面的語言、以策略為核心整合組織資源、將策略落實為每個人的日常工作、讓策略成為持續性的循環流程及由高階領導帶動變革等，成功運用平衡計分卡貫徹組織策略，並化策略為實踐的力量（參考圖❶）。

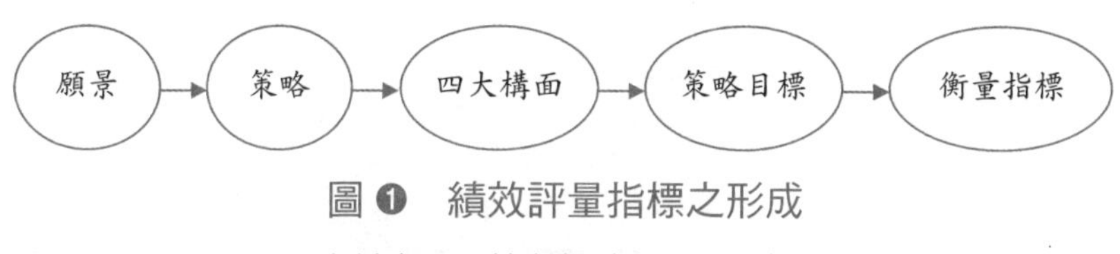

圖❶　績效評量指標之形成

資料來源：林淑馨（2010：76）。

不同於營利事業，政府機構較不曾將財務面的成果，視為最主要的目標，財務面只是基本要求或保健因子。政府機構是將顧客面置於最重要之地位，又將焦點集中在達成提升社會公益的崇高使命與理想上。因此，需針對平衡計分卡的架構做一修正，主要在提升機構之使命和顧客面的重要性，降低財務面的影響力。綜而言之，如圖❷所示，平衡計分卡包括以下四大構面：

1. 顧客構面（customer perspective）：對於政府機關而言，服務之對象為民眾，因此政府機構必須致力達成民眾的期望，為民眾創造最高之價值及福祉。
2. 財務構面（financial perspective）：對於政府機構而言，經費之提供者為納稅義務人（包括企業及個人），為了維持及確保經費之持續投入，政府機構得重視納稅義務人的權利。就政府機構而言，在顧客及財務構面的主體皆為民眾，所以政府必須盡全力創造民眾之利益。

3. 內部程序構面（internal perspective）：為滿足顧客面及財務責任面的目標，政府機關必須在業務運作流程上表現卓越，如強化服務品質、效率、時間及彈性等。
4. 學習成長構面（learning and growth perspective）：學習與成長構面為其他三個構面的目標，提供了基礎架構，是驅使前面三個構面獲致卓越成果的動力。又員工能力及資訊系統的強化，及組織氣候之建立等，皆為學習成長構面之主要內容。

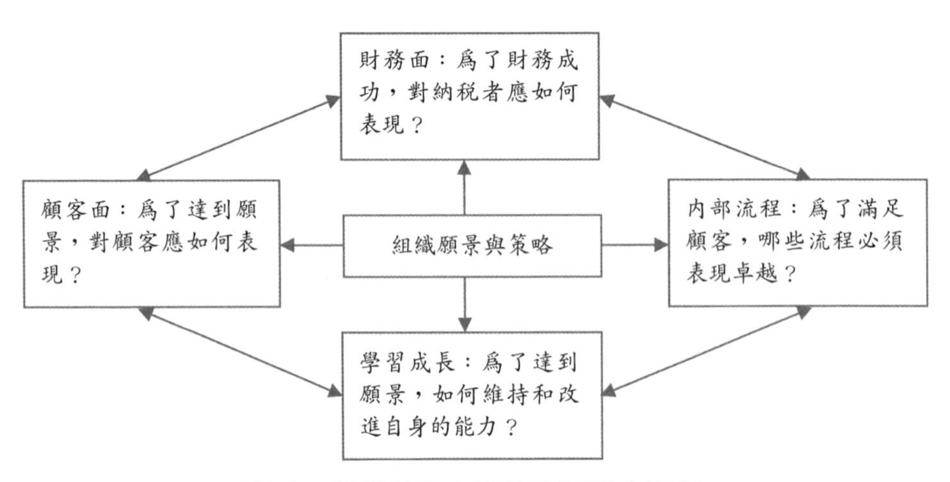

圖❷　平衡計分卡與策略願景之關係

資料來源：林淑馨（2010：78）。

加強政府捐助之財團法人績效管理，國發會開四大藥方[1]

國發會參考日本獨立行政法人及公益法人制度改革經驗，以明確定位、財務課責、自主管理與透明監督四大方向，加強對政府捐助之財團法人的行政監督責工作，並透過全民監督、有效管理，以及政府民間共同合作等方式，進一步提升財團法人經營績效。

日後，未見績效的財團法人，政府將以減少或停止經費捐助等措施加強輔導，並且設計財團法人財務自主誘因，減少財團法人倚賴政府財源，同時要求各財團法人訂定中長期目標，並強化主管機關績效評估權責。最後，透過主動公開財團法人財產、計畫書、損益表等資料，藉由公眾監督減少政府監督成本，讓民眾更加瞭解政府捐助財團法人營運狀況。

國發會參考日本經驗，重新檢視我國做法，正研議依下列方向強化相關財團法人績效管理機制：

1. 明確定位：各主管部會逐一檢討所捐助財團法人的政策任務，針對不適合再由政府捐助或長期未見績效之法人進行去任務化或整併，以提升營運效率。

2. 財務課責：設計財務獨立自主政策誘因，依不同類型的政府捐助財團法人研擬財務自主鼓勵措施，減少外界對於財團法人倚賴政府財源的負面觀感。

3. 自主管理：由各部會參酌未來發展趨勢，研議訂定所屬財團法人中長期（三至五年）目標與方向，並加強績效評估；同時建立財團法人監督管理橫向聯繫機制，發揮監督與管理綜效。

4. 透明監督：研議政府捐助財團法人應主動公開財產目錄、報酬支給

1 資料來源：國家發展委員會（https://www.ndc.gov.tw/News_Content.aspx?n=6FDC603ACC3D414D&sms=DF717169EA26F1A3&s=95140BFC96558453；檢閱日期：2018/6/19）。

標準、章程、社員名冊、事業計畫書與報告、收支損益計算書等資料，公開置於機關網站提供閱覽，藉由公眾監督減少政府監督成本，讓民眾更加瞭解政府捐助財團法人營運狀況。

第三節　政府績效管理的原則與成功要件

一、政府績效管理指標設定原則

爲使政府機關的績效指標設定皆能符合所需，且具有挑戰性和激勵效果，亦即達到 KPI（Key Performance Indicator, KPI）的目標，有研究提出下列幾項參考原則（胡龍騰，2017：74-75）：

（一）聚焦策略目標

政府機關推動績效管理制度之目的，在於透過此一系統性管理過程，以確保機關策略目標之達成。因此，首要之步驟即是藉助策略規劃之程序和方法，明確界定機關當前之關鍵策略目標，並使機關的資源和管理聚焦於關鍵策略目標。

（二）找出關鍵成果領域

在確認機關的關鍵策略目標後，接下來第二步驟便是針對個別策略目標，找出此策略目標下的「關鍵成果領域」（Key Result Areas, KRA）。所謂關鍵成果領域，係指最關鍵、組織絕對必須達成的成果面向或領域，或是促成關鍵策略目標達成的主力區塊。

（三）由上而下策略定錨，由下而上務實修訂指標

過往公務機關訂定績效指標的經驗中，經常出現委由科室單位就其業務內容，提出績效指標，再經由逐級向上審議和彙整程序，綜合而成機關的中程或年度評核指標。這樣「由下而上」的做法儘管務實，但卻可能使機關所提出的指標內容過於「業務導向」，而缺乏策略感。爲彌補此項缺失，在研擬機關績效指標時，可考慮先由機關首長帶領討論，或訂出施政的策略目標或重點，將機關策略方向予以定錨，同時依機關不同層級組成工作小組，依據前述的關鍵策略目標，依各自所分層之層級，界定關鍵成果領域及訂定 KPI。在後段的過程，各業務單位便可針對 KPI 的可達成性提供務實的建言。最後，再藉由前述由上而下或由下而上反覆的相互修正程序，訂出兼顧機關策略方向及可執行性的績效指標。

另外還可參考指標設計 SMART 原則。所謂指標設計 SMART 原則係指訂定績效指標時，可參考下列五項原則（胡龍騰，2017：76）：

（一）明確性（Specific）

即指標的內容或陳述，必須簡要、明確且具體。

（二）可衡量（Measurable）

即盡可能爲可以量化方式評核的指標。但是在公部門中，可以容許適度比例的質化指標。

（三）可達成（Achievable）

即指標的目標值設定，應有達成的可能，但同時也要兼顧挑戰性。

（四）成果導向與目標相關（Result-oriented / Relevant）

分兩個層面，一是指標應是成果或效益導向的設計，而非投入型或過程型的指標。另一是指指標的內容應與欲達成之目標具有因果關係，能直指目標核心，使指標具有效度。

（五）有時限性（Time-bound）

即目標値的達成乃具有時限，須在規定的期限內完成。

二、績效管理指標設定工具

爲使各公務機關在研擬績效管理指標時，能有適當工具可供參考應用，可以參考下列「指標樹」（indicator tree）。指標樹的概念即是將前述績效指標設定之步驟與原則的內容，以架構化的圖形予以呈現。主要在於說明機關在研擬和訂定績效指標時，必須先由界定施政之關鍵策略目標開始，而後在此目標下，找出關鍵成果領域，並將之具體化操作成具備策略意涵之KPI，以及可由機關自行管列監測的PI（胡龍騰，2017：76）。

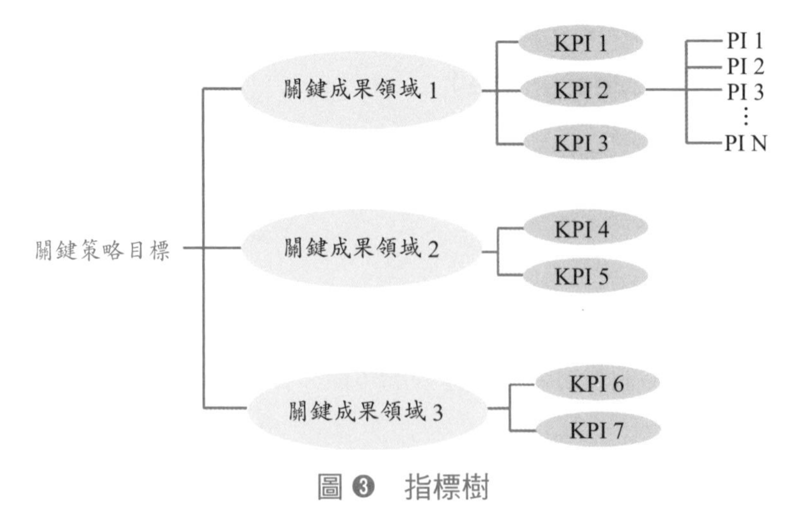

圖❸ 指標樹

資料來源：胡龍騰（2017：76）。

三、績效管理之成功要件

根據學者 Fenwick（1995）的研究和美國會計總署的調查（Newcomer & Downey, 1997）顯示，績效管理的成功要件有下列幾項（轉引自丘昌泰，2010：299-301）：

（一）對於績效資料要有清晰的期望

許多聯邦機關實施績效管理的經驗顯示，各機關的領導者與資深管理者對於績效資訊的提供有相當的疑慮，特別是當這些資料準備對外公布時，各機關的首長大都持有較保留的態度。

（二）對於績效資料的蒐集與應用要有一定的誘因

績效管理涉及機關的任務、策略規劃與目標、預算編列、績效指標等工作，這一繁複的過程如果沒有提供強而有力的誘因，則很難推動績效管理。另外，幕僚人員未能充分參與和責任過於沈重都無法激起誘因。

（三）對於績效管理要有熟練的技巧

調查顯示，部分政府官員認爲本身需要接受有關績效管理的訓練，如策略規劃、組織文化改變的技巧、面對多元利害關係人的諮詢與妥協技巧、績效衡量的分析與報告方法、提供有關績效資料的資訊系統、激勵員工使用績效指標資料的方法及實施績效預算等知識與技巧。

（四）獲得最高決策者的認同與支持

績效管理若沒有最高決策者的認同與支持，無論績效管理者如何努力，都不會產生明顯的成效。同時，負責推動績效管理的管理者也應擁有公正的權威，以決定績效指標。

（五）必須培養互信與自主的組織文化

績效管理可以是一種學習的動力，也可以是一種懲罰的措施，關鍵就在於培養實施績效管理的文化。此種文化乃是基於互信與自主，而非嚴格的控制文化。

實務櫥窗

國發會選出 11 項重大政策 將重訂 KPI[2]

國發會將於今日召開委員會議，討論政府關鍵績效指標（KPI）改革一案，爲更有效聚焦行政院重大政策，未來將針對跨機關重大政策重新訂定 KPI，國發會已選出 11 項具政策優先性、攸關民生福祉之跨機關重大政策，希望能落實政策推動，讓人民有感。

這 11 項重大政策分別是反毒策略、食安五環、空污防制、長期照顧、公共化托育、亞洲矽谷、智慧機械、綠能產業、生醫產業、新農業、新南向，國發會將研擬跨機關 KPI。除上述 11 項跨機關重大政策之外，針對重大政策、人民高度關切議題，由內政部等 10 個重點機關，訂定機關別 KPI。

過去各部會每年 7 月依據年度施政計劃提出年度 KPI，作爲日後國發會管考依據，但不少單位爲了達標，自訂容易達成的 KPI，使得 KPI 無法眞正作爲衡量政府部門工作績效，反而拉大與民意差距，向爲外界詬病。國發會重新檢討行之多年的政府 KPI，並提出 KPI 改革方案，未來將依政府重要施政方向，訂定重大政策 KPI，並納入國發計畫，於每年就政策執行及目標達成情形進行檢討，作爲下年度訂定 KPI 的參考，並與機關績效評估脫鉤。

2 資料來源：自由時報（http://news.ltn.com.tw/news/politics/breakingnews/2220154；檢閱日期：2018/6/19）。

第四節　政府機關運用績效管理的迷思與限制

現行政府績效管理制度，主要是參考導入企業績效管理的經驗，期望透過制度化的管理與評估，達到最佳績效的表現。然而，政府機關由於組織目標、結構與任務的特性，普遍存在績效難以衡量的現象，故實務上，政府機關在績效指標的設定上常常存在一些普遍的迷思（胡龍騰，2017：70-71），也因而造成績效衡量的限制（徐仁輝，2004：24-25；王毓仁，2004：18-20；吳瓊恩等，2006：165-167；張四明，2008：17-19；古步鋼等，2009：8-12；胡龍騰，2011：19-21；沈建中、吳美雲、施乃元，2017：104）：

一、政府機關設定績效指標的迷思

（一）人人有獎的指標分配

在部分機關中，首長爲了確保其領導統御得以遂行，或避免打擊部分單位同仁的士氣，便採取「人人有獎」的指標分配方式。如此一來，不但稀釋了績效指標的代表性，喪失績效考評的意義，也使績效指標成爲政治妥協的工具。

（二）一體適用的評核模式

近年來，公私部門經常以績效指標作爲考核工具，強調績效指標的效果性，但多數政府機關在採用績效指標時，產生同形化的現象，亦即以一體適用的模式來設計績效指標和進行評核。以部分服務導向的機關爲例，可能較適用普及率、涵蓋率、成長率等指標來評價其績效，可能以推進進度的里程碑式之衡量方式較爲適合，而非制式地要求所有機關所提出的指標都趨於相同模式。

（三）逐年進步的目標值設定

政府施政項目龐雜，興利型項目當然期待在績效上能有不斷進步的趨勢，但若非屬興利型施政項目，也採同樣的預期模式，則就未必適合。以毒品或槍枝查獲數量爲例，如果這兩個項目不僅在績效目標值上皆採逐年增長模式予以訂定，而且都還能每次達標，此種績效數據是否合理？是否可信？

（四）不僅要達標，且達標率愈高愈好

在近年來追求量化指標的普世風潮下，政府機關不僅多選取可量化呈現其成就的業務面向，轉化爲其績效指標，更爲突顯其績效表現，無不期望在年底結算時，各項指標都要達標且達標率愈高愈好。在這樣未必健康的追求數字達標的迷思下，各業務科室只能「柿子挑軟的吃」，盡可能挑選易量化、容易達成的「軟指標」，如活動場次、參與人次等，但機關首長、利害關係人等，仍無法實質掌握該項政策或施政措施的核心目的是否有效達成。

二、政府機關運用績效指標的限制

（一）政府施政目標多元化，難以一致

政府機關目標與私人企業目標有很大的不同，私人企業以追求利潤爲主，政府機關的目標經常是多元的。加上政府機關有多元的利害關係人，正如同多重委託人般，彼此的目標經常是衝突的（如公平與效率、經濟與環保），如何透過政治妥協取得共識，並非易事。但目標的設定卻是績效

評估的先決條件，若無法確定目標，即無法訂定績效指標，進而影響評估結果。

（二）績效指標難以量化和具體化

政府機關所肩負的「公共性」、「社會性」等規範性價值，以及公務活動本質的特殊性[3]，使機關的施政或運作績效難以用企業經營的成本效益或利潤標準來衡量，再加上政府部分施政範疇，如教育改革、文化政策等，不易於短時間內展現其績效，也不易以量化數字來突顯其具體成果，因而造成政府機關績效指標難以量化和具體化的問題，影響評估的信度與效度。

（三）資訊掌握的不實與不完整

績效衡量是否有效端賴資訊的提供是否完整與正確。然而，計畫的執行資訊經常是片面的與泛政治化的，且蒐集資訊經常是爲不同目的，這些都將使績效評估無法正確且客觀地進行。因爲蒐集績效資訊來源的不同，可能會產生績效衡量基礎不一致的情形。事實上，在我國現行制度中並沒有相關的配套措施鼓勵行政機關公開其績效資訊，同時也長期存在績效評量者與被評量者之間的資訊不對稱問題。在此情況下，政府機關自然不希望將這樣的資料予以公開。

（四）機關屬性不同，幕僚型單位不易訂定成果指標

政府機關內的業務涵蓋多元，受到各機關業務屬性不同之影響，績效管理的運用也可能產生限制，如人事及主計業務爲經常性、幕僚性的業

3 不同於私部門的交易活動有對價性（quid pro quo）的基礎，公共服務難以精確地計算其成本和效益，而且政府施政活動的效果具有遙遠性（remoteness）和不確定性（uncertain nature）。

務，較不容易訂定成果型指標，也無法單純以績效作爲考核指標。

（五）政府績效的因果關係難以確認

政府部門往往必須面對複雜環境所產生的擾亂性因素，如不確定性、多樣性、互賴性等，造成政府的政策常有多元甚至衝突的目標，以致政府部門的施政或運作結果，以及產出的價格和單位成本難以衡量，眞實效益與影響無法精確掌握，造成績效指標的設計及操作困難。另外，政府政策的產出成果，不見得完全能夠於當年度呈現，通常需要一段較長時間方能彰顯其社會、經濟及文化等各層面的結果與影響。

三、我國 KPI 應用上的問題

關鍵性績效指標是企業界常用的管理工具，用以衡量組織的工作成效。採目標管理，由組織願景、任務與績效目標轉化而來，設定具體可行的量化指標，可作爲員工行爲依循以及年度考核賞罰的標準。我國政府也自 2009 年起採用 KPI，卻發現有許多荒謬情形。根據相關資料顯示，主要原因如下（田習如、管婺媛，2018）：

（一）不關鍵（不 K）：指標設計不是關鍵，將瑣碎、不重要事項與例行業務納入。

（二）不績效（不 P）：指標設計不是績效，目標與指標間缺乏明確因果關係，偏重投入面與過程面，忽略實際成果與影響面，也就是純花錢。

（三）不指標（不 I）：指標設計過於組織利益取向，設計的指標公式有問題，投機取巧或目標值太低。

因上述因素導致績效評估無法衡量組織眞正績效，造成施政無感（花錢了事、施政與民意落差），經費投入浪費與錯置，形成基層承辦人員塡報過多表格，增加工作量且無法負荷，徒具形式的紙上作業，可參考表 ❶ 和表 ❷ 的錯誤指標和好指標的對照。

表 ❶　不 K、不 P、不 I 的績效指標

	績效目標	實際 KPI 與檢討
不 K 指標	1. 國防部績效目標之一：強化精神戰力 2. 內政部績效目標之一：簡政便民，實價登錄揭露資訊縮短至 11 天	1. 專案教育（莒光日教學）到課率 100%（屬例行業務並非關鍵事項） 2. 已經實施多年，屬於例行改善公事
不 P 指標	1. 內政部績效目標之一：深化民主，落實人權保護 2. 教育部績效指標之一：營造安全永續友善校園，校園耐震工程發包率 65%	1. 補助地方政府修建殯葬設施 100 處（缺乏因果） 2. 花預算就能交差，友善校園不只硬體還有軟體需要努力
不 I 指標	1. 農委會績效目標之一：調整農業結構 2. 財政部績效目標之一：促進民間參與投資公設 300 億元	1. 輔導青年農民穩定就業 100 人（標準太低） 2. 2017 年已 470 億元，2016 年 355 億元，低於過去 8 年平均值 332 億元

資料來源：作者整理自 2015 年 5 月和 2018 年 6 月《商業週刊》。

表 ❷　好指標（粽子式制定法，抓對成果指標）

部會	KPI 指標	評比
跨部會	提高專業農民所得 167 萬元	每年約成長 10%，目標具體且對農民有實益
內政部	救護車 6 分鐘到達現場，達成率 90%	抓粽子式指標，可帶起橫向聯繫，有需求的人民有感
衛福部	原住民鄉鎮 C 肝完治率 18%	原鄉感染率爲平地 10 倍，集中改善偏鄉醫療不均衡

資料來源：《商業週刊》1597 期（2018 年 6 月）。

公管小檔案

公部人員績效考核如何落實——能否引進企業制度用 KPI 考核公務員[4]

很難想像，民間企業若每年都有四分之三的人拿到最佳績效獎金，結果還會有什麼績效。但臺灣的公務員對此行之有年，每年公務員考績都有 74% 到 75% 的比率拿甲等。

不論經濟景氣好壞，公務員除了全體都有年終獎金一個半月外，考績甲等可領一個月績效獎金，職等升到頂者，可再加一個月，乙等則是半個月績效獎金。相較於新加坡公務員，年終獎金曾在金融海嘯時停發，2014 年經濟不佳時也降到 0.8 個月，臺灣政府的考績給獎方式，簡直形同固定薪資。

雖然行政院早在 2001 年就召集各機關討論，達成甲等人數比率「以 50% 爲原則，最高不超過 75%」的共識，但從來沒有一年達到「原則」，甚至最近五年還連續微幅超過 75% 的上限，卻沒有任何檢討、沒有任何主管遭到懲處。考績最優的人數比率最高，而且高過次佳比率甚多，這使得公務員喪失力求表現的誘因。前考試院長關中任內曾因試圖推動「丙等占 3%」的政策，引發公務員大幅反彈，此後再無官員膽敢推出考績制度改革，丙等比率只有區區不到 0.2%。

關中遭反彈的理由之一，是若強制定 3% 丙等，結果一定是年輕、資淺甚至表現優異的公務員會成爲受害者，變成反淘汰。以目前的官場文化看，也許不無道理，但因此放任不改革，吃虧的是人民，其實只要貫徹執行前述行政機關共識，把甲等比率一次降到 50%，成效就會顯現出來。

臺北市長柯文哲繼砍市府員工交通補助及加班費，改以績效考核發放

4 資料來源：改寫自《商業周刊》1427期，2015/03/19；《聯合報》A8版話題，2015/02/12。

獎金後，再拋新構想；柯說，將重新建立各部門及員工績效評估辦法，考慮引進企業「平衡記分卡」、KPI 等管理制度，從民國 105 年度實施。北市研考會主委陳銘薰說，平衡計分卡及 KPI 制度是民間企業常用的績效管理工具，有別過去公務員考核；平衡計分卡包含財務、顧客需求（市民需求）、內部流程及學習成長能力等四面向，考核細節也在研議中。北市人事處表示，現行公務員每季做一次平時考核，主要評估工作表現及操行，未來若採平衡計分卡制度，考評面向會更多元、複雜，但會力求減少程序及書面資料。

歷屆考題

1. 下列何者是落實策略性績效管理制度最核心的要素？（107年身心障礙人員特考：行政學概要） (B)
⑷組織文化
⑸組織願景
⑹領導能力
⑺待遇制度

2. 美國於1950年代推行的績效預算（或計畫預算，performance budgeting system），在後續的施行上遭遇許多問題，推行績效預算所可能遭遇的主要問題不包括下列那項？（106年高考：行政學） (C)
⑷缺乏中長期的預算規劃
⑸某些績效結果難以量化
⑹缺乏法令依據
⑺績效指標訂定缺乏專業性，流於形式

3. 下列何者可用以形容「長官僅以學歷和年資來判斷部屬工作績效的以偏概全現象」？（106年高考：行政學） (A)
⑷暈輪效應（Halo Effect）
⑸赫奇效應（Hatch Impact）
⑹不希罕效應（BOHICA Effect）
⑺玻璃天花板效應（Glass Ceiling Effect）

4. 有關績效管理內涵之敘述，下列何者錯誤？（106年高考：行政學） (C)
⑷績效管理是指如何執行策略以達組織目標的管理過程
⑸從功能面來看，績效管理是一種控制程序
⑹績效管理是一種主觀的溝通工具
⑺績效評估包含政治溝通的過程

5. 下列何者非屬西元 1993 年美國國家績效評估（National Performance Review）所提之目標與結果取向預算制度的原則？（106 年普通考試：行政學概要）　(C)
(A)強化課責精神
(B)授能管理者
(C)應摒除政治優先順序
(D)預算資源和任務連結

6. 下列有關「績效預算制度」（performance budgeting）的敘述，何者錯誤？（104 年高考：行政學）　(D)
(A)績效預算是運用科學管理方法來進行預算的編製，依據政府的工作計畫，就完成工作計畫中每一項工作所需之成本而編制的預算
(B)「績效預算」一詞，爲美國總統所轄的胡佛委員會（Hoover Commission）於 1949 年對國會報告，在敘述聯邦預算應有的改進時首先使用
(C)績效預算是以政事（function）、施政計畫（program）、業務計畫（activity）和工作計畫（project）爲預算科目的分類
(D)績效預算以長程規劃爲中心，以管制爲手段，以提高行政效率爲目的

7. 有關 360 度績效評估模式與傳統績效評估模式的比較，下列何者最正確？（106 年地方特考：公共管理概要）　(D)
(A) 360 度績效評估模式較易產生法律問題上的爭議
(B) 360 度績效評估模式的考評焦點較重視過去取向
(C)傳統績效評估模式的考評焦點較重視工作過程
(D)傳統績效評估模式的資料來源是由上而下

8. 下列何者不是平衡計分卡的績效構面？（106 年地方特考：公共管理概要）　(D)

(A)財務
(B)顧客
(C)學習與成長
(D)公平與正義

9. 有關客戶導向的績效管理之敘述，下列何者最正確？（105年地方特考：公共管理概要） (C)
(A)國內客戶的滿足應優先於對外部顧客的需求
(B)對外部顧客的滿足應優先於內部顧客的滿足
(C)應同時滿足內部顧客與外部顧客的需求
(D)國內的納稅人是屬政府服務的內部顧客

10. 下列那一項不適合作爲非營利組織的績效評鑑指標？（105年地方特考：公共管理概要） (D)
(A)捐款人的滿意度
(B)使命達成度
(C)志工招募成長率
(D)股東盈餘分配比例

11. 有關公共組織績效的特點，下列何者錯誤？（104年地方特考：公共管理概要） (D)
(A)績效的多因性
(B)績效的多面性
(C)績效的動態性
(D)績效的明確性

12. 在多元回饋績效評估中，下列何種組織型式，其主要的資訊來自所服務的利害關係人？（104年地方特考：公共管理概要） (D)
(A)官僚式
(B)宗教式
(C)家族式
(D)市場式

參考文獻

王毓仁，2004，〈政府再造之關鍵——企業精神與績效管理制度〉，《研習論壇》，44：5-23。

丘昌泰，2010，《公共管理（再版）》，台北：智勝。

古步鋼、陳海雄、林珊汝，2009，〈行政機關施政績效管理制度之現況與展望〉，《政府審計季刊》，29（4）：3-15。

何明城審定，2002，Rober B. Bowin, Donald F. Harvey 著，《人力資源管理》，台北：智勝。

吳瓊恩、李允傑、陳銘薰，2006，《公共管理（再版）》，台北：智勝。

汪家淦，2011，〈政府再造績效管理策略之研究〉，《主計月刊》，661：14-20。

沈建中、吳美雲、施乃元，2017，〈政府績效管理之變革〉，《國土及公共治理季刊》，5（3）：94-107。

林淑馨，2010，《人力資源管理：理論與實務》，台北：三民。

林嘉誠，2007，《政府改造與考選創新》，台北：國家菁英季刊社。

胡龍騰，2011，〈我國施政績效資訊運用實務與問題分析〉，《研考雙月刊》，35（3）：10-22。

胡龍騰，2017，〈政府績效管理指標設計：如何既 K、且 P、又 I〉，《國土及公共治理季刊》，5（3）：68-79。

徐仁輝，2004，〈績效評估與績效預算〉，《國家政策季刊》，3（2）：21-36。

張四明，2008，〈政府實施績效管理的困境與突破〉，《T & D 飛訊》，7：14-25。

張博堯，2001〈NPO 員工激勵與績效評估〉，「非營利組織『管理與發展』系列研討會」（台北場－管理知能篇）論文，台北：國家展望文教基金會、台灣省文化基金會等共同舉辦之研討會。

郭昱瑩，2009，〈政府績效管理與執行力建構〉，《研考雙月刊》，33（2）：30-47。

黃一峰，2003，〈行政機關業務評估指標建構：以衛生署為例〉，《研考雙月刊》，27（5）：33-44。

黃新福、盧偉斯，2006，《非營利組織與管理》，台北：空大。

謝佩珊，2005，〈從績效管理觀點淺談我國公務人員績效獎金制度〉，《研習論壇》，58：26-32。

6

目標管理與策略管理

學習目標

- ▶瞭解目標管理的定義、要素與特色。
- ▶掌握目標管理的實行步驟與運用原則。
- ▶明白策略管理的意涵與特性。
- ▶說明策略管理的步驟與成效。
- ▶檢討政府部門運用目標管理與策略管理的限制。

目標管理（Management by Objectives, MBO）的觀念最早出現於私部門。當時的管理學大師彼得・杜拉克曾提到「目標管理與自我控制」的觀念，認為一個企業的經營若要成功，所有經理人的工作都必須指向該企業的目標，而管理者也應該設定自己的目標，並且要能控制自己的未來，此一想法即成為後來「目標管理」的基本哲學。

目標管理觀念之所以會被引進公部門並蔚為風潮，主要是因為傳統政府機關處理公共事務的原則是「依法行政」，非常重視「過程合法性」，卻因而容易忽略「最終結果」的重要性。有鑑於公共事務的處理原則太過於重視過程的正義性和合法性，許多國家的政府再造經驗都希望進行「政府再造」，簡化作業流程，回歸到以結果為導向的目標管理。

至於策略管理（Strategic Management）是一種指引組織的方式，因組織必須有一個終極的目標，藉以發展組織價值、管理能力、組織責任以及連結策略性與操作性決策的行政系統，並將其運用在所有層級體系及跨越組織中所有負擔一定職責權限的業務與各部門（Hax & Majluf, 1996，轉引自孫本初，2009：636）。在此過程中，策略管理的功能是規劃、執行、追蹤與控制組織策略的一連串過程，其主要目的是協助組織各單位拓展策略性願景，並將策略性願景落實於每個行政系統當中。

基於上述，在本章中首先介紹目標管理的定義、要素與特色等基本概念；其次，闡述目標管理的型態、實行步驟與運用原則；接著整理策略管理的定義、層次，進而瞭解策略管理的意涵與特性，以及說明策略管理的步驟與實施成效；最後探討政府部門運用目標管理及策略管理之限制。

第一節 目標管理的基本概念

一、目標管理的定義

所謂「目標管理」，彼得．杜拉克認爲是以激勵與參與爲基礎，利用目標設定會談，使各級人員親自參與計畫與決策，將機關內成員的願望與組織任務相結合，使每一階層的人員，都有目標意識並運用授權，圓滿完成組織使命的一種管理體制（姜運結、蔡進閱，1995：276；李怡慶等，2007：21）。

事實上，學術界關於目標管理一詞，雖未有一致看法，但大致都脫離不了杜拉克所建構的原始意涵，其中又以 Odiorne 對於目標管理的定義最常被引用，最具代表性。根據 Odiorne（1965: 55-56）說法，「目標管理是一種程序，藉由組織上、中、下層級的管理人員一起來確定組織的目標，並以對組織成員的期望成果來界定每一位成員的主要責任範圍，同時以此來指導各部門的活動，並評估每個人的貢獻。」而全鐘燮（Jong S. Jun）則認爲：目標管理是一個過程，在此過程中，組織中的「大目標」（goal）和「小目標」（objectives）係經由組織成員的參與而設定。其基本哲學是來自於參與管理的理念，而所謂參與管理則是一種過程，員工在其應負之責任內，獲得較多的自我控制和較大的決定自由（轉引自許道然，1998：252）。

另一方面，國內學者吳定（1991，轉引自許道然，1998：252）視目標管理爲一種強調「參與管理」的管理哲學，是由機關上下級人員討論確定工作人員之工作目標，並進行自我控制與自我評價，以策勵工作人員，增進工作效能的一種計畫與考核管理方法。而丘昌泰（2010：309）則指出，目標管理是指設定好的目標與實現預期目標之系統方法，如何設定合理可行的目標階層體系、如何研擬實踐目標計畫、如何進行管理目標實現的活動，以及設定可行的新目標等，則成爲目標管理非常重要的任務。

二、目標管理的要素

管理者認爲，完整的目標管理過程，包含下列三項要素（Rodgers & Hunter, 1992；轉引自許道然，1998：253；吳瓊恩等，2006：139）：

（一）目標設定

實施目標管理首先要設定目標。依目標的層級，大至組織的總目標，小至員工的個人目標均需環環相扣。研究指出，當個人或團體擁有具體明確的目標時，其績效比目標含糊籠統者以及未設定目標者高。目標設定之後，必須排列執行的優先順序，同時還要定期檢討。必要時組織的結構須重新設計，以配合目標實現的特殊需要。

基本上，目標管理的推行通常是以高階主管爲起點，由高階主管設定整個組織大目標及組織目標。大目標是較廣泛性的指導原則，用以作爲層級較低、內容較爲具體明確的「單位目標」的依據。一旦在大目標及組織目標確定之後，事業機構依管理的層次，就各事業部、各部門及各單位個別設定目標，並進行部門間橫向的關係調整。各部門（單位）負責人依其部門目標訂定自我目標，然後依序由上到下來設定各層級的目標（如圖❶所示）。

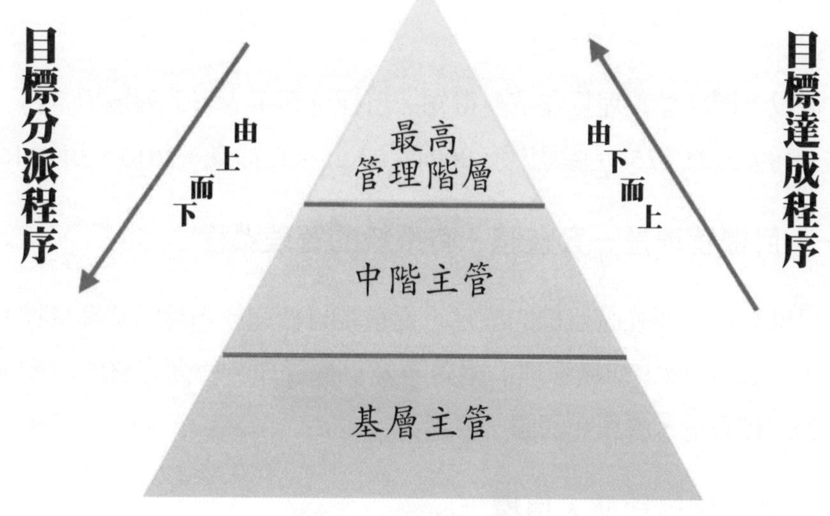

圖❶　目標分派程序

資料來源：李怡慶等（2007：22）。

（二）參與

目標管理的第二個要素是強調各階層人員的參與。從目標的設定、定期檢討到目標的執行，各階層的人員都必須積極投入。相關研究指出，員工如認爲他們的參與具有合法性，對組織的生產力將產生正面的影響。而目標管理也認爲投入（involvement）會導致承諾（commitment），進而對員工造成激勵，使其對組織目標的達成產生直接的貢獻。

（三）回饋

管理階層必須定期的告訴員工目標執行的情形，並針對員工完成目標的情形進行績效評估。清楚的回饋有助於員工釐清目標方向並協助他們提高目標達成的控制感，進而增進員工解決問題的能力。此外，積極的回饋會增強管理階層和各級員工做決定的信心。若員工認爲回饋具有客觀事實時，會激勵他們採取更積極的作爲。

三、目標管理的特色

從以上所述並整理相關資料得知，目標管理至少有下列幾項特色（許道然，1998：252-254；顏國樑，2004：23-25；丘昌泰，2010：309-310）：

（一）目標管理是一套整體、有系統的管理過程

目標管理不僅強調目標的設定，更重視目標完成過程的管理或控制。因此，「只訂目標，卻無管理」絕對不是目標管理。一套完整的目標管理須包含目標設定、參與和回饋三要素。

（二）兼顧組織與個人目標

目標管理利用成員參與訂定目標的方式，結合成員的期望與組織任務，以期在達成組織目標的同時，也能兼顧個人目標，進而提升組織的績效，促進個人成長。

（三）具備成果或目標導向

實施目標管理的首要工作，在訂定明確的目標，而「目標」是指在一定的期間內所必須達到的「成果」，獲得目標的「成果」乃是組織存在的意義。因此，組織成員的活動均以達成「成果」爲中心，並將目標化爲具體行動計畫加以執行。

（四）重視成員參與

目標管理對於組織成員的參與相當重視。在設定目標時，透過成員參與組織目標及個人目標的訂定，以尊重成員的工作意願與尊嚴，並使其清楚瞭解自身工作對組織的重要性，以建立其榮譽感和責任心。

（五）對人性的看法趨於正面

推行目標管理的組織，對人性的看法通常是抱持著較寬容、信任、關愛的態度。基本上，目標管理對人性多抱持「人是希望能有機會親身參與、能享受職務上的滿足、能有個人成長機會，以及希望獲得讚許與鼓勵」的正面假設。

（六）強調成員的自我評鑑

在目標管理的制度下，組織及個人目標均由組織上下層級之成員共同參與訂定，組織成員也因而獲得適當的授權。成員在執行目標的過程中，以自我評鑑方式，對本身的工作進度及目標達成度予以評估、檢討改進，主管僅從旁協助，期能藉此建立成員主動負責的精神。

第二節　目標管理的型態、實行步驟與原則

一、目標管理的基本型態

如前所述，目標管理爲一管理體系，其基本型態包括目標設定、預算、自主性、回饋、獎償等五個部分，茲將其分述如下（Odiorne, 1976: 28，轉引自孫本初，2010：296-297）：

（一）目標設定（goal setting）

每一位行政人員應就工作的產出結果與其主管達成協議，然後行諸文字，以書面方式將組織目標、單位目標及個人目標分別呈現出來，並釐清

其相互間的關係及排定優先順序。

（二）預算（budgeting）

目標的達成與資源配置息息相關，而預算的充沛與否，將影響目標設定的順序與目標的執行程度，因此，目標管理應涵蓋完善的預算審查制度，才不致使目標和預算間無法相互支援。

（三）自主性（autonomy）

自主性乃是在目標執行過程中，賦予部屬適當之責任與權力，使其在執行目標之際，得以自行控制自己的行為及活動，依其自訂之工作方式，主動執行目標、解決問題，並對實施成果加以負責。

（四）回饋（feedback）

回饋在目標管理中居於重要地位，透過資訊之回饋，得以確保目標能如期達成或適當修正。其中，目標管理的回饋部分應包含兩項過程的設計：一是每位成員在自我控制下執行目標，並適時地將執行情況向上級主管報告；另一則是主管人員應提供各種資訊給部屬，並認可部屬的執行績效或加以修正。

（五）獎償（payoffs）

基於獎勵的原理，為促進目標的達成，獎償系統的設計是不可或缺的。換言之，任何管理制度若一味地要求高度績效水準，而未能正面肯定達成績效者之成就，且未給予適當之獎償，終究會歸於失敗，因此，獎償制度的建立亦是目標管理制度重要的一環。

二、目標管理的實行步驟

然而，目標管理究竟要如何付諸實行？一般分爲目標設定、計畫及執行、自我控制與定期檢視四個步驟，茲整理分述如下（賴景煌，2001：92-93；顏國樑，2004：25-26；李怡慶等，2007：23；丘昌泰，2010：310-311）：

（一）目標設定

本階段可說是目標管理相當關鍵性的步驟，因爲若無法制訂合理可行，並可以測量的政策目標，則後續各項步驟即無實行的可能。因此，在設定目標前，應先從事需求評估（needs assessment），以瞭解組織當前的優劣與未來需求，並作爲設立目標的依據。

（二）執行計畫之擬定

不論任何層級的主管或員工，在目標確認後，勢必要擬定一套達成目標的執行方案及計畫，否則流於空談。因此擬定行動計畫在目標管理中相當重要。

（三）自我控制

目標管理的精神在於自我控制，員工在執行的過程中主動修正策略與方針，朝組織目標而努力。若未達目標，應主動思考如何修正自己的行爲與策略，以建立對工作的責任感。

（四）定期評鑑

對管理者而言，定期檢視員工目標的達成狀況非常重要。因爲成員的表現經由定期的評核，可以瞭解行動目標的進程，也可適時導正偏離的組織目標，達到管制的效果。另外，在評核的過程中，如能檢討得失，善用回饋，將可激勵員工自我實現。

三、目標管理在政府機關的運用原則

為使政府機關能落實目標管理，並發揮其成效，作者整理相關資料，嘗試論述目標管理運用在政府機關的原則如下（賴景煌，2001：93-94；顏國樑，2004：29-31；孫本初，2010：524-525）：

（一）高層主管的態度是影響成敗的關鍵

任何管理制度的引進與實施，皆需高層主管的承諾與支持。倘若缺乏高層主管的大力支持，任何良好的制度都將難以有效推行。因此，高層管理者對於目標管理是否有全盤的認知，並帶頭實行，甚至塑造適合採行目標管理的組織文化等，亦即高層主管對推行目標管理的態度將是攸關該制度成功與否的重要關鍵。

（二）建立「參與管理」的行政哲學觀

政府機關行政的推展，目標計畫的訂定，應透過民主歷程，以擴大組織內部成員的參與，同時建立良好的溝通管道，使組織成員在參與的過程中，得到被尊重感及親自參與目標制訂的成就感，自然樂於為組織奉獻心力，為達成組織目標而努力。因此，參與式的行政管理將有助於化阻力為助力，提升政府機關的行政績效。

（三）目標的設定應符合政府機關的特性

為使目標管理能運用在政府機關中，在設定目標之初即應考量政府部門的特性。如目標應兼顧量化與質化目標：在公部門中，由於目標的多元化與模糊性，使得組織目標之設定較企業更加困難，且不容易衡量。尤其是公部門所提供的公共服務，會涉及公平、服務品質、對政府的信任等質性目標，因此目標的設定不能僅侷限於可量化的目標，還需納入質性目標。另外，為避免目標的執行受到政務官任期與預算年度的影響，目標的設定也應整合短期和長期計畫。

（四）強化「計畫、執行、考核」的行政過程

機關行政計畫是組織發展的藍圖，也是執行、考核的主要依據。然一般政府機關的行政運作，未能配合組織整體發展，導致計畫未能落實，執行欠缺績效，考核流於形式等弊病。而目標管理從目標的設定、形成行動計畫、定期評核實施行動之進展，對於計畫目標的管制甚具效益。因此，為使政府部門的行政績效得以發揮，應加強機關行政計畫、執行與考核的過程。

（五）有效運用自我控制、回饋與激勵的技巧

目標管理之所以能在企業中有效運用，主要乃是善用自我控制、回饋與激勵技巧。在政府機關中雖受限於既有的法規制度，無法如企業般彈性，但若能援引其重要概念適切地運用於行政管理中，同樣能有助於目標管理的實行；如自我控制可以確保組織目標的達成及資源的有效運用，而透過績效標準的建立、資訊回饋與適時的激勵，都將有助於組織目標的達成及維持組織穩定的發展。

國立科學工藝博物館的目標管理

位居高雄都會地區的國立科學工藝博物館（簡稱科工館）是國內第一座應用科學博物館，隨著社會需求的改變，博物館服務對象趨於多元化，博物館提供服務內涵勢必隨之調整與改變，呈現方式和型態更應適時的創新、突破，以強化專業服務能力。

因此，科工館無論在參觀人數、營運收入及知名度，均有顯著的成長及突破性發展；另在2006年5月首先通過ISO9001服務品質驗證，接著獲得推展社會教育有功團體、營造英語生活環境優等，獲得第8屆行政院服務品質獎——善用社會資源獎。

科工館積極轉型、追求創新，核心主軸在領導思維和組織學習，由內部成長延伸到外部發展，自上到下創造全方位的學習風氣，建構一個學習型組織。茲將其主要做法簡述如下：（1）工作擴大化與豐富化；（2）進行目標管理運用；（3）強化知識管理運用；（4）加強創新與獎勵措施；（5）積極進行標竿學習；（6）建立機動溝通平台。

第三節　策略管理的基礎概念

一、策略的定義

「策略」最早是源自希臘文「Strategia」，意味著「Generalship」，係「將才」的意思，是指將軍用兵或佈署部隊之方法。換成軍事上的用語，意即所謂的「戰略」。由此可知，策略一詞在早期常常伴隨著戰爭與軍事行動一同出現，如《大美百科全書》（*Encyclopedia Americana*）對策略的定義為：「在平時和戰時，發展和運用國家的政治、經濟、心理和軍事的力量，對國家政策提供最大限度支援的藝術和科學。」而《牛津大辭典》（*The Oxford English Dictionary*）則是將策略定義為：「將軍的藝術；計畫和指揮大規模之軍事行動，從事作戰的藝術。」無論何者定義，在在都顯示其與軍事行動脫離不了關係（林宗義，2007：5；唐彥博、張甫任，2011：3）。直到大約在20世紀30年代後期，企業部門開始關注「策略」的概念，並將其導入到組織管理應用中，後來引申為專為某項行動或某種目標所擬定的行動方式。

在我國，企業管理大師司徒達賢（2005：1）將策略定義為「重點的選擇」，亦即在決定要「如何做好一件事」之前，必須先決定哪一件事才是眞正值得投入的重點；其特質包括：策略是做對的事情（do the right thing），而不是僅將事情做對（do the thing right）；是執行長時間的觀點，是屬於長期承諾。

二、策略的層次

在公部門中，所謂策略係指政府部門所採取的行動綱領，以實現其所設定的目標，解決公共問題，滿足人民的需求。一般而言，公共管理部門中的策略可以分為三個層次（丘昌泰，2010：255-256）：

（一）總體策略

此為最高首長所提出的有關組織未來發展的總體性與宏觀性策略，以臺北市政府為例，市長在市政報告中所提示的市政建設策略就是一種總體策略；總體策略可以說是市政成敗的關鍵因素，是所有局處等一級單位的「上游工程計畫」，扮演火車頭的角色，相當重要。例如，為因應全球氣候的變遷，市府的總體策略爲何？

（二）部門策略

市府底下所有一級主管機關都應有其各自的「部門策略」，這種部門策略是實現「總體策略」的關鍵步驟，是策略規劃中的「中游工程計畫」；例如，爲因應全球氣候變遷的方案，市府決定採取公私合夥的策略進行規劃，試問：市府環保局應採取何種配合的策略性行動呢？這就是部門策略問題。

（三）功能策略

係指各一級主管機關中各個功能性單位所研擬的具體行動策略，例如市府環保局打算採取「廚餘垃圾資源回收」作爲其中的策略之一（部門策略），該局的幕僚與業務單位應如何合作，才能實現「廚餘垃圾資源回收」的促銷策略呢？這乃屬於功能策略的問題。

由上述看來，策略規劃無論是採取「由上而下」或「由下而上」的決策模式，一定要將總體、部門與功能策略整合起來，以形成「三位一體」的策略結構體。

三、策略管理的意涵

由字面上來看，策略管理是在「策略」的基礎上加入了「管理」的概念。在企業管理的理論中認爲，策略管理指的是管理的至高謀略。策略管理是機關組織管理階層所決斷擬定整體性或特殊方針，持續性地回應情勢變化，也同時顯示機關組織自身的定位，用以作爲管理措施的依據，如多數企業組織所採行的經營方針與攻防方案，便是一般所說的管理策略

（generic strategic）。但策略管理不是許許多多相關的策略方案而已，重要的是策略與管理措施連貫形成的管理方針與程序，其主要意義在凝結競爭優勢（competitive advantage）（Neo, 2006: 59）。

國內企管大師司徒達賢則認爲策略管理是企業管理中的一部分，策略管理的分析角度兼具了全面性與前瞻性，所研究的內容不僅涵蓋行銷、財務、生產、人事、研發、組織及決策方法等課題，而且企圖以一整合性的架構，將企業內部這些課題或決策，和企業在環境中長期求生存發展的方法結合在一起，形成企業整體行動與資源分配的最高指導原則（司徒達賢，2005：15）。

由以上所述可知，「策略管理」是一種的思維活動，具有前瞻性、宏觀性、行動性，且需要辨識組織所處環境，加以創造競爭優勢的行動方針。因此可將其定義爲：結合管理之科學方法，規劃組織的目標方向，定位創造競爭優勢，並設計出一連串的行動以達到組織目標的過程（張本文，2009：17）。若就策略管理的本質而言，其爲一種策略計畫，屬於未來導向的計畫性活動；就策略管理的運作而言，是策略執行和評鑑，屬於一系列的分析、執行和評鑑策略的活動（朱延智，2008：193）。

四、策略管理的特性

由以上可以發現，策略管理的功能在於運用績效，讓組織營造良好的經營環境和營運系統，使組織成員全心投入，善用組織各項資源，以因應變革，創造競爭優勢，實現策略目標。組織有了策略，便可以有效地運用自身擁有的資源，配合時勢與競爭對手一較長短，也可以有效地安排執行各項方案，以完成組織目標。組織策略有其不可或缺的意義，因此需要透過一套方法予以管理與實踐，以因應不斷變動的競爭環境，故策略管理在管理行動中是相當重要的一個概念。其建構的基礎包括：願景（vision）、使命（mission）、目標（goal）與目的（objective）（吳瓊恩等，2005：193-194）。根據研究顯示，策略管理具有下列幾項特性（丘昌泰，2010：251-252）：

（一）策略管理是未來導向的

策略管理是「未來學」活動的具體化，是未雨綢繆，爲組織未來發展生機的規劃藍圖，付諸實踐，並且追蹤修正策略方案的過程。

（二）策略管理是獨特的思考與行為方式

策略管理的思考模式是目標導向與未來導向，一旦設計出目標導向的策略，一定要採取具體行動加以實踐，並且加以檢討修正的獨立活動。

（三）策略管理是持續性與循環性的流程

策略管理無論包含四個階段或三個階段都是不斷循環，永無止盡的過程。

（四）策略是設定架構，指引其他管理活動的重要功能

策略管理是組織生存發展的途徑，一旦確立發展的策略，其他所有的管理活動，如計畫研擬、預算編列、資源發展、政策行銷與政策評估等活動都必須以該策略爲指導綱領。

（五）策略管理並非容易實現，但是有其必要性

特別是面臨當前公、私部門競爭愈趨激烈、外在環境挑戰日益增加的狀況下，其實現固然有些許困難，但仍須進行策略管理，以營造組織未來的發展生機。

第四節　策略管理的步驟與成效

一、策略管理的步驟

整體而言，策略管理的步驟約可以分為策略規劃、策略執行、策略評估三大部分，說明分析如下：

（一）策略規劃

策略規劃涉及分析組織所面臨的內、外在環境，並依此決定適當的策略行動方案。在策略規劃階段，必須先瞭解組織目前所採取的做法，包括組織目前的使命、目標、策略與環境假設。在瞭解目前所在的起點後，接著必須針對組織的內部與外部進行分析（林建煌，2009：10-15）。國內常見的策略規劃工具有目標管理、策略地圖、總體環境分析、強弱機危分析法（SWOT 分析）等方法，主要是在方法選擇的過程中，必須能夠評估與運用資源的強勢，來彌補其弱勢，且需要能夠察覺環境的變化並掌握環境中的機會，來迴避其威脅，以規劃出達成目標的方法。

（二）策略執行

一旦策略規劃完成後，便需執行策略方案。在策略執行時所面臨的最大挑戰便是策略與組織內其他相關因素的配適。在策略執行上，策略管理人必須考慮策略與其他六個 S 的配適是否恰當，這包括組織結構（structure）、共享價值（shared values）、人才（staff）、領導風格（style）、技能（skill）與體制（system）。

（三）策略評估

進行策略評估時，若強調太多的事項，則可能增加評估的成本與產生反效果。因爲沒有人會喜歡被緊迫盯人式的評估！經理人愈想去評估他人的行爲時，所能掌控的部分就愈少。然而太少或沒有評估，則亦可能產生更嚴重的問題。策略評估的本質在於確保能夠達成所明定的目標。學者魯梅特（Richard P. Rumelt, 1980: 360）提出一致性（consistency）、調和性（consonance）、可行性（feasibility）及優勢性（advantage）四項作爲評估策略的準則。

二、政府機關運用策略管理的成效

受到1980年代新政府運動的影響，政府部門開始講求要師法企業、追求績效，所以效仿企業管理中對於策略途徑的選擇、目標的設定，並對於管理過程的運作進行研究（黃朝盟，2000：54）。而在世界各國興起的政府改革的浪潮中，競爭、績效的概念受政府部門的重視並爲之引用，致使策略管理演變成爲新公共管理的一項重要工具，受到諸多注意與討論（黃屛蘭，2007：1）。在此時期，公私部門皆對策略管理表現出高度關注，而其對公部門帶來的正面效益可以集中於以下幾個面向（王濬，2007：10；丘昌泰，2010：270）：

（一）提供策略性的發展方向

策略管理焦點集中於檢視組織本身的能力與外部環境，並對於組織未來的發展願景提供策略性的前瞻思考，以及未來的發展方向。

（二）指導資源優先順序使用的排列

策略管理是在資源有限的狀況下，依據策略性議題的優先順序加以設計的活動，有助於組織排列資源使用的優先順序。

（三）設定卓越標準

策略管理爲組織的未來設計一套願景與共同的價值信仰，可以爲組織的運作設計追求卓越的標準，以供組織發展方向的定位。

（四）對抗環境的不確定性與變遷性

策略管理非常重視組織外部環境特性的分析，並且根據該特性研擬務實的策略，這種前瞻性的務實策略有助於組織對抗外在環境的不確定性與變遷性。

（五）提供控制與評估的基礎

策略管理重視策略執行、控制與評估的問題，設置策略執行的議程、行動計畫、控制機制與評估研究，以檢視策略是否實現與是否需要修正。

策略管理大考驗？蕉賤傷農／專業農户年所得達 154 萬[1]？

長期以來，農民都是靠天吃飯，辛苦耕種未必得到應得報酬。經歷蕉價暴跌事件後，農委會成立農產品價格小組，分短、中、長期策略，力求達成農民收益提高目標。目前已處理洋蔥、大蒜、毛豬、稻米、香蕉等農

1 資料來源：今日新聞（https://www.nownews.com/news/20180620/2774151；檢閱日期：2018/6/27）。

產品的問題，該小組成立的目標，在確保農民收入提高，短期政策包括促進國內消費、拓展外銷、加工加值、減少市場價格干擾；中期政策包括完善產銷資訊平台、實施農業保險、調整天然災後救助金額、多元加工研發利用、建立冷鏈系統及物流中心、提升外銷競爭力；長期政策包括調整關稅配額制度、建立公私部門合作新模式等。透過從生產端到市場端完整的產銷管理輔導措施，農委會有信心達成確保農民收益提高的目標。

行政院副發言人丁允恭表示，其實農委會之前就曾對豐產現象監測、預警，希望可以輔導農民，配合這些訊息來做生產量的調控，避免農價崩盤。另外，如果農產品豐產，農委會也會輔導農民做食品加工，促進產銷管道，希望真能達到農委會副主委所言，臺灣專業農戶平均年所得高達154 萬元的目標。

第五節　政府機關運用目標管理與策略管理之限制

一、政府機關運用目標管理的限制

由於行政機關與企業單位在本質上的差距，行政機關採用目標管理時，除了可能面臨和一般企業相同的難題之外，並會遭遇其本身特有的困境。茲整理目標管理在行政機關運用的限制如下（賴景煌，2001：93-94；顏國樑，2004：27-29；吳瓊恩等，2005：148-150）：

（一）目標管理並不適合變遷劇烈的環境

目標管理的程序在封閉的組織中較易實行。其原因在於目標管理為一規劃、執行、考核的循環過程，強調按部就班的管理策略，因此不適用於變動迅速且難以預測的動態環境之中。對目標管理而言，快速的變遷與外在的挑戰會形成負擔，不但目標難以設定且易和社會脫節，所以，目標管理運用在政府內部單位似乎較諸實行在對外機關爲佳。

（二）個人目標與組織目標難以配合

不同階層的人員所要努力的方向不完全相同，目標管理雖然企圖將組織目標與個人目標予以整合，但實際上因爲主管與部屬對於目標重點的考慮並不相同，所以個人目標的總和未必等於組織目標，甚至還可能產生矛盾的情形。因此，欲使組織目標與個人目標能緊密結合，則有賴於不斷的溝通協調方能達成。

（三）目標管理過分強調文書作業，且需投入大量時間成本

目標管理作爲一種決策方式並不耗費時間，但若作爲規劃、決定、追蹤、改變與評估目標的管理系統，則需投入大量的時間成本。尤其是業務部門的管理人員，其時間本來就緊迫，但由於目標管理的實施尚需投入時間，進行目標設定的協商，且隨之而來的是一連串的文書作業，包括各種目標設定、執行以及查核的表格，諸如此類繁瑣、耗時的額外工作均易引起員工的反感。此外，運用在目標管理程序的時間，亦可能剝奪員工用來完成其份內工作的時間。

（四）目標多由高層管理者單方決定，不容易建立信任關係

在傳統層級節制的政府體系中，由於組織傾向官僚化與集權化，上下級人員的地位呈現不對等關係，因此目標的設定多由高層管理者片面決定，部屬鮮少有參與機會，而目標的執行往往也受到嚴密的監督與控制，員工甚少有裁量權。此種做法實有違目標管理強調主管與部屬共同制訂目

標的過程，也容易使部屬對主管產生不信任。

（五）政府部門本質的特性，未必都適用目標管理

目標管理在政府部門的實施除了會面臨官僚體系與政治阻力外，又因行政機關本質的特殊性，如：行政目標的多元、難以量化、目標設定需有法源依據等，都會限制目標管理在政府部門的運用成效。此外，政府所設定的目標週期，爲配合預算年度，通常以一年爲期，但目標的設定若缺乏長期策略的觀點，所設定的目標將會過於片段，無法累積成果，再加上目標管理制度亦可能會隨著政務官的輪調而或存或廢，容易產生若干的限制。

（六）績效評鑑無法完全客觀，標準難以建立

傳統的目標管理只著重於可量化的績效衡量指標，難以適用於當今處處強調「品質」的社會。在公部門中，由於目標的多元化與不易明確具體，更使得目標管理無論在目標的設定及績效的衡量上，都顯得相當困難。另外，由於公部門無法僅將目標的達成視爲是唯一衡量標準，而忽略「人」的因素與執行過程的情形，故難以建立客觀的績效評鑑標準。

二、政府機關運用策略管理的限制

雖然策略管理可以爲公部門帶來上述的效益，但相較於私部門，公部門有更多的限制與問題，而這些範圍從憲政制度到立法與司法權限、整個政府的規劃與管制、管轄權限、稀有資源、政治氣氛因素到顧客與選民的利益皆包含在內（呂苔瑋等，2006：191）。雖然私人組織與公共組織的管理活動具有類似的管理職能，但是在很多方面卻存在明顯的差別，如管理客體、價值取向、管理目標、激勵來源等方面。以下分述之（蔡宏明，

2009：45；丘昌泰，2010：270-271；唐彥博、張甫任，2011：314）：

（一）忽略公部門與私部門本質的差異性

策略管理一味模仿私人企業管理制度，使得推動相關制度的政府改革者過於強調「競爭力分析」等熱門的策略模式，卻忽略政府部門的本質與存在目的和私人企業有很大的不同，以致影響策略管理在公部門的運用成效。

（二）難以適用於手段目標關係複雜的公部門

策略管理強調單純的手段目標連鎖關係，適用於目標容易界定的企業組織，卻難以適用於目標模糊不清、政客經常干預、外部關係難以完全掌控的政府機關。

（三）策略管理的概念過於簡化、直線式的思考，難以用於公部門

策略管理的概念過於簡化、直線式的思考方式，使策略規劃往往過分樂觀，卻忽略未來的不確定是有可能改變外部環境，使策略規劃不容易產生預期效果。

（四）策略管理所強調的確定性、控制性與持續性，不足以因應渾沌的社會現象

策略管理的最大特色在於利用策略的規劃、執行與追蹤，以獲得組織發展的確定性、控制性與持續性，對於一個動盪不安、充滿複雜性與不可預測性的混沌世界而言，將會引起不穩定的現象，而影響策略管理的實施成效。

（五）策略管理採取科學理性途徑，無法適應政治環境的多元性與複雜性

策略管理的基本途徑是科學理性學派，是希望透過理性分析組織內部與外部因素而做成客觀的未來發展策略。但現實政治環境中，由於利益團體、政黨扮演重要的角色，政治對話遠比策略更受到重視，因而影響策略管理的運用。

公管小檔案 **臺北市政府策略地圖** [2]

策略地圖（strategy map）是組織將策略的步驟和方式架構化的工具，也是瞭解策略的最佳方式。「策略」是一種假設，和平衡計分卡一樣，也有財務、顧客、內部流程、學習與成長四大構面，暗示組織從現在的位置，朝目標前進的發展過程和行動規劃；「地圖」是將規劃方針以圖形具體化的表現方式。因此，策略地圖就是「達成特定價值主張的行動方針路徑圖」，而平衡計分卡則是能夠幫助這套策略落實的假設。藉由策略地圖闡明策略的邏輯關係，不但可以清楚檢視策略假設的正確與否，更能夠讓組織各部門、乃至於全體成員都能夠清楚組織的願景爲何、以及如何達成願景。

擁有八萬名員工、龐大組織科層的臺北市政府，在跨機關合作時，發

2 資料來源：經理人月刊，2010，〈畫出策略地圖，成為溝通共同語言〉，http://www.managertoday.com.tw/articles/view/2503；檢閱日期：2016/4/24。
中央通訊社（https://tw.news.yahoo.com/%E5%8C%97%E5%B8%82%E5%BA%9C%E7%AD%96%E7%95%A5%E5%9C%B0%E5%9C%96-%E6%9F%AF%E6%96%87%E5%93%B2%E8%87%89%E6%9B%B8%E5%85%AC%E5%B%83-015921542.html；檢閱日期2016/4/24）。
臺北市政府官方網站（http://fun.gov.taipei/ct.asp?xitem=174440202&CtNode=13550&mp=100005；檢閱日期：2016/4/24）。

現常由於缺乏共同的工作目標，導致層級節制、各局處間工作效率不彰。而於2016年由柯市長引進企業常用的策略地圖概念於市府之管理，讓各處清楚各項政策是否符合組織策略目標。

臺北市政府將策略地圖分爲八大策略主題，分別爲營造永續環境、健全都市發展、發展多元文化、優化產業勞動、強化社會支持、打造優質教育、確保健康安全以及實現良善治理。臺北市政府的工作將圍繞在這八項主題，將市民視爲是最重要的顧客，要讓顧客滿意、讓流程活躍、並且學習成長。藉由各局處針對此八大主題擬定策略目標和KPI計算方式，透過由下而上不斷討論、凝聚共識，建構出一套企業界常使用的管理技術——「策略地圖」，讓市府員工在執行任務時，能夠有明確的目標可以遵循。

透過臺北市政府的策略地圖，能夠協助北市府釐清其願景、使命、核心價值，也能夠掌握各項政策的優先順序，讓每位市府員工可以清楚瞭解團隊的共同目標而更加緊密，激發光榮感、使命感。對臺北市政府而言，策略地圖的引進不只是管理技術的改進，更是一種組織文化的推展。

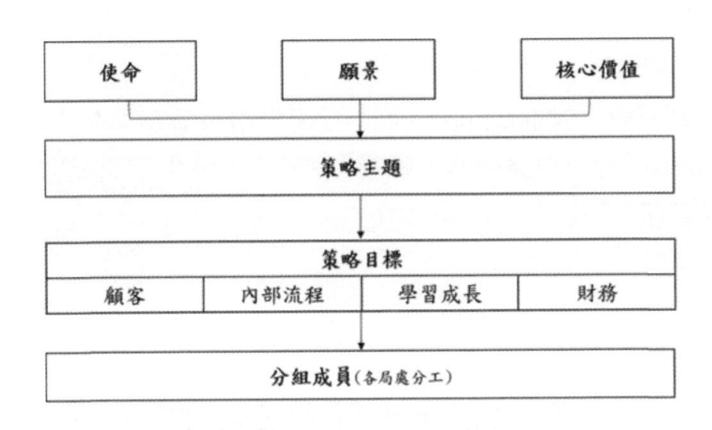

圖❷　臺北市政府策略地圖架構

資料來源：修改自臺北市政府策略地圖[3]

3 臺北市政府施政資訊（https://drive.google.com/file/d/0B_ZHLdwOTE6lNEVSb3hmWVRpU3c/view?pref=2&pli=1；檢閱日期：2016/4/24）。

歷屆考題

1. 在目標管理的 PDCA 循環中，主管人員在下列何階段採用例外管理，並讓組織成員能有適度的裁量權？（107 年身心障礙人員特考：公共管理概要） (B)
(A)計畫階段
(B)執行階段
(C)檢查階段
(D)檢討與改進階段

2. 根據奧斯本（D. Osborne）與蓋伯勒（T. Gaebler）合著的《新政府運動》一書中提及，政府再造的內涵是「企業精神」，以及下列何者？（106 年身心障礙人員特考：公共管理概要） (C)
(A)依法行政
(B)目標管理
(C)顧客導向
(D)重視執行

3. 所謂魚缸原理（fishbowl principle）是學者用來落實那種公共管理的技術方法？（106 年身心障礙人員特考：公共管理概要） (D)
(A)目標管理
(B)標竿學習
(C)危機管理
(D)顧客導向

4. 下列何種現象，可以視爲行政學「系統理論」的反熵作用？（106 年地方特考：行政學概要） (B)
(A)政府各部門因專業分工顯得界線分明
(B)政府各部門從外界獲得支持，使自身得以永續發展
(C)政府各部門各自達成部門目標，因而實現總目標

(D)政府各部門彼此權力時有消長，而在變動中維持均衡

5. 白萊克（R. R. Blake）和毛頓（J. S. Mouton）提出那兩個面向來測量組織的氣候？（106 年地方特考：行政學概要） (A)
(A)對人員的關懷和對工作的關懷
(B)目標的一致性和決策層級的高低
(C)員工的個性和組織的狀態
(D)員工的互動程度和組織人員的多寡

6. 有關公共組織與私人組織之目標設定，下列敘述何者錯誤？（106 年身心障礙人員特考：行政學概要） (B)
(A)私人組織以利潤收益為目標，具有明確具體的課責標準
(B)公共組織的政策目標往往是因果邏輯分析下的理性客觀產物
(C)私人組織目標與手段間的關係較公共組織容易確定
(D)公共組織政策目標的設定往往是為調和各方利害衝突的政治妥協產物

7. 下列何者不是策略規劃的特性？（107 年身心障礙人員特考：公共管理概要） (A)
(A)例行性
(B)重大性
(C)稀少性
(D)前導性

8. 奧斯本與普拉斯爵克（D. Osborne & P. Plastrik）曾提出政府再造的 5C 策略，績效管理屬於下列何種策略？（107 年身心障礙人員特考：公共管理概要） (B)
(A)核心策略
(B)結果策略
(C)顧客策略
(D)控制策略

9. 下列有關策略管理的概念，何者正確？（106 年身心障礙人員特考：公共管理概要） (C)
(A)策略管理與策略規劃是兩個相同的概念
(B)策略管理是屬於過去導向的一種管理活動
(C)策略管理是一種持續性與循環性的流程
(D)策略管理的首要階段在策略的執行與追蹤

10. 有關策略管理的指導原則，下列何者錯誤？（106 年身心障礙人員特考：公共管理概要） (C)
(A)關注長期的趨勢
(B)層級化目標體系
(C)強調自我的執行
(D)強調與環境互動

11. 有關策略管理過程的順序，下列何者最正確？（105 年原住民族特考：公共管理概要） (B)
(A)建構→分析→調適／評估→執行
(B)分析→建構→執行→調適／評估
(C)調適／評估→分析→建構→執行
(D)執行→分析→調適／評估→建構

12. 下列有關策略層次的敘述，何者最正確？（105 年原住民族特考：公共管理概要） (C)
(A)部門策略扮演「火車頭」的角色
(B)總體策略是屬「中游工程計畫」
(C)功能策略是較為具體的行動策略
(D)功能策略是屬「上游工程計畫」

參考文獻

一、中文資料

王濬，2007，〈策略管理本質及公部門適用性之探討〉，《行政試訊》，23（3）：2-13。

丘昌泰，2010，《公共管理（再版）》，台北：智勝。

司徒達賢，2005，《策略管理新論——觀念架構與分析方法》，台北：智勝。

朱延智，2008，《企業管理概論》，台北：五南。

吳瓊恩、李允傑、陳銘薰編著，2005，《公共管理》，台北：智勝。

李怡慶、王志誠、周志建、楊心伃，2007，〈建構醫院目標管理制度之研究——以某區域教學醫院爲例〉，《澄清醫護管理雜誌》，3（2）：20-31。

林建煌，2009，《策略管理》，台北：新陸書局。

姜運紘、蔡進閱，1995，〈論目標管理之執行——以台北市政府警察局人事室爲例〉，《警學叢刊》，26（3）：275-297。

唐彥博、張甫任，2011，《策略管理》，台北：一品。

孫本初，2009，《新公共管理》，台北：一品。

孫本初，2010，《公共管理（第五版）》，台北：智勝。

張本文，2009，〈學校的經營諸葛——策略管理〉，《國教之友》，60（4）：16-21。

許道然，1998，〈目標管理：理論與評論〉，《空大行政學報》，8：249-272。

黃屏蘭，2007，〈公部門中人力資源的策略管理與發展〉，《T&D 飛訊》，61：1-15。

黃朝盟，2000，〈政府再造的策略管理〉，《政策月刊》，57：54-57。

蔡宏明譯，2009，Richard Koch 原著，《策略是什麼？》，台北：梅霖。

賴景煌，2001，〈目標管理提升組織績效〉，《管理雜誌》，325：92-94。

顏國樑，2004，〈目標管理及其在學校經營的應用〉，《學校行政雙月刊》，33：21-39。

二、西文資料

Neo, R. A. et al. 2006. *Human Resource Management* (5th ed.). Boston: Prentice Hall.

Olsen, J. B. & D. C. Eadie. 1982. *The game plan: Governance with foresight*. Washington, DC: Council of State Planning Agencies.

Rumelt, Richard P. 1980. "The Evaluation of Business Strategy." In W. F. Glueck (ed.), *Business Policy and Strategic Management*. New York: McGraw-Hill, 359-367.

Pitts, Robert A. & David Lei. 1996. *Strategic management: building and sustaining competitive advantage*. Cincinnati, Ohio: South-Western College Publishing.

三、網路資料

中央通訊社：https://tw.news.yahoo.com/%E5%8C%97%E5%B8%82%E5%BA%9C%E7%AD%96%E7%95%A5%E5%9C%B0%E5%9C%96-%E6%9F%AF%E6%96%87%E5%93%B2%E8%87%89%E6%9B%B8%E5%85%AC%E5%B8%83-015921542.html，檢閱日期：2016/4/24。

經理人月刊，2010，〈畫出策略地圖，成爲溝通共同語言〉，http://www.managertoday.com.tw/articles/view/2503，檢閱日期：2016/4/24。

臺北市政府官方網站：http://fun.gov.taipei/ct.asp?xitem=174440202&CtNode=13550&mp=100005，檢閱日期：2016/4/24。

臺北市政府施政資訊：https://drive.google.com/file/d/0B_ZHLdwOTE6lNEVSb3hmWVRpU3c/view?pref=2&pli=1，檢閱日期：2016/4/24。

7
知識管理與學習型組織

學習目標

- ▶掌握知識管理的定義與推動程序。
- ▶瞭解學習型組織的意涵與構成要素。
- ▶說明學習型組織的特點。
- ▶檢討政府部門推動知識管理和學習型組織的困境。

近年來，由於資訊科技的蓬勃發展，對於社會與個人生活產生莫大的衝擊，隨著科技的進步，打破時間與空間的限制，加快全球化整合的速度，並提供大量的資訊與知識，使得知識成為經濟活動的主要生產要素。若從人類經濟生活歷史來觀察，不同於農業經濟時代與工業經濟時代，分別以勞動力與機器先進程度作為財富的象徵，知識經濟時代則是將知識的豐富視為財富的象徵，也因此，經濟成敗關鍵取決於腦力、思考力與創新力，而知識即成為生產力提升與經濟成長的主要驅動力。

之所以會有如此的轉變，乃是組織中具有價值的產品或服務，都是經由知識轉化而成。即便組織擁有最新的產品、服務、價格與品質等，最終都將被競爭對手所趕上，所以唯有組織藉由知識管理的運用，才能持續不斷的創新知識，以維持組織的競爭力。世界銀行的首席經濟專家約瑟夫·史帝格力（Joseph Stieglitz）曾說過：「今日製造知識和資訊，就如同一百多年前製造車子和鋼鐵一樣。像比爾·蓋茲這種會製造知識和資訊的人，獲利豐厚，就像一百多年前製造車子和鋼鐵的人一樣，成為企業大亨」；美國著名經濟學家 Lester C. Thutow 也指出：「我們正處在第三次工業革命，此時決勝關鍵不在於自然資源，而在於對知識的掌握。」也因此，當製造業經濟轉型成為知識經濟時，人類社會開始面臨一種史無前例的變革。人們第一次發覺到，無法觸摸也看不見的無形知識，漸漸地比有形資源，如土地、黃金、石油等更有價值（許明德，2007：62；陳弘、黃炯博，2009：242），而這種轉變也同時印證了知識與競爭力維持的重要關聯。

對公部門而言，也體認到在知識經濟時代，知識是競爭的唯一利器，唯有藉由不斷地學習、吸收、分享、移轉與創造知識，才能保持競爭力和適應力，面對大環境的變動與挑戰。故除了需進行知識管理之外，組織成員也需藉由不斷學習來提升組織的競爭力。近年來，由於受到全球經濟不景氣之影響，「學習型組織」因而被許多企業和非營利組織奉為圭臬，政府部門自然也不例外。政府組織型態與所追求的目標雖與一般企業不同，但隨著時代的變化，人民對政府的要求逐漸提高，政府必然須配合時代的改變而有所變革，才能保持競爭力和適應力、追求永續發展。

有鑑於此，在本章中首先介紹知識管理的發展背景，釐清知識管理的定義；其次，整理推動知識管理的程序與關鍵因素；再者，說明學習型組織的發展背景、意涵與構成要素；接著，整理學習型組織的特點並介紹第五項修練的內涵；最後討論政府機關推動知識管理與學習型組織的困境。

第一節　知識管理的基本概念

一、知識管理的發展背景

隨著知識經濟的浪潮席捲全球，以及無國界 e 世代的來臨，知識與科技對於經濟的作用日益增強，而科技化、國際化、全球化的影響，也使各國都面臨快速變化與激烈挑戰。自 1990 年代開始，在彼得．杜拉克等學者的提倡下，企業開始著重知識管理的討論與應用，並成爲企業間競爭、持續創造利潤與企業變革的一個核心概念與指導原則，而這股「以知識爲基礎的經濟」浪潮也逐漸在公部門擴散，進而影響公部門政策制定、組織變革與內部管理（黃東益，2004：140）。由上述可知，隨著知識經濟的來臨，如何強化政府內部的知識管理，並透過政策知識的創新、學習、分享與擴散，進而提升政府的能量及服務品質，已是政府所需要積極重視之處。雖然知識管理的概念來自於企業管理學界，然因此觀念的執行較無關公私部門的本質差異，且較不涉及民主行政價值的爭辯，再加上知識管理有助於政府朝理性化過程邁進，以及提升政府的管理效能（鄭錫鍇，2004：32），故受政府部門的肯定，進而予以推廣。

二、知識管理的定義

爲了將知識轉換爲組織可資運用的資產，組織管理者必須擷取組織內散落各處的知識、經驗、專業等，加以形制化，並予以傳播、分享與運用，而知識管理即被視爲運用知識以創造競爭利基的入門之鑰（陳悅宜，2002：80）。根據美國生產力品質中心（American Productivity & Quality Center, APQC）對於知識管理的定義，所謂知識管理是有系統地去發現知識、瞭解知識、分享知識與使用知識，以創造價值的方法，讓資訊與知識能在適當的時間流向適當的人，使這些人可以工作的更有效率與效能（轉引自張秋元，2009：43-44）。雖然知識管理的概念，至 20 世紀 90 年代之後才被廣爲討論與運用，政策知識管理直至 21 世紀初才漸爲政府部門所引進，然而，政策知識管理所涉及的知識移轉、分享與運用，在國內早期已有部分學者進行探討（黃東益，2004：141）。

其中，林海清（2002：134）認爲知識管理依功能來探討是系統管理與運用組織智慧，包括有形與無形的人才與經驗，並經由網路與資料庫加以整理、儲存與管理，作爲組織提高產能的有效工具和策略以創造價值；就知識建構而言，其所代表的管理思潮是一種新的觀念、思考與策略。而王頌平（2006：360）則認爲：知識管理是組織內部知識的清點、評估、規劃、取得、學習、流通、整合、創新活動，並將知識視同資產進行管理的過程。舉凡能有效增進組織資產價值的活動，皆屬於知識管理的範疇。

此外，Miklos Sarvary（1999）認為知識管理是一企業過程，藉由此過程組織將創造並利用制度上或集體的知識，其中包括組織學習（Organizational Learning）、知識生產（Knowledge Production）及知識分配（Knowledge Distribution）等三個次過程，分述如下（轉引自吳瓊恩等，2005：231）：

（一）組織學習（Organizational Learning）：藉由組織學習過程，組織能夠獲得資訊或知識。

（二）知識生產（Knowledge Production）：將最原始的資訊轉化與整合後，成為有用的知識，而有助於解決組織問題。

（三）知識分配（Knowledge Distribution）：知識分配即允許組織成員能夠接近並利用公司集體知識的過程。

整體而言，知識的管理可以分為兩個層次：一為以知識為標的之管理，可藉由知識的形制化及資訊技術予以有效的存取、轉換、流通、分享與組合；一為知識過程的管理，強調組織內成員有效率的獲取與運用知識，將知識效益發揮極大化，以增加組織的競爭力，達成組織目標（陳悅宜，2002：80）。

第二節　推動知識管理的程序與關鍵因素

一、推動知識管理的目的與程序

（一）知識管理的目的

知識管理的目的在於讓所有員工的經驗能夠傳承，促使資深員工的隱性知識外顯成爲組織的資產，用以縮短新進員工的學習曲線，減少員工重複犯錯的發生機率，節省員工解決問題的時間，提升組織成員的潛能與創意，改善個人或企業的績效，進而提升個人與企業的核心競爭力（吳英志，2011：8）。

（二）知識管理的程序

Arthur Andersen顧問管理公司認爲知識管理模式、知識管理程序（Knowledge Management Process）與知識管理促動要素（Knowledge Management Enablers）之間是彼此相互連結並有密切關聯的；其中，在知識管理程序上包含建立、辨識、蒐集、組織、分享、採用與運用，分別說明如下（黃廷合、吳思達，2004：62-64）：

1. 建立（Creat）：組織產生新知識的行爲。
2. 辨識（Identity）：辨識在組織中對組織或個人有用的知識。
3. 蒐集（Collect）：將有用的知識予以蒐集及儲存。
4. 組織（Organize）：將知識有系統的分類以方便存取。
5. 分享（Share）：將知識傳播給使用者。
6. 採用（Adapt）：對所分享的知識加以採用。
7. 運用（Use）：將知識應用到工作、決策或有利的時機上。

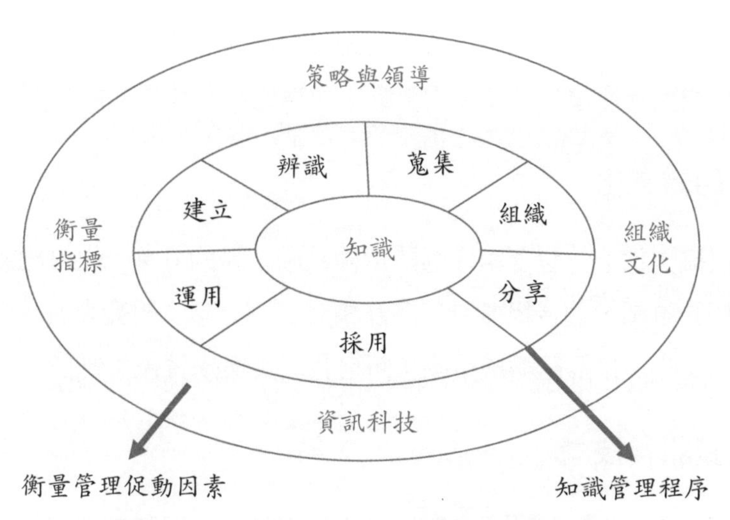

圖 ❶　Arthur Andersen 的知識管理模式

資料來源：轉引自黃廷合、吳思達（2004：63）。

二、推動知識管理的關鍵因素

根據 Arthur Andersen 顧問管理公司對知識管理的看法，認為知識管理是一個互動的過程，包含知識管理程序（Knowledge Management Process）與知識管理促動要素（Knowledge Management Enablers），彼此間相互連接且密切關聯（如圖 ❶ 所示）。其中，推動知識管理的促動要素包含策略與領導（Strategic & Leadership）、組織文化（Culture）、資訊科技（Technology）與衡量指標（Measurement），分別說明如下（黃廷合、吳思達，2004：62-64；朱斌妤等，2011：5-7）：

（一）策略與領導

在策略與領導上，包含知識管理應該成為組織主要的策略；組織應該認為知識管理與改善組織績效之間具有必要的關聯性；組織應瞭解知識管理的推動能為組織帶來實質的利潤效益，甚至可以發展出知識型產品作為銷售之用；組織應該鼓勵創造或維持組織核心競爭優勢；以及組織要能根據員工在知識管理推動過程中的貢獻，作爲任用、績效評估的標準依據。

（二）組織文化

在組織文化上，包含組織應該積極鼓勵知識的分享；組織應該具有開放、信任的氛圍，適合組織員工間互相討論與分享；組織應該有充滿彈性與創新的文化；以及組織成員應該將自我成長與學習視爲要務。

（三）資訊科技

在資訊科技上，包含所有組織員工可以透過資訊科技與其他員工，甚至與外部人員建立聯繫；組織應該透過資訊科技使所有員工能夠彼此相互學習與分享；組織的資訊科技在設計上應該以人爲中心；同時藉由資訊科技的運用，使得員工間的經驗傳承更爲快速，並提供即時、整合或聰明的介面與知識管理平台。

（四）衡量指標

在衡量指標上，包含組織要發展出知識管理與財務結果間的衡量方式；組織應該發展與使用具體衡量指標來管理知識；組織所發展出的衡量指標要兼顧軟、硬體的評估，也需要具有財務性與非財務性的指標；以及組織應將資源應用在知識管理上，並瞭解知識管理與組織短、中長期的財務績效有所關聯。

守護人民安全 潮州分局邀「緝毒雙雄」分享查緝經驗[1]

服務於屏東潮州分局光華所的警員吳大成，94年特考班結業後，因本身具備高大的身材及優異的體能，隨即參加警政署特殊任務警力培訓，訓練合格後分發至桃園市政府警察局保安警察大隊，在北部累積了相當豐富的緝毒及肅槍等刑事經驗。民國104年請調回家鄉服務後，破獲槍械及毒品等案件不計其數，績效卓著；從106年度迄今，因破獲重大刑案，獲得107年度警察局推薦競選「警政署模範警察」之殊榮。

另一位服務於潮州分局中山路所的緝毒高手警員吳宏仁，雖個性沉默寡言，但對於偵辦案件所展現的細膩度及觀察能力，深受各級長官的肯定。民國106年10月份甫請調回潮州分局服務後，即於隔月於本轄破獲改造槍枝案，且不到半年的時間已緝獲數十名通緝犯，立下輝煌彪功；警員吳大成與吳宏仁可謂「潮警金牌緝毒雙雄」，以他們爲首所組成的治安防線，是爲潮州人民生命安全最穩固的保障。

潮州分局長楊峰明爲經驗傳承、教學相長，特利用此次季學科常年教育訓練，特別邀請「緝毒雙雄」分享查緝經驗，傳授後進緝毒技巧與執勤安全守則，並於課堂中頒發獎金，除感謝其爲了潮州轄區內治安所付出的貢獻，且能不藏私於課堂上經驗分享，實爲後進晚輩樹立良好的典範。在課堂中，楊分局長亦感謝各位同仁的辛勞，更期許能與各位同仁一起攜手努力，打擊不法犯罪，淨化轄內治安，成爲守護人民最堅強的後盾。

---

1 資料來源：https://tw.news.yahoo.com/%E5%AE%88%E8%AD%B7%E4%BA%BA%E6%B0%91%E5%AE%89%E5%85%A8-%E6%BD%AE%E5%B7%9E%E5%88%86%E5%B1%80%E9%82%80-%E7%B7%9D%E6%AF%92%E9%9B%99%E9%9B%84-%E5%88%86%E4%BA%AB%E6%9F%A5%E7%B7%9D%E7%B6%93%E9%A9%97-164846075.html；檢閱日期：2018/5/4。

第三節　學習型組織的基本概念

一、學習型組織的發展背景

隨著全球經濟、社會環境的變遷，以及知識時代的來臨，傳統的組織面臨著各種缺失，諸如被動而不夠積極、僵化而缺少彈性、遲滯而無法進步等，長久必會導致無法適應快速變遷的環境而終將被淘汰。在此背景之下，形塑「學習型組織」或許提供了傳統官僚組織一個重生的契機。論者認爲，將學習型組織的精神注入公部門，且透過不斷學習、回饋與轉化，將可使組織改變其既有的觀念與行爲，帶動組織的成長和革新，使其得以因應變革、符合時代所需（張秀娟，2008：13）。

學習型組織理論之所以受到矚目，乃是自彼得．聖吉（Peter Senge）在其所著《第五項修練：學習型組織的藝術與實務》（*The Fifth Discipline－The Art and Practice of the Learning Organization*）一書中大力提倡所致（廖居治，2004：51）。自此之後，學習型組織的理念不僅在企業界引起極大的迴響，甚至一些非營利機構也發現了其價值，企圖將它運用於實務上，而各國也開始試圖將傳統層級節制的官僚組織，轉型爲持續不斷精進的學習型政府（張崇山，2000：51）。

二、學習型組織之意涵與構成要素

從學習型組織開始受重視的年代迄今，究竟何謂學習型組織，尚無明確的定論。而根據 Calvert（1994）等人的研究結果亦指出，目前學者們多憑自己的情境與體會來詮釋學習型組織，或謂以衆說紛紜、瞎子摸象的方式來探索學習型組織的實相，實無法瞭解學習型組織的全貌。因此，若欲正確地爲學習型組織下一明確的界定，實非易事（孫本初，2008：506-507）。基於此，本章僅整理國內外學者對學習型組織所提出的看法以供參考。

學習型組織的提倡者彼得．聖吉將學習型組織界定爲一種「組織成員持續擴展能量以創造眞正期盼的結果，並能夠培養嶄新而開闊的思考模式，釋放集體心靈力量，以及不斷學習如何共同學習的組織」。而 Galer 和 Kess（1992）認爲學習型組織是能促使成員學習、並運用其學習成果的組織，並藉此增進知識，且深層地認識自己與周遭環境的組織（轉引自謝琇玲，2006：3）。Karen 等人（1993: 8-9）則指出學習型組織爲一持續學習與轉化的組織，其發生在個人、工作團隊、組織乃至由組織互助組成之社團中；學習是種持續性、策略性運用的過程，並與工作結合，學習的結果將導致知識、信念、行爲的改變，並強化組織成長與創新能力。學習型組織有其契合系統（embedded systems）得以獲取及分享學習（轉引自朱楠賢，1996：61-62）。Garvin（1993）則認爲學習型組織是一個精通於知識的創造、獲得、並轉移的組織，並且其行爲會受到新的知識與想法而產生改變（轉引自朱芳葶，2003：8）。故就此定義觀之，學習的作用旨在產生新的理念，而知識的創造可能來自於個人內在的洞察力及創造力，亦可能來自於組織外的刺激所造成，甚至是由組織內成員間的溝通所形塑而成。無論知識或理念的來源爲何，總是成爲促進組織改革的主要原動力（孫本初，2010：413）。

總結上述諸位學者對學習型組織所持的定義，約可以整理學習型組織的構成要素如下（魏惠娟，2010：2）：

（一）學習型組織的核心概念爲改變。

（二）學習型組織的學習首重知行合一。換言之，不只是要創造知識、獲取知識，更要轉化知識而產生改變，也就是說組織成員學習的結果，必須變成組織的行爲。

（三）學習型組織講求持續的學習、轉化與改變，是一發展與演進的過程，並不是最終結束的一種狀態。

也因之，改變、轉化與持續進行，可以說是學習型組織的核心要素。雖然有關學習型組織目前尚未有一致的說法，但可以肯定的是，學習型組織意謂著一種不斷學習與轉化的組織，其學習的起始點在成員個人、工作團隊、整體組織及其他組織交互作用的社群中，為一種持續的過程，而學習的結果將導致知識、信念及行為的改變，並且可以強化組織創新與成長的能力（孫本初，2010：415）。

實務櫥窗

提升海關專業知能 高雄關舉辦驗估經驗交流研討會[2]

財政部關務署高雄關5月30日舉辦107年第1次驗估經驗交流研討會活動，以全面提升海關的專業知能。關務署高雄關107年第1次驗估經驗交流研討會活動，由關務署通關業務組組長葉松茂與高雄關主任秘書張仕金共同主持，關務署所屬各關均派員參加，共同切磋學習，藉以提升專業能力，增進通關效率，以提供商民優質服務。

關務署為積極培育及提升關員專業程度，落實經驗傳承，以利業務推動，由高雄關舉辦此一驗估經驗交流研討會活動。在會中，由基隆關課員許家榮主講一次性血液透析器、臺北關辦事員蔡婉甄及課員于志安，分別主講緝獲模具夾藏安非他命案例及查獲門軸鉸鍊（door hinges）匿藏疑似

2 資料來源：https://tw.news.yahoo.com/%E6%8F%90%E5%8D%87%E6%B5%B7%E9%97%9C%E5%B0%88%E6%A5%AD%E7%9F%A5%E8%83%BD-%E9%AB%98%E9%9B%84%E9%97%9C%E8%88%89%E8%BE%A6%E9%A9%97%E4%BC%B0%E7%B6%93%E9%A9%97%E4%BA%A4%E6%B5%81%E7%A0%94%E8%A8%8E%E6%9C%83-104043590.html；檢閱日期：2018/5/30。

海洛因案件、臺中關專員陳泰晏主講進口雜貨櫃查獲愷他命案例，以及高雄關股長蔡昌宇主講穿山甲走私及管制冷媒查驗案例分享，並對相關法令規定與實務，均加以深入分析，讓與會驗估關員受益良多。

第四節　學習型組織的特點及第五項修練

一、學習型組織的特點

根據上述的介紹得知，可以約略瞭解學習型組織能使組織和團隊在未來能夠永續生存和經營，對於現今的政府機關及各行各業不啻是一劑強心針。若從學習型組織的概念及組織學習的理論來整理，則可以歸結出學習型組織的特點如下（魏惠娟，1998：146-147）：

（一）重視改進。

（二）不斷的實驗而非尋找最後的答案。

（三）尋找並思考設計行動的新方案，而不是防衛的傳統做法。

（四）組織成員寧有爭論也不會保持沉默。

（五）鼓勵懷疑並發現組織行爲或運作中的矛盾，而不是去除或掩蓋它。

（六）視策略性的改變爲學習的必經之路。

因此，學習型組織的建立始於組織成員的內心，組織內的每一個人都必須重新檢驗他們看世界的方法，即從關注外在的情況轉而檢視妨礙組織進步的系統及內在結構。其次，要建立學習型組織，必須先學會持系統觀點來看待組織結構，並且持續運用系統思考的工具，以創造一個健康的組織；而在這樣的群體當中，成員們才可以自由地探尋新的工作與思考方法。最後，爲了建立學習型組織，還必須停止或放棄想要尋找一個最好的「萬靈丹」的念頭，反而要注重長期的結構改變，以創造更持久的成果，如此的改變可能是困難的、痛苦的，但卻是值得的。

此外，學習型組織的興起原因之一在於改善傳統官僚組織的弊病，因此，若歸納學習型組織與傳統官僚組織差異之特質，約有下列六項（朱楠賢，2000：8）：

（一）領導者的用心經營。

（二）組織成員被高度授能以完成任務。

（三）策略係以由下而上或由外而內的方式產生。

（四）組織文化中充滿合作、融合的團體意識。

（五）溝通管道暢通，各項資訊得以充分分享。

（六）組織結構彈性，內部非必然按照職能分工。

二、學習型組織的第五項修練

學習型組織的關鍵在於觀念的改變與持續的進行，至於如何邁向學習型組織，彼得·聖吉提供了強調自我超越、改善心智模式、建立共同願景、強調團隊學習與進行系統思考等五項基本修練的途徑，茲將其內涵分別說明如下（郭進隆譯，1994：219-351；張潤書，2009：331-336；廖居至，2004：51-52；林鍾沂，2005：508-512；嚴仁鴻、張雅櫻、劉淑如，2005：122-123；孫本初，2010：410-412）：

（一）自我超越（personal mastery）

彼得·聖吉一再強調組織唯有透過個人學習，組織才能學習；雖然個人學習並不保證整個組織也在學習，但是沒有個人學習，組織學習也無從開始。因此，自我超越的修練即是從組織中的個人開始，強調組織中的每一個成員都要有積極的心態、追求突破和邁向卓越的想法，不以當前的績效爲足，能夠全心投入、持續創造和超越，並從不斷自我超越的過程中，除了提升個人的績效之外，也要增進組織績效，使組織能夠永續成長。

（二）改善心智模式（improving mental models）

「心智模式」是根深柢固於心中的各種假設、成見，甚至是印象、圖象等，決定對世界的看法，成爲一種長期深植於內心的信念假設。而改善心智模式修練，主要是用來矯正傳統層級節制的管理方式對組織內人際互動關係的扭曲、對溝通所形成的障礙、對決策過程的誤導、以及對人員創意生機的扼殺。彼得·聖吉認爲在過去層級節制、命令服從的長官部屬關係下，主管習以權威的方式一意孤行，其所見既有限又不願意察納雅言，故決策品質更形拙劣；相對的，部屬則噤若寒蟬、曲意逢迎，既無從發揮佐輔的功能，更使組織成爲一言堂。因此，組織應學習如何去除傳統組織中僵化保守的思考模式，並跳脫傳統的窠臼，避免個人的偏執及流於主觀的心態所可能造成的偏見，因爲此種偏見或定見容易阻礙我們對事情眞相的探索，也會妨礙我們做出明智的抉擇。所以，心智模式的改善可以說是心靈改革或思考型態的解放，而反思與探索爲其兩項重要技巧。

（三）建立共同願景（building shared vision）

建立共同願景主張藉由組織全體成員的共同參與，訂定個人的目標與組織的目標，並且使得個人目標與組織目標能夠融合，在完成個人目標的同時，也能增進組織目標的達成。建立共同願景強調讓每一位組織成員都能共同策定，使成員個人的價值觀及其對於組織的關切與期望有表達的機會。透過此一過程，組織成員彼此亦能凝聚情感、增進向心力，並建立共同價值觀，有助於組織的運作；例如科工館爲了因應社會需求的改變，其共同願景在於追求「價值創新」，創造「另類選擇」，積極思考建立起全新類型的產品或服務。

（四）團隊學習（team building）

由於以往傳統組織皆較強調個人的學習、進修和成長，而忽視團體的進展。因此，團隊學習即是要整合組織的整體力量，透過團體成員共同與相互的學習，培養成員之間進行「對話」（dialogue）和「討論」的能耐，使全體成員均進入學習狀態，一同思考交流，讓組織的每位成員能共同成長，並將共同願景成為個人願景的延伸，一同往組織的目標邁進。

（五）系統思考（systems thinking）

系統思考是學習型組織最重要的精髓，也是所有修練的運用基礎。此項修練提供一種新的方法來重新建構我們的思考方式，強調組織必須從問題的整體層面加以深入思考，以宏觀的立場來省視問題，避免所謂「頭痛醫頭、腳痛醫腳」的弊病。如此，便可認清整個變化型態，以及確認問題背後真正的原因，進而能夠有效的掌握變化，也能夠解釋複雜的情境，讓我們看見小而效果集中的高槓桿點，產生以小搏大的力量。

第五節　政府機關推動知識管理和學習型組織的困境

一、政府機關推動知識管理的困境

目前臺灣在推動知識管理之政府機關為數眾多，然而許多機關不僅難謂知識管理，且可說已到浮濫之地步。以我國為例，近年來政府機關引進知識管理的需求越來越強烈，政府也提出「知識經濟方案」以資因應，但知識管理在政府機關的應用仍屬有限，所發揮的成效不如私部門。若探究其原因發現，知識管理在公部門的運用，普遍存在傳統官僚體制下的錯誤迷思，導致政府機關在推動知識管理時可能面臨下列幾項困境（陳悅宜，2002：84-86；鄭錫楷，2004：35-36；胡龍騰，2007：59；丘昌泰，2010：371-373）：

（一）公部門知識過於繁雜，難以有系統的蒐集、整理與分享

公部門知識內容類型廣泛且過於繁複，解決問題的知識既多且雜，各部門知識型態各異，知識的交換與分享，難免牽涉機密問題。再加上知識管理涉及龐大的維護人力與經費，若無充裕的經費與素質較高的管理人才，難以因應繁雜的公共知識。

（二）機關首長欠缺知識管理的認知，未必支持該項活動

由於機關首長對於知識管理的實質內容與重要性之認識不足，導致推動知識管理的單位遲未建立，知識管理系統無法有效建置，進而影響組織成員對於知識的充分取得與使用。因此，知識管理要能有效推動，機關首長或許可不用直接參與，但至少在態度上必須是認同，可透過口頭、行動或資源予以公開支持。

（三）礙於官僚文化的保守心態，導致員工不願意進行知識的分享

官僚文化向來重視階級權威與倫理順序，且公部門組織內瀰漫保守風氣，普遍呈現「少做少錯」的組織文化，以及嚴重的本位主義，導致組織在溝通與知識分享上出現困難。學者 Szulanski（1996）即明確指出，組織成員間不願意分享知識的主要原因在於：第一、懼怕知識分享後導致組織

優勢地位的喪失；第二、以往知識分享之行爲未獲得上級的肯定與回饋；第三、個人資源與時間的缺乏。由此可知，組織要誘發知識分享之行爲實屬不易。

（四）缺乏有效的知識管理制度與教育訓練

公部門具有有效的知識管理制度與教育訓練，乃是推動知識管理的首要條件。然而目前公部門易遇到的困境在於缺乏一套有效的知識管理制度，而該制度必須具備誘因，讓組織成員清楚瞭解透過此系統可提升處理公務的效率與能力；其次，必須針對個別成員進行個別的教育訓練，使其明瞭建置知識管理的確切目標與使用方法，如此方能推動知識管理的制度。

（五）目前資訊系統仍存有穩定性、安全性與方便性之多方疑慮

在資訊系統的建構上，目前仍存在穩定性、安全性與方便性等問題。其中穩定性與方便性的部分，雖然相關資訊系統建置的技術已趨於成熟，但在穩定性與方便性的部分尚有改善空間；其次，受網路駭客與電腦病毒入侵之因素的影響下，導致使用著對於系統的安全性感到存疑，進而降低使用之意願。

（六）對知識管理概念認知不足，窄化知識管理系統之意義

目前公部門將機關網站視爲知識管理系統，此爲錯誤之認知必須做一澄清。因爲網站的建立僅是知識管理系統的具體表現之一，也僅是該概念的一部分，知識管理所重視的是知識管理制度的建立，以及追求知識的組織文化，最終目標在於建構知識型的政府組織。

（七）過度重視外顯知識[3]的建構與運作

目前公部門組織所建構的知識管理系統，重心置於外顯知識的建立與運作，包括法規章程、申辦表格、上級政策、施政計畫、活動通知等外顯知識為主，卻忽視內隱知識[4]的傳承與分享部分。

二、政府機關形塑學習型組織之困境

根據彼得・聖吉的說法，政府機關若要建構學習型組織，須先克服下列幾項組織自身的障礙：

（一）本位主義的思考方式（I am my position）

長期以來，政府部門受到組織專業分工的影響，存在各自為政、本位主義的問題，組織成員只關注自己的工作內容，形成侷限一隅的思考模式，對於組織內所有職務互動所產生的結果不假思索，也無責任感。

（二）歸罪於外的態度（the enemy is out there）

由於組織成員慣以片段思考推斷整體，當任務無法達成時，常歸咎於外在原因所造成，而不會先檢討自己。

（三）負起責任的幻想（the illusion of taking charge）

組織的領導者常認為自己能洞察先機，也應對危險提出解決方案以示

3 外顯知識是具體客觀存在於文件或電腦中的知識，此類知識是有規則、有系統可循的，可以透過形式化、制度化以及語言明確傳達，也能藉由具體資料、科學公式、標準化的程序或普遍性的原則來溝通與分享。

4 內隱知識多存在於個人身上，其深植於個人的理想、價值和情感上，也蘊藏於個人的行動與經驗中，屬於主觀性且難以藉由具體形式向外傳遞的知識，必須藉由人際間的互動，才能成為組織共同的知識。

負責，而忽略與其他組織成員共同思考解決問題。這種果斷的做法，因缺乏整體思考而無法解決複雜的問題。

（四）專注於個別事件（the fixation on events）

當組織產生問題時，大家通常只專注於事件或問題本身，而忽略事件或問題其實是經由緩慢、漸進的過程形成，只能以預測的方式提出解決方案，卻無法學會如何以更有創意的方式來解決問題。

（五）煮蛙的譬喻[5]（the parable of the boiled frog）

意指組織成員應保持高度的覺察能力，並且重視造成組織危險的那些緩慢形成的關鍵因素，避免形成慢性自殺的態勢。

（六）從經驗中學習的錯覺（the delusion of learning from experience）

當行動結果超出此學習範圍時，就不可能從經驗中學習。組織中的許多重要決定的結果，往往延續許多年或十年後才會出現，因此，組織成員難以單純從工作經驗中學習。

（七）管理團隊的迷思（the myth of team management）

組織團隊係由不同的部門即具有專業經驗能力的成員所組成，平時可發揮良好的功能，但有時為了維持團結的表象，團體成員會抨擊不同意見的成員，久而久之，團隊成員即壓抑自身的意見、容易喪失學習的能力。

5 原意指若將青蛙放在鍋子裡面並用滾燙的熱水煮，青蛙會因為太燙而馬上跳出來；但如果一開始讓青蛙在冷水鍋內，用小火慢慢加熱，青蛙反而對水溫漸漸上升無感，不會立刻跳出來。其引申意指組織之所以失敗，肇因於不知適應漸進的改變。

三、政府機關建構學習型組織之策略

學習型組織爲新興的管理思潮，領導者如何運用轉型領導的優勢以破除政府部門的沉重窠臼，形塑政府部門的學習型文化，導引政府部門邁向學習型組織，有下列幾項做法（張秀娟，2008：19-20）：

（一）突破公部門結構僵化困境，建立授權賦能的機制

經由對權力行使觀念的改變，採用授權賦能，活化組織運作模式。所謂「授權賦能」，除了權力的授與，更有「創新、激勵」的意涵，讓部屬有更多參與、學習的機會。具體做法可以採取適度修正分層負責權限，設定策略主要方向，執行細節則可交辦處理。其次可建立專業型團隊或小組，經由特定任務的指派，以集體合作、學習的機會，提升工作績效。

（二）建構決策公開共享歷程，形塑公部門共同願景

共同願景應是組織成員共同匯集而成，非由領導者個人主觀價值而建構，強加於組織成員之上。共同願景應該是具體可行、可落實的、有重點的、有彈性及可溝通的，由於公部門決策模式常流於威權導向，權力過度集中，決策形成偏向於少數人，讓人不免有封閉的不當聯想。轉型領導者提出具有吸引性的願景，爲助長同仁對願景的認同，應統整組織多元歧異的意見，使得組織成員看法趨於一致性，經由對話、溝通、分享的過程，以獲致彼此的共識。具體做法可以利用員工座談會、聯誼會等場合，建立溝通平台，進行相互意見的交流。

（三）重視部屬的個別性關懷，加強對組織的認同感與忠誠感

組織目標的達成和個人需求的滿足應該同時並重，人際關係的妥善運用是轉型領導重要的一環。在領導過程中表達充分且適切的關懷，呈現對

部屬的尊重，盡量滿足部屬的要求，不僅可以激勵工作士氣，亦可培養「團隊情感」，有助於領導效能的增進。

（四）啟發部屬的智性發展，激發創新求變的思維

人力資源的潛能無限，領導者應該提供部屬自由開放的空間，鼓勵他們能夠破除舊思考模式的框限，嘗試由不同角度，用不同的思維，以創新的方式做事。領導者本身必須具有創新的思維，勇於嘗試冒險的精神，容忍成員的多元性及因變革帶來短暫的不穩定性。此外，提供例如設備、工具以及時間等，針對創新做法建立實質的獎勵機制，都是可行的方案。

（五）強化領導魅力的培養與運用，建立適切的楷模

領導者魅力來源並非僅是權力或職位，而是領導者本身擁有的影響力，領導者本身必須以身作則，言行一致，注意情緒管理，獲取部屬的信任和尊敬，才足以引領組織全面的變革和持續成長。

（六）鼓勵組織學習，帶動組織循環成長

在知識經濟時代，領導者有必要支持部屬終身學習的理念。領導者應該對部屬有包容力，尊重部屬的專業能力，以及協助其發展新的才能，藉此反省存在的價值觀及信仰，達成自我實現的理想，展現超越自我和自我領導的能力。例如可以建立知識分享的體系，如利用電子資訊加強知識庫的建置和分享，設立讀書會進行學習或工作心得觀摩交流，提供部屬專業成長的訓練機會等。

公管小檔案

學習型組織的形成——臺北市政府捷運工程局中區工程處推動「共好理念」[6]

臺北市政府捷運工程局中區工程處（以下簡稱中工處）曾於2002年榮獲臺北市政府第一屆「市政品質標竿獎」。然中工處所處之環境仍潛伏不少危機，如捷運施工過程中遭受重大災變之衝擊、民眾於監造過程中長期抗爭用地問題等外部壓力，以及因人力緊縮使員工工作量增加、退休方案造成人才流失與升遷管道凍結等內部壓力。再加上管理階層的人事更迭，若干資深主管調離，新任主管經驗尚且生疏，需一段時間始得熟悉單位管理業務。故當時接任中工處處長的鄭國雄希望能協助新任年輕主管一改過去團隊仰賴個人領導魅力的迷思，使整體組織運行具有更多的團隊動能，因緣際會下，於一次參與圓桌教育基金會舉辦的課程後，意外獲知花旗銀行推動「共好理念」的經驗，而在活用「共好理念」下建立共好團隊，若能活用，則其更爲促使組織和諧發揮綜效之良方。

是以，爲預防組織發展的潛伏危機，並形塑團隊動能，中工處管理階層試圖引入「共好」理念，並在透過SWOT分析檢討如何強化優勢、控管劣勢、掌握機會與降低威脅後，於該處內部逐漸醞釀出推動共好團隊發展場域，期能藉由推動共好團隊，促使該機構發展成學習型組織。

中工處在推動共好團隊初期，首先採購《共好》一書分送中工處各單位閱讀，人事室並安排同仁於讀書會中探討並瞭解共好精神，同時透過各種管道推動共好理念、形塑共好團隊：

1. 處務會議共好分享：透過每月例行之處務會議使各主管學習如何主持活動、分享彼此不同的價值觀。

6 資料來源：黃荻昌，〈「共好團隊」理念與計畫管理之協同躍昇——新典範、典範領導、組織學習精進與運行軌跡〉，http://www.webdo.cc/tsol/portal_c1_cnt_page.php?owner_num=c1_399020&button_num=c1&folder_id=50153&cnt_id=375752；檢閱日期：2018/5/25；以及鄭國雄、黃荻昌、吳政育（2012）論文。

2. 舉辦團隊合作體驗營隊訓練：透過一整天的協同作業及挑戰自我，讓所有參與之主管更瞭解團隊的價值
3. 設計溫馨關懷列車活動：安排處長及副處長至各工務所與基層同仁定期座談，並邀請支援外單位同仁返處座談，除宣導共好團隊之理念聽取各基層同仁之心聲與看法外，也增進了雙方之共識。
4. 辦理各項共好活動：透過辦理中工處同仁趣味競賽凝聚全體同仁的向心力，期望能在大家對共好精神有初步體認並凝聚內部共識後，進一步將共好團隊精神運用至工作層面。
5. 及時獎勵與鼓勵：透過慶生、贈與彌月禮以及在處務會議、處慶與年終尾牙頒發各項獎狀予工作具特殊表現同仁，以達及時獎勵與鼓勵之功效。

中工處依循「共好」精神與流程，實踐及履及共好三要素（松鼠的精神、海狸的方式、野雁的天賦），創造了一嘗試性的範例。

若對照彼得·聖吉提出之團隊學習四進程架構，推動共好團隊標竿分享與自主管理的中工處，實具學習型組織雛型。

歷屆考題

1. 組織學習可區分為三個層面，不包括下列何者？（106年特種考試四等考試試題）　(D)
   (A)個人層面
   (B)團體層面
   (C)組織層面
   (D)家庭層面
2. 比較而言，下列何者是學習型組織最核心的概念？（106年特種考試四等考試試題）　(D)
   (A)效率
   (B)公平
   (C)分工
   (D)改變
3. 根據聖吉（P. Senge）的說法，單位主管反思過往一言堂方式，接納異議，是屬於下列學習型組織的那一項修練？（106年公務人員普通考試試題）　(B)
   (A)自我超越
   (B)改善心智模式
   (C)團隊學習
   (D)系統思維
4. 有關組織學習，下列敘述何者錯誤？（105年身心障礙人員考試四等考試試題）　(C)
   (A)組織學習來自於組織經驗的累積
   (B)團體（或團隊）學習影響整個組織很深
   (C)個人學習一定可以達成學習型組織目標
   (D)組織學習的過程受到組織設計的影響

5. 學者提出知識創造 SECI（社會化－外部化－合併化－內部化）模式，上述模式那一個過程能將默會（tacit）知識傳播並轉化？（105 年原住民族特考四等考試試題）　(B)
(A)社會化
(B)外部化
(C)合併化
(D)內部化

6. 根據安德森（A. Anderson）知識管理公司的說法，在知識管理的過程中，必須重視四項重要元素，下列何者不在其中？（105 年特種考試地方政府公務人員考試試題）　(A)
(A)資產
(B)人員
(C)資訊科技
(D)資訊

7. 下列那一項較不屬於組織推動知識管理的推動要素？（105 年特種考試地方政府公務人員考試試題）　(B)
(A)知識導向的策略與領導
(B)鼓勵個人主義的組織文化
(C)協助知識與資訊傳遞的資訊科技
(D)衡量知識管理與組織績效關聯程度的指標

8. 下列何者為學習型組織管理方式的特徵？（104 年身心障礙人員考試四等考試試題）　(C)
(A)採集權式決策
(B)採行科層體制
(C)採行風險承擔及實驗模式
(D)追求科學管理的唯一最佳法則

9. 在「第五項修練」一書中呼籲讀者，對於組織所面對的惡劣情境要運用「見樹又見林的藝術」與「以簡馭繁的智慧」，這是指何種方法的重要性？（104年四等退除役軍人轉任考試試題）　(A)
(A)系統思考
(B)共同願景
(C)團隊學習
(D)心智模式

10. 下列何者屬於知識管理的基石？（104年公務人員普通考試試題）　(D)
(A)績效考核
(B)行政課責
(C)員額精簡
(D)組織學習

11. 依據 Tom Beckman 等人之見解，一種形諸於文字，常存於文件或電腦中，使員工容易接近、取得及分享之知識型態，稱為：（103年身心障礙人員考試四等考試試題）　(D)
(A)思辯性的知識
(B)內隱的知識
(C)默會的知識
(D)外顯的知識

12. 知識管理的構成要素為何？①知識 ②競爭 ③分享 ④人員 ⑤權威 ⑥科技（103年公務人員普通考試試題）　(A)
(A)①③④⑥
(B)①②④⑤
(C)①③④⑤
(D)①②③⑥

參考文獻

王頌平，2006，〈政府部門建立知識管理實務之探討〉，《研習論壇精選》，1：357-370。

丘昌泰，2010，《公共管理》，台北：智勝。

朱芳葶，2003，〈政府部門建立競爭優勢——學習型組織策略之理論初探〉，《人事月刊》，36（6）：8-11。

朱斌妤、吳岱儒、陳少娟，2011，〈政府部門知識管理的管理與績效模式〉，《空大行政學報》，21：1-34。

朱楠賢，1996，〈形塑公共組織爲學習型組織之初探〉，《人事月刊》，23（2）：60-68。

朱楠賢，2000，〈形塑行政機關爲學習型組織之困境與對策〉，《人事月刊》，30（1）：6-25。

吳英志，2011，〈知識管理推行實務〉，《品質月刊》，47（8）：7-10。

吳瓊恩、李允傑、陳銘薰編著，2005，《公共管理》，台北：智勝。

林海清，2002，〈知識管理與教育行政改革〉，《現代教育論壇》，7：133-141。

林鍾沂，2005，《行政學》，台北：三民。

胡龍騰，2007，〈政府部門接班人計畫：知識接續觀點之注入〉，《公共行政學報》，25：95-117。

孫本初編著，2010，《公共管理（第五版）》，台北：智勝。

張秀娟，2008，〈由轉型領導探析公部門發展學習型組織的領導策略〉，《人事月刊》，46（1）：11-23。

張秋元，2009，〈光世代知識升級，啓動服務量能——以新竹縣政府人事處爲例〉，《人事月刊》，48（5）：43-50。

張崇山，2000，〈學習型組織對博物館之啓示與應用〉，《科技博物》，4（5）：50-58。

張潤書，2009，《行政學（修訂第四版）》，台北：三民。

許明德，2007，〈知識管理〉，《科學發展》，419：62-67。

郭進隆譯，1994，《第五項修練：學習型組織的藝術與實務》，台北：天下文化。譯自 Peter Senge. *The Fifth Discipline: The Art and Practice of the Learning Organization*. New York: Doubleday Business. 1994.

陳弘、黃炯博，2009，〈經濟部水利署水利規劃試驗所：知識管理推動經驗〉，《水利》，19：242-248。

陳悅宜，2002，〈知識管理在公部門運用的迷思與突破〉，《研考雙月刊》，26（4）：77-88。

黃廷合、吳思達，2004，《知識管理：理論與實務》，台北：全華。

黃東益，2004，〈全球治理下政府知識管理的新面向：府際政策學習〉，《國家政策季刊》，3（1）：135-153。

黃荻昌，〈「共好團隊」理念與計畫管理之協同躍昇——新典範、典範領導、組織學習精進與運行軌跡〉，http://www.webdo.cc/tsol/portal_c1_cnt_page.php?owner_num=c1_399020&button_num=c1&folder_id=50153&cnt_id=375752，檢閱日期：2018/5/25。

廖居治，2004，〈學習型組織對於政府人力資源管理部門的啓示〉，《人事月刊》，39（1）：51-55。

鄭國雄、黃荻昌、吳政育，2012，〈一段共好團隊在地故事的回觀與映鏡——組織永續國家標準〉，《捷運技術半年刊》，46：1-22。

鄭錫鍇，2004，〈知識型政府的內涵及使命〉，《國家政策季刊》，3（1）：21-48。

謝琇玲，2006，〈大學校院建立學習型組織的影響因素之研究〉，《教育研究學報》，40（1）：1-21。

魏惠娟，1998，〈邁向學習型組織的教育行政領導〉，《教育政策論壇》，1（1）：135-172。

魏惠娟，2010，〈學習型組織取向的學習與評鑑：三個案例的經驗分析〉，《T & D 飛訊》，90：1-26。

嚴仁鴻、張雅櫻、劉淑如，2005，〈學習型組織理論於社區總體營造之應用研究〉，《吳鳳學報》，13：121-142。

8

危機管理

學習目標

- ▶瞭解危機的定義、特性與發展階段。
- ▶說明危機管理的定義與目的。
- ▶掌握危機管理的建置與運作過程。
- ▶檢討政府部門進行危機管理的困境與應有作為。

俗諺云：「天有不測風雲，人有旦夕禍福。」當組織面對變動性高而可預測性低的動盪環境時，任何意外、偶發的事件皆可能對組織造成莫大影響。因此，危機管理機制的建立乃是現代國家捍衛自身安全的重要屏障。二次世界大戰後，美國政府視「危機管理」為重要的研究課題。1974年，杜魯門（Harry S. Truman）總統更在國家安全會議下成立一個危機小組，希望在急迫又影響國家存亡的重大事件上，能採取立即而又適宜的行動方案，如柏林危機、越戰危機、伊朗人質危機。冷戰期間又將此一處理對外事務的危機機制，同樣運用在國內危機的處理上。因此，1960年代危機管理被國際關係領域視為是一專門學科，直到1970年代，石油危機的爆發給予各國經濟沈重的打擊，危機管理才成為公共政策甚至是經濟管理領域重要的研究課題（鍾從定，2003：100；劉兆隆，2012：22-23）。

邁入21世紀，地球暖化問題日趨嚴重，各地自然災害不斷，加上恐怖主義盛行與原油等重要資源日漸稀少之故，許多國家都意識到在面對越來越多無法預見或潛在的風險時，已難以僅靠單一個人或單一機構即能因應。若缺乏積極且完備的危機管理制度，將會嚴重影響甚至傷害到國家與國民。近年來，國際間重大危機事件頻傳，如2001年美國的911事件、2006年的南亞大海嘯、2011年日本311大地震等。對政府機關而言，不論是天然災害，如水災、旱災、颱風、地震、海嘯等，或是公共衛生問題，如登革熱疫情、禽流感病毒、非典型肺炎（SARS）、塑化劑等，甚或公共事務中所出現的各種突發事件，如捷運意外、雪隧火燒車等，均會對民眾生命、財產安全和社會秩序造成嚴重的影響，甚至降低民眾對政府的信任。由於公共管理者往往需要在最短的時間內控制風險，降低不確定感，本身是否有足夠的能力與資訊以即時處理問題，並做出完整的決策，則攸關危機處理的成效。

基於上述，本章首先介紹危機的定義、類型與發展階段；其次整理危機管理的定義、目的與政策階段等相關意涵；接著闡述危機管理的建置與運作過程；最後則探討公部門進行危機管理時所可能面臨的課題與應有之作為。

第一節　危機的基本概念

一、危機的定義

「危機」（crsis）一詞來自於希臘文「Knsis」，意指判斷、選擇或決策；而韋氏字典（Webster's definition）將危機解釋成「決定性的一刻」和「關鍵的一刻」，是「生死存亡的關頭」以及「事件轉機與惡化的關頭」（turning point of better or worse）。但該字在不同研究中可能有不同的用法。最常被使用的危機概念，通常指一種緊急事件或緊急狀況的出現，其可能造成民眾嚴重的傷亡、危害企業的營運、破壞環境以及擾亂社會秩序（鍾從定，2003：100；鄭美華，2003：197；吳秀光，2007：20）。

若整理國內學者對於「危機」的定義發現，並沒有太大的差別。丘昌泰（2010：329）認爲，「危機是指對於組織、人員與社會造成生命或財產、生理或心理威脅與損害的特殊緊急情況」；孫本初（2010：310）則指出，「危機是指組織因內、外環境因素所引起的一種對組織生存具有立即且嚴重威脅的情境或事件」；至於詹中原（2004：10）認爲「危機具有威脅國家利益及基本的政策目標、時間壓力、做決定的急迫性以及具有高度戰爭風險四點特質」；朱愛群（2003：31）則認爲危機擁有驚異性、威脅到組織重大價值損失、具有時間壓力和迫使決策者必須做出決策四項內涵。

綜上所述得知，危機乃是一種會對組織及其成員造成嚴重的威脅與損失的特殊情況，具有時間壓力、做決定急迫性與高度風險性，故不得不予以重視。

二、危機的特性

若整理相關研究發現，有關危機特性的論述雖未統一，但主要可以整理歸納如下（吳定，2000：250-251；于鳳娟譯，2001：7-10；鍾從定，2003：101；陳德昇，2004：75；吳秀光，2007：22；孫本初，2010：310）：

（一）階段性

危機可以分成潛伏期、爆發期、處理與善後四階段，必須辨識危機的產生與存在，才能快速而有效回應。

（二）不確定性

現代科技雖可對颱風、暴雨、乾旱等氣象災害發出預警，但對受災之時地及規模，仍無法準確地預測。人爲災害也因具有偶發性質，社會大眾不僅對天然或人爲災害事件的發生，缺乏精準預測的能力，對災害的影響層面也難以預知。因此，危機發生時可能會有情況、影響和反應之不確定性。

（三）突發性

危機通常是突發的緊急事件，是不在決策者的預期之中[1]，容易令人措

1 如嬌生公司無法預知有人會在膠囊中放氰化物，而百事可樂公司也不可能事先得知飲料鋁罐中會遭人放置針筒（于鳳娟譯，2001：8）。

手不及。儘管如此，任何事情的發生都有前兆，只是容易被忽略。

（四）時間的有限性

當危機突然發生時，因無法依照平常的標準作業程序來處理，且在時間壓力和資訊不足的情況下，決策者必須立即對情境做出適當反應，往往會影響決策品質。從經驗法則得知，當事件難以被預期，則愈無法有充裕時間思索解決方法。此時，若政府無法滿足公衆或相關監督單位的要求，將使其正當性產生動搖。

（五）威脅性

危機的發生在於該情況會威脅到組織的基本價值或目標，若未能有效處理，會使組織發展受挫，甚至引起骨牌效應，讓組織面臨存亡的威脅，而其威脅的程度是依決策者對危機的認知而定。

（六）雙面效果性

「危機就是轉機」，代表危機隱含「危險」與「機會」之雙重意義，危險指危機即將產生負面效果，對組織的生存目標或價值造成威脅，會影響組織之運作，組織因無法招架致效能不彰或應調整組織結構，以符合需求。反之，危機也可能形成新的契機，組織因爲危機的考驗，管理者對組織有充分瞭解，俾妥善改進，亦可能藉助成功的處理經驗，使組織功能更加健全，大爲提振士氣。

三、危機的發展階段

危機有如疾病般，是有階段性的發展，如圖❶所示，危機的發展可區分爲四個階段，以下乃以 2011 年 5 月 23 日發生的塑化劑事件來說明之

（詹中原，2004：16-17；袁介文等，2012：10-12）：

（一）潛伏期（prodromal crisis stage）：就是警告期，又稱「事件發生前」的階段，在問題未爆發形成嚴重危機時，找出問題點加以處理，這常常成爲組織尋求「生機」的成敗關鍵。處理潛伏期的危機，不但簡易且效果最好，也能達到預防勝於治療的目的。以塑化劑事件爲例，乃是不肖廠商貪圖暴利，違法將塑化劑加入起雲劑中、稽查人力不足、塑化劑非常規之檢驗項目與源頭控管等。

（二）爆發期（acute crisis stage）：一旦進入爆發期，就是一般人所認知的危機時期，既然危機已經發生，這階段處理的關鍵在於盡量控制危機，避免危機發展的速度如雪崩般快速且強烈。如塑化劑事件發生後，行政院立即啓動緊急應變措施、成立緊急應變小組，並加強對媒體及民衆之溝通。

（三）後遺症期（chronic crisis stage）：危機爆發後所隨之而來的是許多後遺症的產生，這就是所謂後遺症時期。這段時期也是恢復、善後、療傷止痛的時期，此時政府部門應分析危機發生的問題點，有些危機並非突發性，而是醞釀許久、伺機爆發出來的，所以探究危機的肇因癥結，才能採行適時的補救措施。若以上述的塑化劑事件來看，此時行政院各部會全員動員，依職掌採行相關措施，包括迅速掌握所有產品流向、蒐集所有可能涉案廠商進出貨資料、集中衛生署（食品藥物管理局）、經濟部（標準檢驗局）、環保署（環境檢驗所）檢驗單位能量，通力合作，加速檢驗，公布產品處理原則等。

（四）解決期（crisis resolution stage）：係指當利害相關人不再關切該一事件時，危機就算結束了。申言之，一旦發生危機徵兆，能立即處理「轉危爲安」，這是危機管理最高目標。但若危機已經發生，則應避免危機產生更大傷害，並盡可能的找出危機發生的原因，立即採取行動，以減少損害，並隨時注意另一場危機發生的可能性。如修正公布《食品衛生管理法》第31條及34條，加重違規行為之罰鍰、刑度及罰金，並增訂其情節重大者，得命其歇業、停業或廢止公司等相關登記規定，加強民眾教育宣導，製作相關宣傳單等。

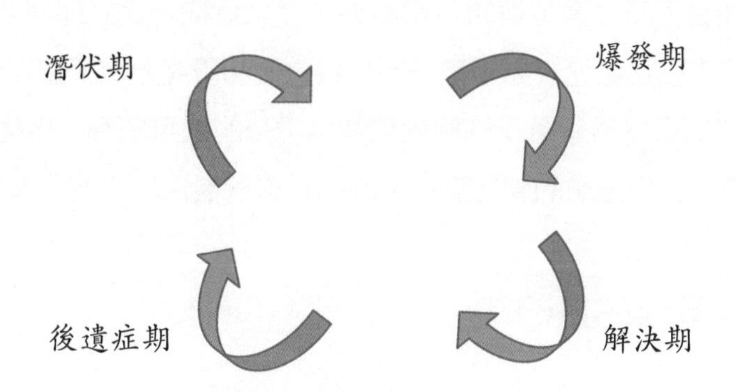

圖❶　危機的發展階段

資料來源：詹中原（2004：17）。

第二節　危機管理的意涵

一、危機管理的定義

一般而言，危機管理係在危機狀態下所實施之管理程序與方法，乃是公共組織對於自然與人為危機進行預防、準備、因應與回復的管理程序與方法（丘昌泰，2010：335）。邱毅（2001：3-26）認為，危機管理就是指組織體為降低危機情境帶來之威脅而必須進行長期規劃與不斷學習與反饋的動態調整過程。所以，從這個定義中可以得知：危機管理之目的為降低危機情境的威脅，以及危機管理是不斷學習、不斷反饋的動態調整過程。

另外，有研究指出，「危機管理」是一種有計畫的、連續的及動態的管理過程，亦即針對潛在的或當前的危機，於事前、事中、事後，有效採取因應措施，將危機帶來的傷害減至最低或使之消弭於無形。危機管理的觀念可分為：預防、應變和復原重建三部分。因此，危機管理涵蓋危機之預防，除加強平時之演習與防災策略外，發生危機時之立即回應、減輕災害損失乃至事後之儘速復原，是一門日益重要的研究領域。總而言之，「危機管理」即是組織為避免或減輕危機情境帶來的嚴重威脅，所從事的長期規劃及不斷學習與適應的動態過程，亦即針對危機情境所做的因應策略。

二、危機管理的目的

對公部門而言，為何要進行危機管理？誠如美國聯邦危機管理局（FEMA）首任局長吉弗達（Louis Giuffrida）所言，若從總體觀點來看，危機管理不應以單一災難的預防計畫為導向，行政體系應利用有限的人力資源，綜合參考行政轄區內各種可能產生的危機，制定多目標導向的危機管理政策（詹中原，2004：16）。大抵而言，危機管理的目的約可以整理如下（張潤書，2009：473；簡錫新、崔海恩、陳楊正光，2011：77）：

（一）危機訊息的偵測

危機爆發前常有持續出現的徵兆，但大部分的機關組織礙於認識能力的不足，或組織文化的限制，常有漠視及低估危機警訊的習慣。因此，危機管理的主要目的，在於增強機關組織預防及判斷危機的感應能力，組織應透過專業的偵測系統及作為，做好事前的預防工作，未雨綢繆。

（二）危機的預防及準備

為了避免危機所帶來的負面影響及損失，組織必須事前做好周全的應變計畫，以免事出突然，進退失據，造成組織喪失處理危機的先機。各項危機處理計畫應針對機關組織的業務特性，並根據以往的處理經驗以做好妥善的規劃。

（三）損害的控制與處理

危機發生後，依危機管理計畫來執行相關的損害控制與處理，以減少危機所帶來的傷害。平日也可從計畫實際操演過程中，進行有效性的檢測，從演練的過程當中發現缺失，並予以修正，增加組織對危機控管的能力。

（四）危機的復原

危機管理工作的重心在於危機的善後與復原的工作，妥善的復原工作可以使危機所造成的損害程度降到最低，而妥善的復原工作也可以增強組織內部及外部對組織的信任，並有助於鞏固組織內部的團結。

（五）不斷的學習與修正

危機管理的主要精神在於組織能夠針對危機經驗進行持續不斷的檢討學習，根據以往的工作經驗和成效評估，對未來的管理計畫充分檢討修正。

三、危機管理的政策階段

危機管理可分為以下四大階段的政策規劃與執行過程（詹中原，2004：18-19）：

（一）舒緩政策（mitigation policy）：此一階段之政策包括規劃足以減輕災難損害的各種因應措施。危機管理中的舒緩政策可分為結構性與非結構性；前者如推動興建水壩防洪計畫，後者如研擬房屋建築法規增強抗震能力。

（二）準備政策（preparedness policy）：此類型政策主要是在發展因應危機的運作能力，如設立危機運作計畫、緊急事件處理中心、危機警報系統等。

（三）回應政策（response policy）：此一階段的特色在於強調當危機已無可避免地轉換成災難時，所應採取的行動，如醫療救援系統、緊急事件處理中心運作、救災及撤離計畫、災民收容等。

（四）回復政策（recovery policy）：短程恢復政策包括重建基本民生支援系統，如將水源、電力恢復至最起碼的運轉程度。就長期恢復政策而言，如重建交通運輸系統、疾病衛生控制等。

護照出包 危機處理不及格[2]

外交部換發新護照才一天，卻被爆料內頁機場底圖誤植美國杜勒斯機場圖片。圖片誤用事小，其實不影響護照效力；但外交部從事情爆發開始，堅持圖片絕對是桃園機場，事情延燒一天才承認錯誤，決定收回新護照。不認錯，才是大事。

儘管是民眾眼尖才揪出錯誤，但只要稍加比對，到底圖片像桃園機場還是杜勒斯機場，其實一望就知。最低限度，外交部若第一時間不確定圖案正確與否，就應該先保留空間，同時間進行查證。一開始就大力否認，等到發現圖片的確出包，再把責任都往中央印製廠推，就算是真的，恐怕也沒人相信。

要說對「危機處理能力」的需求，大概沒一個部會比得上外交部。因

2 資料來源：聯合新聞網（https://udn.com/news/story/11311/2897029；檢閱日期：2018/3/27）。

爲任何一個危機，都是國之大事。外交情況瞬息萬變，外交部甚至訂有「外交危機處理要點實施規定」，要求各地域司應在每年初依據駐外館處蒐集的各國行事曆，對未來一年各國的政情發展預作先期研判，隨時注意；危機處理也是外交學院的項目之一，結果竟然在這樣一個護照照片的小事上栽跟頭，怎能讓國人對外交安心？

第三節　危機管理的建置與運作

關於危機管理的運作，國內學者如張潤書（2009：475-476）、孫本初（2010：316-320）、丘昌泰（2010：339-347）、傅篤顯（2009：47-51）等多根據危機發生的時間（發生前、發生時、發生後）來加以區隔，以作爲危機管理運作與處理的論述基礎。茲整理上述相關文獻內容，並以2015年6月27日發生的八仙塵爆爲例說明如下（黃讚松、于周峰，2017：87-88）：

一、危機爆發前的預防階段

這是指危機發生前，危險醞釀成形的階段。此階段首要工作是協助組織建立有效的預防系統，防止危機的發生，也就是掌握警訊，發現危機徵兆，防患於未然。因此，做好危機預防工作便是整個危機管理的基礎。此階段主要工作包含：

（一）危機計畫系統（crisis planning system）

危機計畫擬定的目的在於透過不斷的規劃活動，促使機關決策者對於危機相關保持高度的關切，並希望藉此增進管理者的危機處理專業知識。

（二）危機訓練系統（crisis training system）

訓練的目的在使組織成員對既有的因應策略有所瞭解及熟悉，並透過訓練使成員培養出分析的能力與知識取得的能力；並從中學習獨立判斷的能力，使其在危機下能做出創造性決策，並以彈性的行動來解決危機。

（三）危機感應系統（crisis sensing system）

組織若能針對早期的危機警訊加以察覺，並採取適當的因應措施來防止其發生，便能將危機消弭於無形，達到管理的最高境界。

（四）草擬危機管理說明書（scenario generation）

成立危機知識庫，並草擬危機計畫說明書，對危機進行沙盤推演。

若以八仙塵爆爲例，乃是在事前擬定災害防救計畫，防止緊急事件發生時，救難人員不熟悉標準作業流程，而耽誤整個救援過程。另外，強化活動安全意識，明確應變救援機構與資源，以減少災害事件發生時可能發生手忙腳亂的情形，同時可在第一時間內，通報相關單位，依照其任務、特性及可用資源，前往實施救援或後送。

二、危機爆發時的處理階段

當危機發生後，組織的因應與管理作爲會對組織帶來深切的影響。一般而言，危機爆發時的管理活動可分爲下列三項系統：

（一）設置危機指揮中心（crisis management center）

由組織內部的負責人召集各部門的專業共同組成，以承擔危機狀況的統籌決策與各項行動的總指揮責任，甚至擔負各項指派事宜及處理工作，並由「決策者及其幕僚」、「危機處理小組」、「危機處理專家」等三個單位所組成，即一般學者所稱的「危機管理小組」。此爲一個智囊團，從危機發生前之預防及準備工作的規劃、危機爆發時的緊急處理及危機解決後的重建與再學習，皆是本中心指導的工作。

（二）設立危機情境監測系統（crisis status surveillance system）

危機情境監測系統依據危機管理計畫所列之指標進行監控，並將情報向危機指揮中心回報。

（三）設定危機資源管理系統（crisis resource management system）

危機資源管理系統的作用在於支援危機處理小組，負責有關解決危機時所需資源的安置、分配及取得等。組織平時便應設立危機資源管理系統，包括資源的種類、數量、配置地點等，從而建立資源管理系統的資料庫，以供危機管理小組運用。

以八仙塵爆而言，災害發生的當下，由於傷患人數衆多，消防局勤務中心在向首長報告當前狀況後，便立即啓動災害應變機制，並於現場開設前進指揮所，隨後新北市政府各一級單位主管便進駐於指揮所，開始調查各部門所能提供的相關資源，盡可能降低傷害事件。

三、危機解除時的回復階段

妥善的復原工作可以使危機所造成的損害程度降到最低，也可以增強組織內部及外部對組織的信任，並有助於鞏固組織內部的團結。復原階段的重點在力求情勢恢復到危機發生前的階段，減少危機造成的傷害。另一方面，對於危機處理過程的缺失也應加以檢討，強化危機處理的能力與機制。在事後的檢討方面，組織內部的各部門對於類似危機處理事件應該要有完整檢討資料，而非僅屬部門層級檢討資料，應該擴大範圍就組織整體的危機處理，做一完整的檢討，藉以修正與強化危機處理機制（簡錫新、崔海恩、陳楊正光，2011：77、83）。

危機回復階段係指危機發生之後，如何進行重建與修復工作，使災區儘速回復到平常的狀態；重要的活動是替罹難者提供適切的支持與救助，以免再度遭受二度傷害。另外，在此階段需對組織的執行績效工作進行評估，將評估結果作爲對目前危機處理過程的修正參考。此階段的任務爲：

（一）成立評估調查系統以確認危機的成因

在危機結束後，組織需成立一個調查及評估小組，針對整個危機管理活動做評估及調查的工作，以供組織修正危機計畫時的參考。

（二）加速復原工作的進行

組織對其內、外部受到傷害的利害關係人，應予適當的救助與補償。就外部的利害關係者而言，組織應勇於向社會大衆說明危機發生的原因與處理情形，並聲明負起道義上的責任。就組織內部而言，危機會造成利潤下降、組織成員心靈創傷或是自我價值的錯亂，此時管理者應透過溝通來治癒組織成員心理上的創傷，或是使組織成員們瞭解危機對於組織所造成的嚴重影響，獲取成員的認同，進而加入組織復原工作。

（三）繼續推展下一波的危機管理計畫

從危機事件中學習教訓，並將此學習回饋至危機前的準備工作，以利危機管理活動的再推動。

若以八仙塵爆事件來看，由於該事件發生時，政府相關單位未獲悉民間企業於地方上舉辦大型粉塵派對活動，且目前各項大型活動安全法規尚未建立，行政機關僅能參照消防安檢及建築法等相關規範實施督檢。此事件發生後，中央單位已於 2015 年 11 月 2 日訂頒「大型群眾活動安全管理要點」，並由各地方政府依地區特性，頒定行政規則，同時要求各部門落實執行與行政監督，並加強全面應變演習機制。

整體而言，危機管理的運作與活動內容如下圖 ❷ 所示。

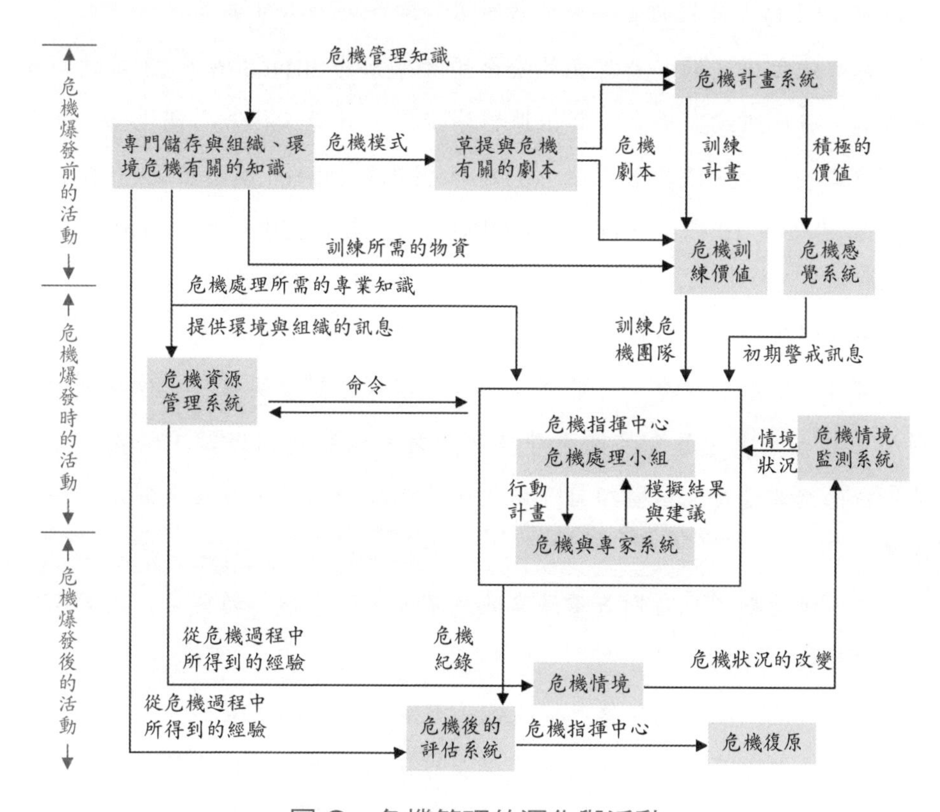

圖 ❷　危機管理的運作與活動

資料來源：孫本初（2010：317）。

實務櫥窗

塑化劑引發之食安危機[3]

食安問題起因爲市面上部分食品遭檢出含有塑化劑，進而被發現部分上游原料供應商在常見的合法食品添加物「起雲劑」中，使用廉價的工業用塑化劑（非食用添加物）以撙節成本。除了最初被披露的飲料商品外，影響範圍亦擴及糕點、麵包和藥品等。相關政府機關在事件爆發後，明訂2011年6月起，若相關食品未完成自我檢驗，一律禁止販售。

爲解決上述問題，臺灣食品安全學者專家於2011年6月21日達成初步共識，將比照歐盟標準（其依據科學證據，針對5種常用塑化劑定出每人、每日、每公斤體重容忍值〈TDI〉，塑化劑DEHP容忍值是50微克、DBP容忍值是10微克、DIDP及DINP容忍值是150微克、BBP容忍值是500微克）。

一、潛伏期：此時期著重危機意識之建立，防患於未然。

事件之所以會發生，可能之原因爲：不肖廠商貪圖暴利，違法將塑化劑加入起雲劑中、原食品衛生管理法所訂之相關罰則過輕、稽查人力不足、塑化劑非常規之檢驗項目、塑化劑源頭控管不足，販售未能進行登錄作業。

二、爆發期：此時期著重遇事臨危不亂，化危機爲轉機。行政團隊進行危機管控，作爲如下：

1. 行政院立即啓動緊急應變措施，召開危機處理會議。
2. 成立緊急應變小組，由衛生署長擔任指揮官，統合檢警調等相關部會，進行查緝、查驗、檢驗等防制作爲，持續追查不法業者。
3. 加強對媒體及民眾之溝通，資訊完全透明化，隨時公布最新消息，讓民眾安心。

3 資料來源：袁介文、李品珠、陳志偉、張世昌、蘇琬絇（2012：1-20）。

三、處理期：此時期著重於事件之控制處理，期能轉危爲安。

此事件由行政院各部會全員動員，依職掌採行相關措施，避免事件擴大，包括：迅速掌握所有產品流向、蒐集所有可能涉案廠商進出貨資料、集中各部會檢驗單位能量，通力合作加速檢驗、資訊透明化，建立起雲劑污染專區，提供健康風險資訊、公布產品處理原則、於全國開設健康諮詢門診，提供醫療諮詢服務、嚴懲不法業者。

四、復原期：此時期著重全面性體檢，避免事件再度發生。作爲包括：

1. 修正公布「食品衛生管理法」第31條及34條，加重違規行爲之罰鍰、刑責。
2. 修正毒性化學物質管理法規。
3. 民國100年6月21、22日召開全國食品安全會議，針對加強食品添加物與食品原料之源頭管理等議題進行討論。

第四節　政府機關進行危機管理時的課題與作為

一、政府機關進行危機管理所面臨的課題

整理相關文獻發現，政府機關在進行危機管理時可能會面臨下列幾項課題（鍾從定，2003：102；劉兆隆，2012：26）：

（一）政府組織受到科層結構的限制，缺乏彈性授權

在危機管理過程中，政府行政部門必須被授予足夠的權力，同時也可

運用公共財政工具，將中央與地方政府行政體系的人力與物力投入，而這些財政、公權力與行政組織的動員系統都是政府在危機管理過程中的「顯性優勢」（explicit advantage）條件。但政府運作也有其劣勢之處，因政府組織深受法令與科層結構限制之故，缺乏授權與彈性，以致無法因應危機管理所需的時效性與應變性。如在九二一救災工作中，政府也承認在賑災初期，各項指揮調度顯得緩不濟急以及聯繫困難，而且「中央與地方政府間的權責劃分不清，協商聯繫機制失衡」。

（二）政府機關「本位主義」作祟

政府機關面臨危機時有一個很大的問題就是「本位主義」的作祟，以致影響危機處理的速度。例如2000年的「八掌溪事件」，就是因爲空中警察隊與海鷗直昇機空中救難隊的「本位主義」作祟，造成多人死亡，最後引起內閣的政治危機。

（三）「依法行政」限制公務人員的思維

政府機關因行政法規嚴格限定職權與責任，容易造成公務人員在執行公務時欠缺系統性思考或全觀性視野，無法站在整體角度思索自身職權與角色。而「依法行政」更往往成爲公務人員在思維上的死角或卸責的藉口，使得公務體系陷入「工具理性」（instrumentally rational）的困境，失去原先設計這種救災體制的終極目的。

（四）民意機構容易假借監督之名，使危機管理工作泛政治化

雖然危機屬於突發狀態，但政府機關在處理過程中仍須接受民意機構的監督。也因此，民意機構容易假借監督之名，干預政府組織政策執行，國會或地方議會也可能將政黨競爭與危機議題連結，使危機管理工作泛政治化；如九二一賑災時，南投縣府會失和及鄉鎮公所各行其是，以致影響

賑災工作的推行。

（五）危機超出標準作業流程，無法即時因應

基本上絕大多數的公部門對於所處理的業務都有一套標準的作業流程，但危機都是超出這套標準作業流程的偶發事故。也就是危機一旦超過平常處理的範疇或能量，就難免會手足無措，甚至因沒有標準作業程序而產生新的危機。如日本 311 地震之所以災情慘重，就是因爲地震所引發的海嘯和核輻射等危機規模已超過原先危機應變計畫所設定的危險係數處理範疇，形成新的複合式災難，造成公務人員無法即時因應，致使災難蔓延。

二、公部門進行危機管理時應有之作為

（一）危機的預測

危機是無所不在的，若能及早探知危機的徵兆，在危機實際發生前即開始未雨綢繆，將有助於決策者瞭解及應付重大危機狀況。對政府機關而言，平日可透過下列的方式發掘社會中可能的潛在危機以便事先消弭之（吳定等，2000：260-262；邱志淳，2003：217-218）：

1. 觀察社會的動態

觀察當前社會的趨勢、變遷及動態，可藉以評估政府單位的內部控制制度，亦可讓政府單位檢討是否有相關的問題徵兆。而各單位應隨時注意其他相關單位所遭遇的類似問題。

2. 聽取民眾的意見

民眾通常比政府單位客觀，也能協助政府單位發覺社會的變遷趨勢，進而協助政府單位避免潛在的災禍。

3. 實施例外管理

通常每個組織都會訂立績效標準、工作程序、政策及工作目標等，以提供作業的指導方針，主管人員專注於例外事件的處理即可，以便早期發現危險徵兆。

4. 加強企劃作業與環境預測

妥善的事前計畫與預測工作，能增加管理者的信心，減低恐懼感與時間壓力。

5. 建立良好的溝通管道

公開的溝通是政府單位瞭解眞實狀況的必要條件。在內部溝通方面，政府單位應建立適當的溝通管道，使員工意見能以書面或口頭往上傳達。良好的溝通也包括外來的資訊，如民衆或其他有關群體所提供的資訊。因此，若能建立良好的溝通管道，則員工與民衆將能立即陳報潛在的危機，以消弭危機於無形。

（二）危機的處理

「危機處理」係指危機爆發後所採取的因應措施。政府機關必須考量社會、政治、法律、經濟及科技等面向而對危機做權變處理。欲有效處理危機，可採取下列做法（吳定等，2000：262-264；邱志淳，2003：218-220）：

1. 成立智庫（think tank）供決策者諮詢

智庫可協助決策者蒐集資訊，發揮諮詢的功能，提供適切的建言，幫助決策者做好危機處理工作。

2. 預防團體盲思（groupthink），提高決策品質

危機的威脅性可能會導致團體盲思的情形出現，致使決策品質不佳。爲預防此種壓力的影響，必須對決策者的認知結構重新調整，並且加強心理建設，以提高危機的辨識能力。

3. 加強幕僚人員的訓練

由於外在環境的不確定性，使得決策者無法準確預估每一項可能發生的情形。因此，決策者需不斷將危機處理計畫予以實地演練及模擬，並檢討、修正及學習，以訓練幕僚人員對危機的應變能力。

4. 制訂危機應變計畫，舉辦實地模擬演練

機關組織應對於未來可能發生的危機，訂定應變計畫，並定期以模擬方式作演練，以期危機發生時發揮最大的管理效果。

5. 強化決策者的危機辨識能力

決策者往往礙於以往的成功經驗及自我認知能力上的限制，未能對危機的初期警訊予以注意並採取適切的回應及處置措施，以致錯失處置的良機。因此，若能強化決策者的危機辨識能力及改善其所持的態度，不但能面對危機的挑戰，更能主動將危機視爲轉機。

6. 動員民間力量協助處理危機

危機常需要大量人力協助應變及善後。因此，若能善用民間資源，將人民適當的訓練、組織，使其於事故發生時能自救並救人，將可提高危機處理的績效，發揮「生命共同體」的團隊精神。

除了上述危機處理做法之外，尙有強化全民危機教育、提升危機意識、建立完善的危機處理體制、加強危機的溝通效能及大衆傳播功能等做法可以參考，藉以使危機處理機制與內容更趨健全完善，以降低損失至最低。

公管小檔案 H1N1 流感大流行[4]

「流感大流行」是指一株新的流感病毒造成全球性流行的狀況。依過去經驗，流感大流行具有高傳播性、高致死率，且會造成嚴重的社會經濟衝擊。H1N1 新型流感的流行於 2009 年 3 月始於墨西哥，之後傳至美國、加拿大，隨後迅速遍及全世界，在病毒確認後不到二個月，世界衛生組織便宣告全球進入「大流行」階段。2009 年 6 月至 9 月間，南半球國家邁入冬季，疫情持續延燒；北半球國家則自 2009 年秋季，又開始第二波流行，多數地區的疫情曲線在 2009 年年底前開始下滑。世界衛生組織經過數個月的觀察，於 2010 年 8 月宣布此次大流行結束。

一、國內疫情發展

我國首例 H1N1 新型流感確定病例於 2009 年 5 月 20 日檢出，之後接二連三發現境外移入病例，並造成一例境內感染病例；7 月 2 日發現病毒進入國內社區，7 月 17 日出現首例住院病例，7 月 30 日出現首例死亡病例，夏季並發生多起暑期活動造成的聚集事件。

國內的疫情曲線約在 8 月開始上升，於 11 月下旬達到高峰後便顯著下降，即便歷經 2010 年春節期間的人潮聚集及移動，各項疫情監視指標仍處平穩，故國內疫情於 2010 年 2 月底宣告結束。

二、我國政府危機處理過程

當 2009 年 4 月底國外傳出 H1N1 新型流感疫情時，國內疾管局（現

4 資料來源：張文釋、李佳琳、江月琇、楊文凱、謝憲治、謝月媚，2012，〈強化政府機關危機管理作法之探討——以 H1N1 流感大流行為例〉，《T&D飛訊》，140：1-24；衛生署疾病管制局，2011，《因應 2009 年 H1N1 新型流感大流行工作紀實》，台北：行政院衛生署疾病管制局。

爲衛生福利部疾病管制署）依事前準備之「我國因應流感大流行準備計畫」內相關策略進行危機管理。過程如下：

（一）危機潛伏期：危機預防階段

1. 成立指揮體系

2009 年行政院在接獲衛生署（現爲衛生福利部）的通報後即指示成立指揮中心，期間共有 26 個行政院相關部會、單位參與指揮中心運作，H1N1 新型流感中央流行疫情指揮中心持續運作 303 天。

2. 掌握疫情資訊

疾管局透過國家單一窗口與 WHO 及其他國家保持密切聯繫，隨時掌握國際疫情；國內疫情監視部分，則透過病毒監視、住院監視、輕症監視及死亡監視四種方式進行，分別瞭解國內社區內新型流感病毒的檢出趨勢、感染 H1N1 新型流感者的狀況、民眾因類流感症狀的就醫趨勢，以及死於肺炎與流感之人數變化。

（二）危機爆發期：危機處理階段

1. 初期採行圍堵措施

對重點航班進行登機檢疫、病例隔離、病患接觸者預防性投藥及自我健康觀察 7 天。到了 2009 年 5 月上旬，國內雖尚未發生疫情，但對於疫情發生的預期心理，使得市面之平面口罩缺貨及漲價，出現口罩恐慌性需求。

2. 中期改採以減災爲策略方向

（1）2009 年 6 月國內中央流行疫情指揮中心將防治重心改爲減少重症及死亡，以維持社會正常運作，期間國內各大媒體均以顯著的版面或時段，報導指揮中心的宣布事項，引起民眾質疑對政府防堵疫病的能力，動搖民眾對政府信心。

（2）實施公共衛生介入措施：爲防範疾病傳播，加強宣導基礎的預防措施，如：請確診患者自行停班（課）。

（3）醫療照護提供：因病患人數大量出現，醫療照護需求急遽增加，病患擠爆大醫院急診室，而重症病患病床調度出現困難，指揮中心為分散就醫人潮，鼓勵醫院開辦「流感特別門診」，並協調地方政府佈設「流感診所」。

3. 後期全力推動預防接種計畫與疫苗安全的風險溝通

疫苗是控制流感流行最有效工具，為提高國民的集體免疫力，政府先後採購國內外 H1N1 新型流感疫苗共 1,500 萬劑，並自 2009 年 11 月 1 日起開始推動接種計畫，初期因疫苗數量有限，以優先族群先行接種再逐步開放全民接種，而學童及青少年的接種作業於校園集中辦理，施打初期民眾接種率高。但後來國外及國內接種後不良反應個案開始陸續出現，媒體大幅報導且於政論節目開始連續用顯著標題，討論並質疑接種計畫，導致民眾對於是否接種新型流感疫苗持觀望態度。由於國內疫情仍不明朗，指揮中心仍決定持續呼籲未接種疫苗民眾儘速接種，雖國內接種率僅約 25%，仍為全球施打流感疫苗第五位。

（三）危機復原階段

1. 恢復民眾對疫苗安全信心

（1）強化全國性之疫苗不良反應監測機制；（2）提升預防接種受害救濟審議體系公信力；（3）遏止媒體散播不實言論法治化；（4）建立與媒體溝通互動機制。

2. 整合社會資源之合作模式

（1）導入社區志工參與防治工作；（2）建立防疫知能；（3）協助社區防疫。

歷屆考題

1. 下列何者非屬危機管理四階段論的內容？（107 年身心障礙人員考試四等考試試題） (C)
   (A)復原階段
   (B)舒緩階段
   (C)應付階段
   (D)準備階段
2. 根據紐納美克（J. Nunamaker）等人的危機管理動態模式，「草擬危機處理劇本」屬於下列何種階段的危機管理活動？（107 年身心障礙人員考試四等考試試題） (C)
   (A)危機尚未偵知時
   (B)危機爆發時
   (C)危機爆發前
   (D)危機爆發後
3. 根據美國聯邦危機管理局的定義，危機管理的規劃工作可以分為四個階段，依次序分別為何？（106 年公務人員高等考試三級考試暨普通考試） (D)
   (A)準備階段、紓緩階段、回應階段、復原階段
   (B)回應階段、準備階段、紓緩階段、復原階段
   (C)回應階段、紓緩階段、準備階段、復原階段
   (D)紓緩階段、準備階段、回應階段、復原階段
4. 若危機需要兩種以上的專業知識加以因應，並涉及到跨部門協調問題，這反映出危機具有的那種特性？（106 年身心障礙人員考試四等考試試題） (D)
   (A)反覆性
   (B)威脅性
   (C)雙面性

(D)多樣性

5. 所謂魚缸原理（fishbowl principle）是學者用來落實那種公共管理的技術方法？（106 年身心障礙人員考試四等考試試題） (D)
(A)目標管理
(B)標竿學習
(C)危機管理
(D)顧客導向

6. 依據危機管理的政策規劃與執行過程，下列何種政策類型主要在發展因應危機的運作能力，如設立危機運作計畫、危機警報系統等？（106 年身心障礙人員考試四等考試試題） (A)
(A)準備政策
(B)舒緩政策
(C)回復政策
(D)回應政策

7. 政府在宣傳「道路交通管理處罰條例」時，不說明所有內容，僅不斷強調「酒後不開車，開車不喝酒」是屬於政府公關與行銷中的那一種基本技能？（106 年身心障礙人員考試五等考試試題） (D)
(A)政策管理
(B)危機處理
(C)社會學習
(D)策略傳播

8. 有關學者奎恩（R. Quinn）和麥克葛雷斯（M. McGrath）對組織文化的分類，其中強調組織一方面透過分權的方式來解決問題，另一方面必須培養危機的意識，稱爲：（106 年身心障礙人員考試五等考試試題） (C)
(A)共識的組織文化
(B)感性的組織文化
(C)發展的組織文化

(D)基礎的組織文化

9. 從危機發展的三個階段來看，「危機情境監測系統」主要是屬於那一個階段的管理活動？（106 年身心障礙人員考試五等考試試題） (B)
(A)危機爆發前的管理活動
(B)危機爆發時的管理活動
(C)危機解決後的管理活動
(D)非危機處理相關之管理活動

10. 下列對於危機爆發時「設置危機指揮中心」的敘述，何者最正確？（106 年公務人員初等考試） (C)
(A)由危機管理專家擔任指揮官以確保救災專業得以貫徹
(B)主要負責跨機關間的溝通與協調而不具決策與指揮的功能
(C)成員應包括機關首長和相關幕僚、危機處理小組與危機管理專家
(D)擬定危機計畫爲其主要任務，避免危機突發時無法即時決策的問題

11. 因爲 1970 年代的石油危機，引發了 1980 年代的政府再造運動，而凱因斯理論受到挑戰，引發了福利國家的種種危機，下列何項危機屬之？（105 年特種考試地方政府公務人員考試） (B)
(A)人口危機
(B)經濟危機
(C)政治危機
(D)環境危機

12.「危機就是轉機」，係指危機具有下列何種特性？（105 年特種考試地方政府公務人員考試五等考試） (D)
(A)威脅性
(B)不確定性
(C)時間有限性
(D)雙面效果性

參考文獻

于鳳娟譯，2001，《危機管理》，台北：五南。譯自 Otto Lerbinger. *The crisis manager: facing risk and responsibility*. Mahwah, N. J.: Lawrence Erlbaum Associates. 1997.

丘昌泰，2010，《公共管理》，台北：智勝。

朱愛群，2003，〈危機預防與處理〉，《公務人員月刊》，70：44-48。

吳秀光，2007，〈政府危機管理決策機制〉，《T&D 飛訊》，4：19-32。

吳定、張潤書、陳德禹、賴維堯編著，1996，《行政學（二）》，台北：空大。

邱志淳，2003，〈危機管理與應變機制〉，銓敘部（編），《行政管理論文選輯（第十七輯）》，台北：銓敘部，頁 209-225。

邱毅，2001，〈全面危機管理的案例分析〉，《經濟前瞻》，73：115-119。

孫本初，2010，《公共管理（第五版）》，台北：智勝。

袁介文、李品珠、陳志偉、張世昌、蘇琬絢，2012，〈強化政府機關危機管理作法之探討——以塑化劑汙染食品事件爲例〉，《T&D 飛訊》，141：1-20。

張潤書，2009，《行政學（修訂四版）》，台北：三民。

陳德昇，2004，〈兩岸 SARS 危機管理比較——政經體制面分析〉，《遠景基金會季刊》，5（4）：71-106。

傅篤顯，2009，〈危機處理：以突發事件爲例〉，《危機管理學刊》，6（2）：39-54。

黃讚松、于周峰，2017，〈八仙塵暴事件政府危機管理之研究——以 2014 年劣質油食安風暴處理爲例〉，《J of Management》，14（1）：83-94。

詹中原，2004，《危機管理——理論架構》，台北：聯經。

劉兆隆，2012，〈公部門危機管理的理論與實務〉，《研習論壇》，133：22-31。

鄭美華，2003，〈危機管理機制建立之研究〉，《通識研究集刊》，4：193-224。
鍾從定，2003，〈政府的危機管理〉，《檔案季刊》，4（2）：99-113。
簡錫新、崔海恩、陳楊正光，2011，〈危機善後與復原〉，《危機管理學刊》，8（2）：77-87。

9

治理與跨域管理

學習目標

▶釐清治理與統治的差異。

▶掌握跨域治理的意涵與特質。

▶瞭解跨域治理的理論基礎。

▶說明跨域治理的成效與課題。

「治理」概念的出現，意味著政府部門從事改革思維的一種演變。過去政府再造的途徑是師法企業，而朝向政治經濟學或是制度經濟學的領域，治理模式則是轉向公民社會，結合政策網絡的概念（孫本初、鍾京佑，2005：107）。「跨域治理」(across boundary governance) 可說是治理概念的延伸，相較於治理，更納入區域、領域的概念，例如以往對於地方公共事務的理解與運作，多關注行政區域內之單一議題，如社區發展、教育文化與公共安全等；惟面對前述多項內、外在因素的衝擊下，現今所面對的往往是多面向、跨部門的複雜議題，如河川整治、交通運輸及環境保護等。因此，學理上有關地方政府的研究已逐漸從「地方自治走向跨域治理」(across boundary governance)，地方政府必須結合各界的力量，以提升公共服務的品質與能力（林水波、李長晏，2005：2)。

雖然跨域治理概念的出現，能整合資源並達到解決問題的目的，然而，跨域治理因涉及範圍廣與利害關係人複雜，在執行過程中常出現問題。以我國而言，地方政府間的跨域合作可謂成敗互見，毀譽參半。除了法制因素外，涉及縣市間利害關係及派系恩怨等多重因素者，往往使合作充滿變數及爭議，而未涉及者則較容易成功。少數成功案例如嘉義縣市跨域合作的「嘉義縣鹿草焚化廠」運作的案例，嘉義市同時委託達和公司操作焚化爐，在嘉義縣處理上有餘裕，嘉義市卻爆發垃圾處理危機的狀況下，縣市政府透過協商過程，建立起有利的誘因結構，達成一個縣、市政府與民營公司三贏的協議，而避免可能的鄰避衝突（黃子庭，2007：426-427)。由此可見，跨域治理是目前地方政府落實公共政策的方式之一，在國內由於法制的不夠周延，無相關法令的配套，屬於尚在起步的階段。然而，地方政府跨域合作仍有其必要性、時代意義與迫切性。

基於上述，在本章中首先釐清「治理」一詞所代表的基本意涵：其次，整理跨域治理的意涵與特質；接著從政策網絡、新管理體制與協力關係來整理跨域治理的相關理論基礎；最後則分析我國跨域治理的成效與問題。

第一節　治理的基本意涵

一、概念的釐清：從「統治」到「治理」

如分析「統治」（government）與「治理」（governance）概念之差異發現，傳統的「統治」意味著調整國際機關、國家、地方、自治體、企業、法人和其他團體等社會性集團在執行途徑決定、秩序維持，以及不同意見或利害對立的一種活動，而國家則爲此社會性集團的最重要主體，擁有獨占的強制手段。而「治理」則是指構成人類社會性集團的統治系統中，各社會性行爲者的相互關係結構，以及行爲者之間相互作用的方法。簡言之，治理即是新的統治系統結構和統治模式之組合。對此，有學者認爲，相較於集權意味濃厚的「統治」概念，「治理」代表政府和其他多元行動者在對等關係下所構築的協力關係。另有學者則分析「統治」與「治理」的關係，認爲相對於以正式權限爲活動基礎的「統治」行爲，「治理」則是以共有目標作爲活動基礎，雖然「治理」行爲未必基於法律、正式權限或強制手段，但其所涵蓋的範圍卻較政府統治更爲廣泛（林淑馨，2010：44-45）。

整體而言，相較於以國家或集權爲基礎權威的「統治」概念，「治理」可以視爲是實現公民社會的一種「方式」，其以「共有目標」爲基礎，雖不一定具有正式或強制性權限，但能解決問題的範圍較爲廣泛，其打破長期以來以政府作爲單一統治主體的垂直治理模式，將傳統資源配置與提供公共服務的權力與民間部門或非營利組織等共享，而形成水平的多元中心治理模式，象徵政府意義的變遷與新的統治社會方式之出現，同時也意味著傳統公共性的提供者與維持者由政府部門擴及到社會全體。

二、治理的概念

由以上所述得知，從不同的觀點來解釋治理的意涵，其內容有相當差異，但也因而十分模糊。大抵而言，Rhodes 所提出的治理概念在國內學界最常被援引，然而其所提出的治理概念卻也非一成不變，而是陸續進行修正，從最初 1997 年的六項用法擴充到 2000 年的八項內容，故目前多以這八項內涵爲主。茲分述如下（Rhodes, 1997: 47-52; 2000: 55-63；孫本初、鐘京佑，2005：113-115；蔡允棟，2001：113-116；孫本初，2010：195-199）：

（一）最小限度的國家（as the minimal state）

這種途徑乃引進市場或準市場機制來輸送公共服務，重新界定了公部門的範圍與類型。此概念認爲小而能的政府是最好的政府，可藉由民營化與減少公共服務來縮減政府的規模。

（二）公司治理（as corporate governance）

此途徑意味著利用私部門的引導與控制方式，以達到治理的目的。因此建議政府部門應該採取更具商業形式的管理方法，來改善傳統行政部門組織的文化與氣候，脫離傳統公共行政之窠臼。

（三）新公共管理（as the new public management）

具有兩種意涵，可從管理主義與新制度經濟學來分析，前者意味著將私部門管理方法引用到公部門，強調專業管理、績效標準與評估、結果管理以及顧客導向；後者係引介誘因結構（例如市場競爭）至公共服務領域，強調分立的官僚、簽約外包、準市場機制和消費選擇權。

（四）良善治理[1]（as good governance）

根據世界銀行的定義，治理是管理國家事務的政治權力，良好治理具有下列特質：（1）有效率的文官、獨立的司法和法律制度，以確保契約的履行；（2）獨立的審計人員，有回應能力的立法人員；（3）有責信的運用公共資金；（4）各層級政府對於法律和人權的尊重；（5）多元的制度與言論自由。

（五）國際相互依賴（as international interdependence）

治理在國際關係和國際政治經濟領域的文獻逐漸增加，其中與公共行政有關者爲國家空洞化與多層次治理之文獻。國家空洞化係國際相互依賴已經侵蝕國家的權力；民族國家由於商品國際化、關稅貿易等問題促使治理逐漸減弱，有必要將權力向上移轉於國際層次，並將權力向下移轉於次國家機構，例如歐洲聯盟證明跨國政策網絡的出現。

（六）社會操縱系統（as a socio-cybernetic system）

此途徑強調中央政府行動的限制，認爲社會並無單一的權威者，許多

1　聯合國對良善治理下了如下的定義，認為其主要內涵包括：分享全球性的共識，並落實於政府實際政策執行之中；國家層次的政府組織，應與民間企業、公民社會積極締結夥伴關係；鼓勵政府與社會的各階層組織，共同對治理問題提供意見；在都市層次中，強化夥伴關係將有助於處理生態與社會等公共政策問題；經由政府部門、民間企業與公民社會彼此間的密切結合，有效提升民眾能力（呂育誠，2005：4）。

政策領域都是由各種行動者共同參與行動，這些社會、政治與行政行動者相互依賴，彼此有共同目標。公部門、私部門及志願部門之間界限模糊，是一種多元、新型態的行動、干預與控制。簡言之，治理是一個政治、社會互動的管理型態，正如學者 Kooiman 認爲治理是社會上主要行動者互動、干預的結果。

（七）新政治經濟（as the new political economy）

此途徑重新檢視國家在經濟體制的角色，以及國家、公民社會與市場經濟在界限日趨模糊情形下的關係；亦如 Lindberg 等學者所認爲的，治理是經濟行動者在政治與經濟過程的協調活動，並不只是關心如何增進經濟效率，同時也關注於社會控制的議題，因此認爲治理即是在經濟變遷下，如何調控策略與權力的運作。

（八）自我組織的網絡（as self-organizing networks）

在公共行政的研究當中，網絡是治理概念的分析核心。治理是協調與分配資源的網絡結構（相對於市場或官僚體制），而最重要的在於它是自組式的治理結構。自組式意味著網絡是自主的與自我管理的，強調網絡成員之間的信賴與相互調適作爲主要的運作機制。

三、治理的三個層次——政治權力的移轉

國家在整個治理結構中，呈現三種權力移轉型態，其一爲向上移轉至國際行動者與組織；其二爲向下移轉至區域、城市與社區；其三乃是向外移轉至其他衆多裁量行動者，分述如下（Pierre & Peters, 2000: 83-91；劉坤億，2009：61-62）：

（一）向上移轉至國際行動者與組織

國際行動團體或組織的重要性日益增加，乃是因爲國家決定將某些政策部門的主權讓渡給這類跨國機構。國際貿易管制的發展是國際制度鞏固的一項例證。細究其原因，第一，大部分當代西方世界的政治菁英所遭遇的重要問題，並不是以國家的疆域爲限，而是區域的甚至是全球性的；第二，國際統合乃是達成解除管制所必要的方式；第三，與金融及通貨市場的解除管制有關；第四，不同國家所提出的政策問題日益相似，因此發展出促進跨國政策學習的制度，進而成爲新政策概念的一項重要策略。

（二）向下移轉至區域、城市與社區

係指國家分權給地區性與地方性機構，較強化國家結構更受到注意。在地方政府之制度性授能，某些權力正在城市內部擴散，即政府在賦予更多影響力及更大的財政責任的同時，也能促進更爲直接的公民參與及對政治議題的掌握。同時分權是被廣泛的政治目的所驅動的，亦可視爲對民族國家內部之結構變遷的一種回應。更重要的是，公共服務在過去十年的擴展，在某種程度上分權化曾以專業知識的釋出與資本化爲目標。且同時分權化的目的是使許多公共服務逐漸變得非標準化，使得服務的提供能更貼切地回應與適應地方的需求。

（三）向外移轉至其他眾多裁量行動者

指將傳統上由國家所控制的權力與能力，移轉給遠離政治菁英所控制的機構與組織。若尚未將這些功能全部予以私有化，則是協助設立大量的非營利組織以從事公共服務的輸送。政策活動的輸出可以採取不同的形態，亦即設立半自主性的代理機構，來執行原本由政府所執行的任務。因此公私合夥已經成爲增進政治機構之能力的一項流行工具，在地方的層次

上更是如此，這類的夥伴關係可以被視爲政治與私人資源之特殊混合。

上述三種國家權力移轉的動向與多層次的公共治理結構，如圖❶所示：

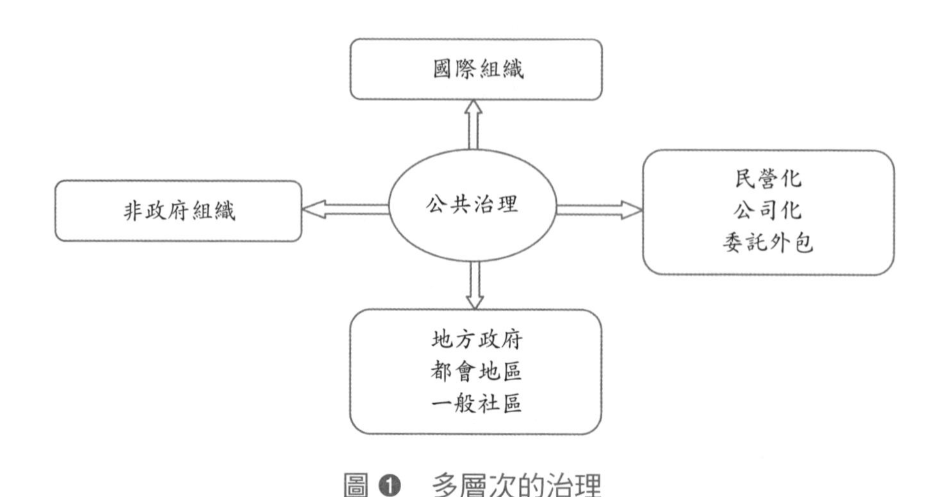

圖❶　多層次的治理

資料來源：劉坤億（2009：62）。

新北繪製高風險家庭熱點地圖 守護兒少安全[2]

虐童案件層出不窮，新北市政府從100年起首創整合跨局處資源，推動「高風險家庭整合型安全網」，7年多來投入10萬名人力，協助11萬7,506名風險兒少家庭，也成功保護87.49%受服務的家庭免於再次發生危機。今年更擴大結合「大數據分析」，利用科技輔助製作高風險家庭熱點

2 資料來源：https://tw.news.yahoo.com/%E6%96%B0%E5%8C%97%E7%B9%AA%E8%A3%BD%E9%AB%98%E9%A2%A8%E9%9A%AA%E5%AE%B6%E5%BA%AD%E7%86%B1%E9%BB%9E%E5%9C%B0%E5%9C%96-%E5%AE%88%E8%AD%B7%E5%85%92%E5%B0%91%E5%AE%89%E5%85%A8-082457655.html；檢閱日期：2018/4/10。

地圖，守護兒少安全。

新北市社會局長張錦麗4月10日在市政會議中表示，新北市高風險家庭服務整合市府10個局處及民間團體，主動出擊清查需要協助的風險兒少，新北市每年通報案件數占全國通報案量的40%，其中不乏是高風險兒少黑數。舉例來說，教育局與四大超商合作推行「幸福保衛站」，讓急難兒少透過免費取餐與服務接軌，打造24小時社區兒少關懷據點；民政局連結里鄰長成爲「溫心天使」，全面加入通報與服務；警察局推行「守護幼苗專案」，針對毒品、在監人口的家庭户內兒少，啓動全面清查及早網住需協助的家庭；社會局則全力推動「用心網助平安守護專案」，更將安全網觸角延伸到「行方不明兒少」，並與警方合作破獲多起隱匿多年的販嬰或殺子刑案。

今年「高風險家庭整合型安全網」首創結合「大數據分析」，從100年起累積的147萬筆資料中，繪製高風險家庭的熱點地圖，進一步找出危機指標，目前正在研發「攜帶型風險計算機」程式，第一線社工或服務人員家訪時，可針對家庭狀況勾選指標，讓他們在第一時間便能計算並敏感覺察到家庭的風險等級，運用科技輔助實務。新北市每萬名發生兒童虐待的數字爲7.81件，遠低於高雄9.9件、臺中8.27件、桃園9.57件，新北市藉由各網絡局處及民間單位通力合作，打造綿密的兒少安全網，不再只是被動的坐在電話前面等待孩子需要救援的訊息，而是走到孩子的面前，帶他們走一條平安長大的路。

第二節　跨域治理的意涵與特質

一、跨域治理的具體意涵

（一）概念的演變：從府際合作到跨域治理

一般對地方政府間的關係，常使用「府際關係」或「府際合作」概念，以強調中央（聯邦）政府與地方政府間，或是地方政府間的互動或相互支援協助。然而，隨著地方事務的內涵日趨複雜多元，前述上下與水平關係形式乃漸行整合，同時加入跨部門的多元跨域概念（李長晏，2006：23）。因此，從「府際」到「跨域」，意指今日地方公共事務的影響範圍，已經從政府體系內部的連結，擴大納入更多的考量因素，也就是不僅關切政府體系間的靜態權責關係，同時也重視各參與者間動態的互動或政策執行流程（呂育誠，2008：17；2012：87）。

（二）意義

「跨域」一詞有兩種解釋：一是指以國家層級之上的區域、國際社會為其範圍；另一則將國家領土內部的某個行政區域或特定轄區（jurisdiction）作為討論的範疇。簡言之，「跨域」是指跨領域或管轄權之意。此種定義上的區分，近年來也反映在跨域治理的研究方向與研究社群領域上；如國際關係學者傾向把研究焦點置於區域跨國議題的管理、區域主義的發展以及超國家機制的效能與設計等課題的討論；而從事發展政治學或比較政治經濟學的學者，則關注各國在民主化過程中，如何透過分權化（decentralization）與權力下放（devolution）來追求地方區域繁榮、發展與良善治理（good governance）等目標（李長晏，2008：45）。至於

「治理」則包含統治過程中的所有制度層級和互動關係。因此，有學者定義跨域治理係指跨越轄區、跨越機關組織藩籬的整合性治理作為（孫本初，2010：221）。若更進一步細究，跨域治理指稱的是針對兩個或兩個以上不同的部門、團體或行政區，因彼此之間的業務、功能或疆界相接（interface）及重疊而逐漸模糊（blurred），導致權責不明、無人管理與跨部門（cross-cutting）的問題發生時，藉由公部門、私部門以及非營利組織的結合，透過協力（collaboration）、社區參與（community involvement）、公私合夥（public-private partnership）、或契約（compact）等聯合方式，以解決棘手而難以處理的問題（wicked problems）（李長晏、詹立煒，2004：5；葉嘉楠，2011：5）。

（三）目的

「跨域治理」之目的，乃為了解決目前因經濟發展及拜當代科技所賜，使得原有區域空間型態與規模發生重組與變化，地方基礎設施規模和社區結構發生重大轉型，進而對原有地方行政管理模式提出新的要求與挑戰的回應。此種回應凸顯出當今面對公共政策上棘手困難問題和跨越部門議題時，跨域治理理念與機制建立之需求性與必要性（李長晏、詹立煒，2004：5；林水波、李長晏，2005：2）。

二、跨域治理之特質

跨域治理是一種系統性的思維模式，除了可從不同的分析層次來加以論述之外，亦強調眾多參與行動者間的相互依賴關係，以下就跨域治理之三個特質，分述如下（孫本初，2010：223-224）：

（一）跨域治理蘊含系統性的理念

系統思維強調綜觀全局（holist）的視野。換言之，跨域治理內涵其實蘊含系統思維的理念，亦即它是一個整體性的思維。主張的是公共治理應具備一種全局的視野，因此對公共問題的解決或是公共政策的推動，不應侷限於單一機關、單一政府、單一轄區的狹隘眼光與思維，而應採取一種機關之間、府際之間以及跨越轄區通力合作的思考模式。例如位於新竹縣市交界處的竹科，本身仰賴新竹縣市所提供的服務，如水資源、土地、經濟環境，以及對外交通系統，若各自為政將成為災難。

（二）跨域治理兼具宏觀與微觀兩種層次的意涵

從理論與實務的角度而論，跨域治理具有兩種層次的意涵，從微觀面到宏觀面分別為組織內部（intra-organization）及組織間（inter-organization），其說明如下：

1. 組織內部的跨域治理

意指將組織內部各功能部門的疆界予以打破，採取一種整合的觀點和作為去解決組織所面對的問題。從組織理論的相關文獻之中，可為此一層次跨域治理找到貼切的理論。

2. 組織間的跨域治理

指涉府際關係當中協力合作（inter-government collaboration）的概念，亦即此一層次的跨域治理主張，由不同層級或不同轄區的政府間，在處理相同或相關公共問題與政策時，應該採取一種超越府際藩籬的觀念，而將不同轄區與層級的政府部門納入同一組織網絡當中。

（三）跨域治理的參與者兼具相依性

參與跨域治理的組織會形成一種組織網絡，而組織網絡的意涵即在突顯跨域治理的參與者間存在著相依性，也正因爲彼此間的相依性，促使跨域治理之參與者間的通力合作。

由上述可知，跨域治理是一種系統性的治理思維，打破傳統單一權限劃分的體制安排，並透過綜觀全局的思維來分析議題，改變過去單一思維與本位主義，進而強調多元參與者間的協力合作，而彼此間的互助互惠所形成之組織網絡關係，正是其相互發展的主要基石與誘因。

碾米水車竹縣芎林重現 看見跨社區發展能量[3]

新竹縣政府101年重啓社區規劃師培訓計畫，今年邁入第6年，至今累積410位社區規劃師，打造174個社區亮點。過去以協助社區個別發展爲主，今年首度打團體戰，以鄉鎮爲單元跨社區合作，其中芎林鄉由12個村組成合作平台，重現80年歷史的碾米水車，竹北市整合社區改造公園、人行道等，讓外界看見社區的力量。

芎林12村 齊力活化碾米廠

「碾米水車是我們童年的回憶！」芎林是米鄉，上山村有一座水車碾米廠，在地12個村組成「芎林亮起來協會」，齊心活化水車碾米廠，就是要重溫兒時回憶。協會理事長徐烈鈞説，碾米廠位於兩條水圳分流且地勢高低落差之處，利用水量產生的動能推動水車碾米，展現前人的智慧。

3　資料來源：https://tw.news.yahoo.com/%E7%A2%BE%E7%B1%B3%E6%B0%B4%E8%BB%8A%E7%AB%B9%E7%B8%A3%E8%8A%8E%E6%9E%97%E9%87%8D%E7%8F%BE-%E7%9C%8B%E8%A6%8B%E8%B7%A8%E7%A4%BE%E5%8D%80%E7%99%BC%E5%B1%95%E8%83%BD%E9%87%8F-224916723.html；檢閱日期：2018/4/26。

竹北整合 改造公園、人行道

竹北市十興社區人口成長快，社區發現人行道上有變電箱等障礙，不利於老人家、娃娃車通行，在社區規劃師協助整合下，自行畫無障礙步道設計圖，爲人行道加寬1.2公尺，且從整地到鋪設步道，都由居民自力完成，並發揮巧思彩繪與綠美化，讓社區更美。社區也利用廢棄微波爐，作爲居民交換書籍的漂書箱，讓公園飄書香。

第三節　跨域治理的理論基礎

跨域治理可由政策網絡（policy network）、新管理體制（new managerial regime）及協力關係（collaboration）等三個理論作爲分析的面向，分述如下（趙永茂，2003：54；林水波、李長晏，2005：8-18；呂育誠，2007：98-110）：

一、政策網絡理論

所謂政策網絡是指：「一群組織基於資源依賴（resource dependencies）原則相互連結，並藉此資源依賴關係與其他群組織相互區隔。」該理論依照成員組成、互賴程度與成員間資源分配分成五種類型政策網絡，包括政策社群、專業者網絡、府際網絡、生產者網絡、議題網絡，其差異在網絡結構之開放性和穩定性，需視議題性質以及所牽涉利害關係人特性，採不同之政策網絡治理模式。政策網絡理論主要在描述公私部門、利益團體、社區組織與非營利組織的各種跨域治理模式，針對公共議題進行參與、意見與資源交換，達成共識並解決問題（陳一夫、林建元、鄭安廷，2015：156）。

當政府在執行重大爭議的政策或政策本身結構至為複雜時，由於規劃前常因欠缺與民眾或壓力團體溝通而導致政策執行引發抗爭，抑或政府部門間缺乏協調，以及行政一體的觀念而有互踢皮球及推諉卸責之情況。因之，政策網絡的概念提供了一個值得參考的方向，特別是跨域治理的運營，其乃為解決權責不明、管轄權模糊或跨部門的議題，所應運而生的治理機制。

二、新管理體制理論

體制是一種政治制度安排（a political arrangement），將中央與地方政府在政策推動中，所涉及的行政、社會、政治、經濟組織做一種制度化的安排。而管理體制建立的核心概念是指各行動參與者之間參與協調、合作所顯現的權力關係。換言之，就是各參與者之間架構出一項制度安排，並創造出一個系絡，促使參與者能夠合作達成目標。然而，這並不意謂各參與者的共同利益會自動衍生出合作，而是要探測制度安排過程，是否存在促進合作誘因的一些系絡或機制。此種制度化安排表現在跨域治理上可分為二方面：

第一、體制論要呈現出行動者之間權力分享的意涵。因之，主事者欲解決跨域問題就有必要引入夥伴關係的機制，藉此強化中央與地方、地方與地方的跨區域關係。當然，這種夥伴關係不僅侷限於中央與地方、地方與地方水平關係上，甚至與私人組織、志願團體之間，均可形成公、私部門的合夥關係。但值得留意的是，為了避免造成 Stoker 所謂「心不甘情不願的夥伴」（reluctant partners）[4]，在制度安排的過程中，必須注意到促進中

4 公、私部門合夥關係的的建立，係希望藉由資源分享、相互調適，以及風險分擔等手段，來達成目標並創造出協力的綜效。不過此種植基於「功能主義」之論調，似乎過於簡化組織間的發展與合作。公部門常受限於法令規範、分工與制衡，以及輿論壓力等多重制約因素，因此若公、私部門間缺乏維持某種互信關係，夥伴關係的運作將最終淪為

央與地方、地方與地方，以及公、私部門之間有利合夥的誘因結構。

第二、因管理體制理論強調權力被賦予，管理體制的建立乃在獲取或融合行動的能力。因此，欲建構跨域治理體制，中央政府應減少集權，而要多賦予地方政府權能（enabling authority）或「導航型政府」（steering authority）。換言之，跨域治理結構應朝向效率導向、市場導向及社區導向等方向設計，如此才能成爲具有自我課責能力的治理體制。

綜上所述，此理論的核心概念乃是建立在各行動者之間，參與協調、合作所顯現的權力關係，如落實於府際管理層面，亦即在中央與地方政府之間的府際運作必須在公部門彼此之間及公私部門之間均具有合夥觀念。

三、協力關係

Wood 和 Gary 兩位學者針對協力做了以下的定義：「協力是一種過程，由具自主性的參與者，彼此透過正式與非正式的協商管道互動（negotiation），共同創造出規則（jointly creating rules），進而透過此一架構規範與管理彼此之間的關係，促使參與者在議題處理中共同決定和執行；而這種過程結合了規範分享與共益互動。」協力形式之所以出現，乃因現今的公共議題往往涉及相當廣泛的層面，且又棘手複雜而不易處理，常常需要跨越不同的部門。以我國地方政府遊民收容輔導爲例，從遊民之查報至輔導安置機構之過程，結合了民眾、警察局、區公所、社會局及相關社政主管單位等共同協力處理，並依權責分工辦理之[5]。過去的科層體制或市場模式的治理機制，因其侷限性而發生「政府失靈」或「市場失靈」的情況。爲了能夠改善前述的缺失，協力的形式與發展便在此一系絡下應

「不情願夥伴」（曾冠球，2011：83-84）。

5 可參考「新北市政府遊民收容輔導處理要點」，新北市政府社會局，http://www.sw.ntpc.gov.tw/_file/1588/SG/24731/D.html；檢閱日期：2012/7/27。

運而生。協力關係的運作模式強調建立起一種公私協力關係的協調體制，透過行政參與、行政委託、公私部門建立契約等方式，解決跨部門的治理問題。

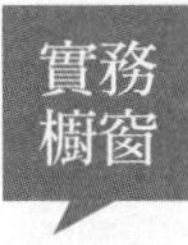

175 線仁人橋改建拓寬 臺南、嘉義建立良好跨域整合模式[6]

連接臺南白河區與嘉義水上鄉的重要交通道路——南 86-1 線區道與嘉義縣嘉 175 線鄉道拓寬工程，25 日舉辦祈福動土典禮。臺南市副市長吳宗榮代表市府前往祝賀，他表示，在「南橋北管」的原則下，這項工程結合中央單位、臺南市、嘉義縣合作治理，建立良好的跨域整合模式。拓寬後，可直接銜接台 82 線，將連帶提升白河區的觀光與地方產業運輸再升級。

臺南市政府工務局表示，嘉南 175 線位於臺南市與嘉義縣交界的仁人橋北端道路已拓寬爲 18 公尺，南端路寬僅 7-8 公尺，成爲通往臺南市南 86-1 線道路的瓶頸路段。而原 5 公尺路寬、雙向僅有一個車道的仁人橋，爲改善交通便利，在嘉邑行善團的大力協助下，今已完成橋樑的主體工程。因仁人橋兩端道路北寬南窄，在「南橋北管」的治理原則下，臺南市與嘉義縣討論協商結果，以南引道長度約 146 公尺，工程經費 9,488,000 元，由臺南市政府全額負擔並委由嘉義縣政府一併改善完成，建立兩縣市間合作模式，並締造雙邊行政、觀光行銷雙贏局面。未來行經 175 線至南 86-1 線的車輛，除了提升道路通行之安全性與舒適性，也將減少車禍肇事發生，並整體提升當地生活機能、型態、生活品質及經濟效益。

6 資料來源：https://tw.news.yahoo.com/175%E7%B7%9A%E4%BB%81%E4%BA%BA%E6%A9%8B%E6%94%B9%E5%BB%BA%E6%8B%93%E5%AF%AC-%E5%8F%B0%E5%8D%97-%E5%98%89%E7%BE%A9%E5%BB%BA%E7%AB%8B%E8%89%AF%E5%A5%BD%E8%B7%A8%E5%9F%9F%E6%95%B4%E5%90%88%E6%A8%A1%E5%BC%8F-083557714.html；檢閱日期：2018/4/25。

第四節　我國跨域治理之成效與課題

一、跨域治理之成效

我國過去數十年跨域合作案例的成效爲何？有研究指出（紀俊臣，2006）認爲雖有成功的案例，但失敗案例亦不少，究其原因可分爲下列幾項：

（一）多功能跨域合作尚未成型

依地方制度法第21條，地方自治事項之跨域合作仍由地方自治團體辦理爲原則，上級政府僅扮演統籌與協調的角色，因此不適宜代行處理。再加上目前我國跨域合作的法制不足，以致地方政府間的多功能跨域合作尚未出現十分成功的案例；甚至可說是尚未成型。比較成功的案例，是前述的「臺北水源特定區管理委員會」。該委員會負責水資源開發的管理及破壞的取締等多項事務。翡翠水庫因有此專責機構，以致能適時制止濫墾、濫建的一再發生，而得以有效管理水資源，但其他跨域合作案例多未能成型。

（二）單功能跨域合作已有成功案例

臺灣地方政府間的跨域合作之案例，則以臺北市與基隆市的垃圾處理最爲成功。臺北市與基隆市於2003年7月，經雙方議會同意，簽訂「區域間都市垃圾處理緊急互助協議書」是唯一以行政契約方式出現的協議。該協議以臺北市垃圾焚化爐提供基隆市垃圾的焚化，而臺北市焚化之垃圾灰燼，則可傾倒在基隆市垃圾場，形成互惠共享，有效解決兩市間的垃圾處理困境。此爲臺灣地方政府間跨域合作單功能事項中，最成功的個案。

從此一跨域合作的成功經驗來看，足以說明跨域合作因涉及地方政府間各自的政治生態，在法制不足的情況下，則以單功能合作較易推動，也較易成功。

（三）硬體建設跨域合作容易推動

臺灣地方政府間的跨域合作的形式中，硬體建設的跨域合作，因容易掌握需求與功能，因此較易推動。臺北市與臺北縣曾爲跨越淡水河、新店溪而興建多座水泥橋，兩地合作基礎，雖僅建立在「東橋西管；南橋北管」的「行政契約」上，卻能運作順利，合作愉快，而使跨越淡水河、新店溪的兩岸橋樑逐座興建完成。這對提升大臺北都會區的發展大有貢獻。而分析這項公共設施合作成功之因，主要是硬體設施民衆日常需求殷切且雙方經費分攤計算容易，再加上工程有其期程，雙方地方議會在監控上較易實施，因而跨域合作的阻力相對減輕。

（四）軟體建設跨域合作尚待推廣

跨域合作的軟體建設需要長久規劃與合作，並宜有法定職權較易運作。因此，長久持續的合作較爲不易。例如經費如何編列、如何分工、責任如何歸屬等問題，均需相關法規的配合。國內跨域合作常以任務編組方式進行，因此成效不彰。更有可能出現合作事項未見其功，反失其名。例如「高屏溪流域管理委員會」係由經濟部水利署及高雄市、高雄縣及屏東縣派員組成，以任務編組方式巡視高屏溪，雖曾巡察多件違規事件，但因非法定機關、欠缺公權力，以致須移由各該地方政府主管機關辦理，而使該委員會形同虛設，不易見到績效。

二、跨域治理之課題

跨域治理儘管有前述的多種方式，亦有甚多優點，但執行上仍有若干難題必須克服，茲整理分述如下（劉明德、徐玉珍，2011：67；丘昌泰，2012：13-14）：

（一）政黨屬性不同造成黨同伐異之爭，經常以「跨域對抗」代替「跨域合作」

臺灣從威權社會轉型爲民主社會後，由於政黨屬性不同，許多公共事務與政策上形成兩極對立的衝突情勢，經常以「跨域對抗」代替「跨域合作」，因而引發無有止境的政黨惡鬥。從臺灣四個區域合作組織來看，「北臺」以及「中臺會報」的成員幾乎都是國民黨籍，而「南部七縣市首長論壇」或「高高屏首長暨主管會報」或「雲嘉南區域永續發展推動委員會」的成員都是民進黨籍。換言之，不同黨籍卻要參加同一個合作組織，在目前的政治生態下很難。特別是選舉之後，一旦首長換人，許多重要職位便跟著異動，以致所有跨域治理必須重新來過或者重新協商，甚至因而破局。陳朝建（2008）認爲如何在制度設計上，降低政黨及政治的負面影響因素，將是推行橫向跨域治理成功與否的重要因素（轉引自劉小蘭、陳志霞，2014：74）。

（二）本位主義作祟，擔心土地管轄權受到限制

各地方自治團體往往過分強調地方自主權，引起本位主義的作祟，擔心土地管轄權受到限制，即便是互蒙其利的跨域事務，亦可能斤斤計較土地管轄權的喪失而導致跨域協力推動上的層層困難。例如，大臺北地區的淡水河與基隆河的流域整治問題，多年來治理成效始終不彰，除整治經費龐大，地方政府無法負擔外，該流域涉及臺北市、新北市、基隆市之行政

轄區管轄權，受限於轄區割裂而未能以區域發展爲基礎，造成對立的錯亂現象。許多跨縣市的相關問題，也在此情況下協調起來困難重重。「合則利，分則弊」，這是跨域協力者必須深思的課題，當前爲知識經濟時代，電子政府的出現導致行政轄區已超越地理空間與土地地域的侷限，而成爲虛擬的行政區域，既然是虛擬化的空間世界，則傳統的行政轄區觀念自應配合時代潮流加以改變，使跨域協力更易推行。

（三）地方制度法的規定不夠細緻完整，影響跨區域合作之意願

「依法行政」爲公務人員的普遍心態，跨域協力所涉及地方自治團體與人民之權利義務甚廣，若執行失敗，則失敗責任將由何人承擔？雖然現行《地方制度法》已有若干法源（第 21 條與第 24 條），皆明訂跨域協力的條文，但仍不夠完備，似可在「第四章中央與地方及地方間之關係」加上相關跨域協力條文，或者另訂有關跨域協力的辦法，使其規範更爲明確具體，在推動跨域協力事務上才能有所遵循。

（四）參與對象眾多導致協商與交易成本增加，成案的難度提高

在跨域協力的網絡中，參與者除了政府部門（中央與地方）外，還包括個人、社區、企業、民間團體、非營利組織等。面對如此爲數衆多的參與對象，其意見之協調與整合自然相當困難，特別當其所處理的跨域事務又相當複雜時，折衝協調必然曠日費時，其所累積的交易與協商成本必然不斷增加，導致跨域協力的難度提高，降低成案機率。

公管小檔案 **北臺區域聯盟**[7]

個案背景

臺灣在區域發展上，受到全球化競爭的壓力、公共議題的跨域特質、公共財生產的規模效益、區域經濟統合的利益等因素影響，在政治、經濟以及永續發展等環境因素的牽引下，促使地方政府紛紛走出傳統競爭對立關係，逐步展開跨縣市的府際合作，並擴散發展出多縣市結盟的協力型態。發展的進程也逐漸由零星的個案合作、非正式的聯繫協調機制，逐步趨向制度性發展。

一、北臺區域聯盟協力治理機制形成與運作

北臺區域聯盟係由北臺灣八個縣市所組成，成員包括宜蘭縣、基隆市、臺北縣、臺北市、桃園縣、新竹縣、新竹市和苗栗縣等。2003 年由臺北市政府規劃聯合北部區域縣市以擴大規模的利基，來突破全球化激烈競爭下邊緣化的壓力，以轉進爲具競爭力的「全球城市」，同時面對當時來自中央政府「重南輕北」施政重點移轉的弱化壓力，而進行區域結盟。2003 年簽署「北臺區域發展合作備忘錄」，2004 年簽署「北臺區域都市發展策略聯盟備忘錄」，2005 年成立「北臺區域發展推動委員會」，2006 年共同發表《北臺區域合作宣言》，訂定《北臺區域發展推動委員會組織章程》，計畫性地逐步展開區域聯盟的合作。

北臺以「北臺區域發展推動委員會」爲協商平台以及決策核心，縣市間透過休閒遊憩、交通運輸、產業發展、環境資源、防災治安、文化教育、健康社福、原住民、客家族群及新移民等八大整合性議題，跨領域、

7 資料來源：李長晏、曾淑娟（2009）；以及北臺區域發展推動委員會網站，http://ntdc.org.tw/index.php；檢閱日期：2016/05/31。

跨區域分工合作。八大議題分由各地方政府主政，採「分組分議」原則運作，設立工作小組，各組各自召開工作小組幕僚會議以及推動小組委員會議，統籌各議題的規劃、協調、推行，同時也負責執行情形的追蹤，進以擴展出聯盟治理結構的型態以及價值。

二、北臺區域聯盟營運的弱勢分析

北臺在體系上具有區域性多層次治理的特徵與功能，但是在各層次及各成員間的合作關係仍以交換資訊、經驗交流爲主，合作的程度有待深化。且其成員數較多，在聯合行動複雜度高的情況下，均可能影響合作的成效。因此，在個別利益競爭或共同利益分享上，協商的困難度相對提升。

此外，聯盟運營均缺乏法制的強制規範，正式性不足，課責性也較低。經費來源籌措不易也使得聯盟在區域治理的能力上受到限制，而彼此在行政轄區分立下，經費分擔的協調力也較弱，再加上中央政府對於跨域計畫補助規定上的限制等等，都弱化了聯盟跨域治理的推展。

歷屆考題

1. 有關跨域治理形成的驅力因素，下列何者錯誤？（106 年退除役軍人轉任公務人員考試四等考試試題） (D)
   (A)全球化下的城市變遷
   (B)資訊傳遞的便利迅捷
   (C)公共政策的複雜多變
   (D)政府機構層級複雜，私部門難以配合
2. 從公共建設的角度分析跨域治理發展趨勢的理由，下列敘述何者錯誤？（106 年退除役軍人轉任公務人員考試四等考試試題） (D)
   (A)跨行政區域的公共建設
   (B)政策議題的跨區域特質
   (C)生產公共財的規模效益
   (D)打破種族藩籬的民權運動
3. 關於跨域治理特質之敘述，下列何者錯誤？（105 年公務人員普通考試試題） (B)
   (A)跨域治理蘊含系統性的理念
   (B)跨域治理特別強調層級節制的監督
   (C)跨域治理兼具微觀與宏觀兩種層次
   (D)跨域治理的參與者兼具相依性
4. 跨域治理的發展存在五項驅動力因素，不包括下列何者？（105 年特種考試地方政府公務人員考試試題） (C)
   (A)全球化下的城市變遷
   (B)快速競爭的經濟發展
   (C)金磚五國的經濟崛起
   (D)資訊傳遞的便利迅捷

5. 跨域治理（across boundary governance）在下列那一種情形下，才需以公私協力方式來處理？（104 年身心障礙人員考試四等考試試題） (B)
⒜權責不對等與預算困窘
⒝權責不明與跨部門問題
⒞財源複雜與業務高度專業
⒟專業的人力與能力不對等

6.「強調公共問題的解決不應僅侷限於單一機關、單一轄區的狹隘眼光與思維」之敘述，是指跨域治理的何種特質？（104 年原住民族特考四等考試試題） (C)
⒜宏觀性
⒝微觀性
⒞系統性理念
⒟參與者兼具的相依性

7. 臺北市和基隆市曾經共同處理垃圾，是屬於何種類型的地方跨域合作？（104 年特種考試地方政府公務人員四等考試試題） (B)
⒜自然資源的共享
⒝公共設施的合用
⒞公共事業的合產
⒟公共建設的合資

8. 有關官僚體系跨域管理的敘述，下列何者錯誤？（103 年身心障礙人員考試四等考試試題） (D)
⒜良好的溝通機制
⒝領導的功能
⒞非正式組織的應用
⒟重視財團利益

9. 當政府當局轉向以「方案」作爲關注焦點時，在公共管理上最可能產生何種影響？（102 年特種考試地方政府公務人員考試試題） (D)
⑷忽略政策執行力
⑸漠視方案績效評估
⑹重視層級節制
⑺重視跨域合作

10. 有關跨域治理的策略，下列敘述何者有誤？（101 年特種考試身心障礙人員考試試題） (B)
⑷形塑協力經營型政府
⑸減少企業參與
⑹秉持新公共服務的領導特質
⑺發展跨越部門的橫向政策

11. 關於「跨域治理」（across boundary governance）形成的主要目的，下列敘述何者正確？（101 年公務人員普通考試試題） (D)
⑷爲了解決經濟發展造成區域空間型態與規模變化所產生的問題
⑸爲了回應企業部門對於政府組織變革的要求
⑹爲了解決政府預算與人力減縮產生的管理問題
⑺爲了回應人口增加造成基礎設施轉型的挑戰

12. 跨域治理（across boundary governance）的模式相當多元，下列那項不屬於跨域治理中，公部門、私部門及非營利組織的聯合方式？（101 年公務人員普通考試試題） (D)
⑷公私合夥
⑸社區參與
⑹契約
⑺社團法人

參考文獻

一、中文資料

丘昌泰，2012，〈彌補政策管理上的黑洞：建立公共組織跨域協力機制〉，《研習論壇》，137：1-17。

呂育誠，2005，〈地方治理意涵及其制度建立策略之研究——兼論我國縣市推動地方治理的問題與前景〉，《公共行政學報》，14：1-38。

呂育誠，2007，《地方政府治理概念與落實途徑之研究》，台北：元照。

呂育誠，2008，〈落實跨域治理概念：英格蘭區域整合體系的啓示〉，《研習論壇》，92：17-27。

李長晏，2006，《府際合作治理制度之規劃研究》，行政院研考會委託研究計畫。

李長晏，2008，〈英國跨域治理的制度發展〉，《研考雙月刊》，32（5）：34-45。

李長晏、詹立煒，2004，〈跨域治理的理論與策略途徑之初探〉，《中國地方自治》，57（3）：4-31。

林水波、李長晏，2005，《跨域治理》，台北：五南。

林淑馨，2010，《日本型公私協力：理論與實務》，台北：巨流。

紀俊臣，2006，〈跨域合作組織體制之設計〉，《中國地方自治》，59（6）：2-18。

孫本初，2010，《新公共管理》，台北：一品。

孫本初、鐘京佑，2005，〈治理理論之初探——政府、市場與社會治理架構〉，《公共行政學報》，16：107-135。

陳一夫、林建元、鄭安廷，2015，〈跨域治理模式的建構與評估〉，《都市與計劃》，42（2）：153-170。

曾冠球，2011，〈爲什麼淪爲不情願夥伴？——公私夥伴關係失靈個案的制度解釋〉，《臺灣民主季刊》，8（4）：83-133。

黃子庭，2007，〈以日、德經驗論台灣跨域治理的法制思維及策略〉，《國立嘉義大學通識學報》，5：417-446。

葉嘉楠，2011，〈新竹縣市跨域合作之研究〉，《中國地方自治》，64（9）：3-22。

趙永茂，2003，〈台灣府際關係與跨域管理：文獻回顧與策略途徑初探〉，《政治科學論叢》，18：53-70。

劉小蘭、陳志霞，2014，〈跨越城市治理之決策新模式的理論與運用〉，《東亞論壇》，485：67-76。

劉坤億，2009，〈政府課責性與公共治理之探討〉，《研考雙月刊》，33（5）：59-72。

劉明德、徐玉珍，2011，〈地方政府跨域合作模式與案例分析——台灣與德國之比較〉，《公共行政學報》，41：37-72。

蔡允棟，2001，〈官僚組織回應的概念建構評析——新治理的觀點〉，《中國行政評論》，10（2）：89-134。

二、西文資料

Pierre, Jon & B. Guy Peters. 2000. *Governance, Politics and the State*. London: Macmillan Press.

Rhodes, R. A. W. 1997. *Understanding governance: policy networks, governance, reflexivity, and accountability*. Buckingham Philadelphia: Open University Press.

Rhodes, R. A. W. 2000. "Governance and Public Administration." In *Debating Governance: Authority, Steering and Democracy*, ed. Jon Pierre. New York: Oxford University Press, 54-90.

10

民營化與公私協力

學習目標

- ▶說明民營化的定義、目的與類型。
- ▶瞭解民營化的理論基礎。
- ▶掌握公私協力的意義與類型。
- ▶檢討公私協力的成功要件與面臨課題。

受到1970年代中期兩次能源危機的衝擊以及民眾需求的增加、國家財政惡化的影響，公營事業因政府過度介入與管制所造成的經營缺乏效率的問題日益凸顯，民眾開始對公部門集中性計畫與政策執行能力提出質疑，進而提出民間參與及回歸市場機能的訴求。也因之，1980年代左右，以英國為首的公營事業民營化（privatization）在德國、法國、日本等先進國家中逐漸展開。邁入1990年代，民營化更有如一股「風潮」，從先進資本主義國家擴展到臺灣、韓國、新加坡等開發中國家，甚至東歐、舊蘇聯等社會主義國家。若推究其原因，主要是由於公營事業的經營缺乏效率，無法即時因應民眾的需要和環境的改變，甚至導致嚴重的虧損問題，帶來國家財政的負擔。因此，為了根本解決公營事業經營上缺乏效率及改善嚴重的虧損問題，各國紛紛找尋解決之道，民營化即是為了因應這種需求而衍生出的時代性產物。

公私協力（Public Private Partnership，簡稱PPP）泛指公部門與私部門共同處理事務之情形（詹鎮榮，2003：10）。隨著公私部門關係的改變，由陌生到競爭合作，甚至於政府主動尋求私部門的協力參與，在在都象徵著公部門不再只是強調公平性原則，也開始注重公共服務的水準與民眾的滿意度（吳英明，1996：15）。所以，公私協力所代表之意涵，早已經超越了單純的公部門與私部門共同從事某項事務的概念，還象徵著新的社會經營價值觀之建立。以我國而言，近年來，公共服務的供給效率普遍不彰，加上受到民主政治與經濟快速發展的影響，民眾參與公共事務的意識越來越高，對生活品質和公共服務水準的要求也日益提升。傳統以公部門為主所提供之服務已難以滿足民眾之需求，面對如此多元的需求，政府如何透過合理的社會資源管理以滿足民眾，乃成為一個迫切需要解決的課題。有鑑於此，在本章中，首先整理民營化的基本概念；其次介紹民營化的理論基礎；接著說明公私協力的意義與類型；最後則分析攸關協力成功的要素與面臨的課題。

第一節　民營化的基本概念

一、民營化的定義

民營化一詞因牽涉到不同的政策層面，而包含多樣的內容，多數學者對於其所代表的意義與用法並沒有一致的共識。有學者將民營化視爲是「非國有化」（denationalization）的同義語（遠山嘉博，1987、1995；森田朗，1988），但卻也有學者認爲，如將民營化與「非國有化」視爲同義語，則無法適用於各國國情[1]。但即便如此，在美國以外的地區，尤其是歐陸，民營化一詞仍等同於「非國有化」（Savas, 1990；詹中原，1993）。

日本學者遠山嘉博則從狹義、廣義和最廣義三個面向來分析民營化的內容。遠山認爲：狹義的民營化應是解除國有化或私有化。具體而言，乃是至少將公營企業過半數（50%）的資產移轉給民間，英國柴契爾政策中所使用的「民營化」一詞，即爲此義。因之，遠山所指稱的狹義的民營化，乃「公營事業所有權的移轉」，意即「解除國有化」。

廣義的民營化則不再將民營化的概念限制在「所有權的移轉」，而將其擴大到市場加入的自由化、導入競爭、解除管制等概念；引申爲除了自由化或解除國有化外，即使未解除國有化，藉由民間參與，或是民間部門的管理方式、技術等的導入也都屬於民營化的範圍。而最廣義的民營化則是指將包含醫療、衛生或教育等原本由國家所提供之服務的全部或部分開放給民間來參與。根據遠山的說法，最廣義的民營化意味著政府在公共服務供給職能後退的同時，希望藉由民間參與、民間委託來擴大民間供給

1 以美國為例，「非國有化」用語的使用將排除了「非市有化」（demunicipalization）與「非州有化」（destatification），但對於許多隸屬「市」或「州」的公營事業而言，由於「市」或「州」仍為國家行政組織的一環，「非國有化」一詞顯然無法和民營化一樣，涵蓋較廣泛的領域。

（參考圖❶）（遠山嘉博，1987、1995）。

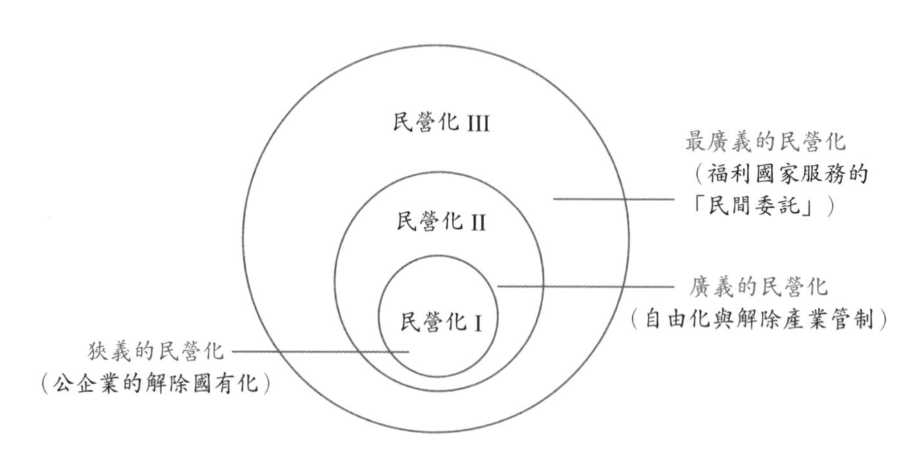

圖❶　民營化概念圖

資料來源：遠山嘉博（1995：7）

在國內，研究民營化的學者不在少數。陳師孟等人（1992）認為，民營化可採行的方式有三條途徑：（1）出售公營事業或公有資產及官股的移轉；（2）委由民間經營及代理，公營事業退居第二線，不直接進入市場或提供產品；（3）調整立法並開放市場。而詹中原（1993）認為：民營化應指政府減少直接涉入生產及提供財貨與服務，轉而強化政策能力（規劃、監督、評估），以增加社會中私有機制之發展，進而提升民眾所接受之品質，且能滿足公共需求。

綜上所述得知，在臺灣一般所認知的國營事業移轉民營的做法，屬於狹義的民營化定義。由於該項做法容易引發工作權的抗爭，近年來國內較傾向採取廣義民營化的概念，透過解除管制、契約外包、公私協力、公設民營等做法，以減輕政府的財政負擔，並達到提升效率之目的。

二、民營化的目的

如上所述，民營化的定義所涵蓋之範圍非常廣泛，至今尚未形成一致的共識。因此，有關民營化的目的也呈現分歧的看法。以民營化的發源地——英國而言，之所以推動民營化主要是欲達成下列六大目標（潘偉華、俞慧芸，2000）：

（一）為提高效率，開放競爭並解除管制。

（二）為增加財政收入，減少舉債或降低稅賦負擔。

（三）為鼓勵員工持股，增加員工認同與福利。

（四）為擴大分散股權，促使社會大眾參與投資。

（五）為強化資本市場，活潑資金流通。

（六）為爭取國內外政治支持，強化執政基礎。

但在我國，由於公營事業移轉民營條例第一條規定：「為促進公營事業移轉民營，以發揮市場機能、提升事業經營效率，特制定本條例。」因此，我國政府於民國 78 年 7 月成立「公營事業民營化推動專案小組」[2]時，所接櫫的政策目標包含以下幾點（王文宇，1998）：

（一）增加事業的自主權，以提高經營效率。

（二）籌措公共建設財源，加速公共投資，藉以提升生活品質。

（三）吸收市場過剩資金，紓解通貨膨脹的壓力。

（四）增加資本市場的籌碼，擴大資本市場規模，以健全資本市場的發展。

由以上所述得知，民營化的目的在於解除市場不必要的管制，尊重自由競爭的市場，以達到經營效率的提升，籌措公共財源的目的。近年來，

2 此民營化專案推動小組已於民國87年4月更名為「行政院公營事業民營化推動指導委員會」，以強化功能。

由於各國的財政困境致使多數國家在推行民營化政策時多強調民營化所帶來的經濟效益，或許是受此影響之故，國內民營化的相關論述也多偏重民營化經濟性目的的探討。

三、民營化的類型

民營化的類別有許多種類，以Savas的分類最具整體性與週延性，按照Savas的定義，民營化政策有撤資、委託與替代三種類型。而此三種類型又可透過以下各種方式加以完成，茲分述如下（Savas, 1992；轉引自詹中原，1993：15-19）：

（一）撤資（divestment）：指公營事業或資產之移轉民間，也意味著政府透過整體一次性的方式，完成去國有化。透過以下各種方式加以完成：

1. 出售（sale）：主要指出售股權或資產。出售股權部分，是將公營事業的股票，在股票市場售予私人的一種民營化方式。
2. 無償移轉（free transfer）：主要對象有事業機構現有的員工、社會大眾，主要方式爲員工無償或優惠配股與全民無償或優惠配股。
3. 清理結算（liquidation）：對公司現有之資產、負債未來獲利能力等，重估其價値，並對外公開標售，由民間投資者承購。

（二）委託授權（delegation）：又稱爲部分民營化，政府部門委託部分或全部財貨與服務的生產活動給民間部門，但仍繼續承擔責任。透過以下各種方式加以完成：

1. 簽約外包（contract out）：公營事業所提供的服務或產品，係以簽約外包的方式，委託私人企業代爲生產。
2. 特許權（franchise）：政府核准私部門提供公共服務，如自來水、交通運輸、電信服務、電力等，但政府保留價格核准權，由使用者付費。

3. 補助（grant）：乃由政府透過免稅、低利貸款、直接補助，鼓勵民間參與，如興建停車場、國民住宅等，其經費由政府對業者補助與使用者付費。
4. 抵用券（voucher）：政府透過發行抵用券，將先前國家經營的勞務委託給合格對象。不同於補助生產者的做法，抵用券是補助合格的消費者。
5. 法令強制（mandate）：政府以命令方式要求私部門支付強制性的服務，如失業保險金。

（三）替代（displacement）：是一種消極和間接的過程，即政府在服務的供給上逐漸被民間部門取代。透過以下各種方式加以完成：

1. 功能不足之替代（displacement by default）：例如社會治安之日趨敗壞，而警力則呈現明顯之不足，因而產生民間保全公司。
2. 退離之替代（displacement by withdrawal）：公共部門縮減規模及資源的投入，開放民營企業參與競爭，間接刺激公營事業的效率。
3. 解制之替代（displacement by deregulation）：經由法律的修訂，解除經濟上的管制，允許國內外私有企業，對原本公有獨占之市場環境挑戰。

第二節　民營化的理論基礎

從 1970 年代末期，英國政府提出民營化政策以來，該政策似乎已成爲世界各國經濟體制改革的重要趨勢。當然，各國推行民營化的動機與目的不盡相同，所考慮的面向也極爲廣泛。以下，作者則整理、歸納多數國家推行民營化政策的背後動機。

一、背景：後現代國家新自由主義之興起

（一）新自由主義之內涵

現代國家時期之「積極國家」、「社會國家」、「福利國家」觀，自 1970 年代後半以來，出現重大轉變，國家之角色再度變化，形成所謂後現代國家時期。新自由主義之目的，並非提倡市民之自由，而係強調企業之營業自由；其擬保護之企業係大企業而非中小企業，且其擬打破福利國家思想。由於新自由主義其支持者多屬富裕層級中上階層者，企圖弱化勞動者組織及勢力，與保守政權相契合，因此在政治學上被稱爲「新保守主義」（蔡秀卿，2005：24）。

（二）新自由主義之抬頭：財政危機或政府失靈

20 世紀以來受社會主義與福利國家思想之影響，致使國家或行政之角色，導向社會保障之提供、管制者、及公企業等之重大積極角色。自 1960 年代後半至 1970 年代初以來，各國之社會福利政策對象，已從貧窮階層轉向全面的市民；社會保障之內容，亦擴及全部生活領域；福利國家論直接導致嚴重之國家財政負擔。此時經濟學界出現所謂新古典派，政治學界亦出現同樣見解，積極批判因福利國家論所產生之財政危機，其中最重要者，爲針對「政府失靈」之「公共選擇理論」（蔡秀卿，2005：24-25）。以「公共選擇理論」分析國家行爲時，認爲國家介入市場經營產業，不僅破壞自然和諧之市場機制，同時官僚的經營型態亦不符合經濟效率與資源的最適利用原則（陳淳文，2003：285）。

二、民營化的理論基礎

（一）提高經濟自由度

公營事業存在所爲人詬病的原因之一，乃是因公部門在市場上獨占財貨與勞務之供給，基本上乃是以公權力對於一個經濟社會體制中的「經濟自由度」進行壓縮。若就使用者或消費者之福祉來看，如能提高供給面之競爭，當能反應在消費者福祉之提升。因此，私有化與解除管制乃成爲增進經濟自由度所必要的可行手段（林建山，2002：8）。對許多開發中國家而言，由於實施嚴格的經濟管制，市場缺乏競爭，導致公營事業的經營績效普遍不佳。也因之，開發中國家多視民營化政策爲提高經濟自由度的重要手段。

（二）提升事業經營效率

若檢閱相關文獻可以發現，無論是先進國家或開發國家，欲藉由民營化來提升事業效率的這項經濟目的，幾乎都是相同。由於公營事業長期處於獨占的保護傘下，缺乏來自對手的競爭與挑戰，加上對政府預算挹注虧損的依賴，欠缺利潤動機與憂患意識，無法將資源做最有效的配置，造成經營效率的低落。而且長期以來，公營事業受到法令過多的束縛以及機關部門的層層限制與監督，缺乏自主性並減弱應變能力，也是導致其經營缺乏效率的主要原因。因此，民營化的支持論者認爲，若公營事業移轉民營，除了因需自負盈虧，賦予勞資雙方經營的危機意識外，還能解除法令的束縛，獲取自主的經營空間。故事業的經營效率自然能夠提升，獲利情況也會得到改善。

（三）減輕公部門財政負擔

各國支持民營化的另一項重要論點，乃是希望藉由公營事業巨量的釋股，來豐富國家財產，紓解政府的財政困境，以減輕公部門的舉債負擔。因爲若從政府財政預算的角度來看，民營化後可以大幅減少政府在財政預算上的包袱，減輕財政赤字的負擔；而民營化所得之收入可以彌補政府財政短缺或償還政府公債的論點，應是促使各國推行民營化政策的重要因素。因此，1980 年代以後，大多數第三世界國家均運用民營化策略刺激國內經濟發展，以作爲減輕政府財政負擔的手段（陳朝威，1990：52）。

（四）自由意識型態的強調

部分支持民營化的理由是基於意識型態對政府機制所產生的不信任，認爲政府藉由公營事業大幅介入民眾生活，將會限縮人民的自由，和民主原則背道而馳。另外，由於公營事業的經營多以政策考量爲主，鮮少注意到成本效益，相較自由市場是根據「看不見的手」而自由運作，難以受到大眾的信賴（Savas, 1987: 6-9）。

（五）避免政黨與企業掛勾

在許多一黨獨大的開發中國家，執政黨往往會透過黨的機制掌控公營事業，藉以主導國家經濟並握有絕對的權力，有時甚至會出現官商勾結的現象，而大規模的民營化可以導致公私部門間經濟力量的重分配，減弱政府對企業的控制。因此，開發中國家的反對黨爲了切斷執政黨利用公營事業掌握政經的優勢，以及避免其利益輸送的特權，多贊成民營化。

綜上所述得知，各國實施民營化的主要目的在於提升經營績效，解決政府財政赤字，降低公權力對經濟事務之直接干預，開發中國家的反對黨甚至期望藉由民營化的實施，來達到避免政黨與企業掛勾的目的。因此，民營化所象徵的並非單純將公營事業股權或資產移轉民間，更重要的意義在於經濟自由化之體現及活化市場結構。因之，民營化實際上是一種手段而不是目的，其眞正代表的是一個更廣義的公共經濟活絡化，更有效地採取民間的活性管理制度。然而，相較於先進國家，對於市場競爭程度不夠且法制建構較不完備的開發中國家而言，民營化政策的施行成果恐會受到限制，不但經營績效難以充分提升，原本藉由政府行政機制賴以維持的國民基礎設施與基本權益等公共性保障問題，也可能伴隨民營化的實施，在相關配套措施尚未建構完整的情況下而成爲公營事業民營化後的另一項新的課題。

台汽民營化經過[3]

國道高速公路在1978年全面通車之初，僅核准公路局（台汽之前身）獨家經營國道業務，之後，因台汽所提供之運能無法滿足社會大眾之需求，導致遊覽車業者違規經營，於是政府乃於1990年2月核准第二家客運業者統聯客運加入國道路線的營運。自此，台汽獨占之優勢已不復存在。爾後，受到自由化潮流的影響，政府於1995年陸續開放37條路線，期望透過市場機制的運作，提升業者的服務品質與經營效率，受到政府解除管制政策的影響，台汽喪失國道經營的獨占優勢，提前暴露台汽經營的無效率和虧損等問題，加速民營化政策的推行。在台汽改革初期，省政府僅扮演著改革方向的規劃者角色，雖不能說是積極主動，但明確的民營化方向卻也迫使台汽的態度由原來的觀望與被動改爲主動配合。而省交通處自1994年7月，開始舉辦台汽公司定位問題公聽會，與會人士除交通處

3 資料來源：請參閱林淑馨（2007）論文。

長、專案小組外，還包括交通部運輸研究所所長、學者專家及公司董監事、經理和工會代表等，並從1995年起開始辦理各項員工訓練，董事長和副總經理及各處室幹部則分赴各運輸處舉辦說明會，試圖使員工瞭解民營化是公司既定的政策與方向，改變員工抗拒民營化的態度，終於使台汽在2001年7月正式移轉民營，成爲國光客運公司。

第三節　公私協力的意義與類型

一、公私協力的意義

公私協力關係乃指在公私部門互動過程中，公部門與私部門形成平等互惠、共同參與及責任分擔的關係。在此關係中，彼此在決策過程均基於平等的地位，有著相同的決策權，而形成一種相互依存共生共榮的關係。故若整理公部門與私部門協力之意義，約有下列幾項（吳英明，1996：17；孫本初、郭昇勳，2000：101）：

（一）透過資源整合，使雙方互蒙其利

此爲公私部門協力之最具價值的理由。公、私部門彼此透過資源的整合與共同的投入，提高資源的使用效率，如遇到彼此間利益之衝突而無法推行工作，就透過合理的「衝突求解」而得以協力合作。

（二）強化民主決策與民主參與的效果

協力關係的建立，可集結公、私部門的專才或技術而形成協力組織或網絡，不但可以整合社會資源，也達到民主化決策與民間參與的成果；此

協力關係的建立可由關係、網絡或契約來達成。

（三）改善傳統公共行政的缺失，有效解決社會問題

透過公私部門協力關係的建立，可使傳統公共行政的諸項缺失，如膨脹的組織、繁複的行政程序等作風得到改善。取而代之的是將私部門企業型的公共管理精神納入行政體系，使公部門更具行政效率、市場性與企業機制，進而能有效反映和解決民眾需求。

（四）解決市場失靈的現象

市場失靈是立基於競爭市場運作的問題，因為在眞實世界中，經濟運作不可能完全符合競爭市場的假設，以致達成「柏瑞圖效率」（Pareto efficiency），故有市場失靈的現象。在某些必要的情況下，政府必須藉由公共政策介入市場之運作，以期達到「柏瑞圖效率改進」（Pareto-efficiency improvement）的境界。而透過公私部門合夥協力關係之運作，能將社會資源與國家資源予以重新配置或有效整合，以改善社會整體福利，並保障更多人的權益，而將市場失靈的可能降至最低。

二、公私協力的類型

公部門與私部門在公共基礎設施的興建管理與營運合作協力之上，隨著不同角色的扮演，一般可以有所謂的「公辦公營」（均由政府擔任建設、管理與營運的角色）、「公辦民營」（由政府擔任建設、但由私部門擔任管理與營運的角色）、「民辦公營」（由私部門擔任建設、但由政府管理與營運的角色」[4]，以及「民辦民營」（均由私部門擔任建設、管理與營運的角色）之分（程明修，2005：59），以下分別說明之（野田由美子，2003：

4 由於民辦公營的類型，在臺灣尚未實施，故在本章中不予以介紹。

28-36；詹鎮榮，2003：13；程明修，2005：59-60）：

（一）公辦公營

公共基礎之建設、管理與營運的角色均由公部門擔任，雖不排除將部分業務透過契約委託私部門辦理，但營運管理的責任與業務委託所需之費用還是由公部門承擔。此乃公私協力行為中最常見之一種活用類型。

（二）公辦民營

由公部門負責建設，但由私部門擔任公共基礎設施之管理與營運的角色。若從經營權和所有權的觀點來看，「公辦民營」是硬體設備的所有權仍歸政府部門，而硬體設備的經營管理權則交給民間。換言之，公辦民營就是政府單位提供民間機構足以運作業務之硬體設施及相關設備，民間因免費提供之場地與設備等，可以節省許多開支；如海生館的鯨魚廣場、臺灣水域（一館）、珊瑚王國（二館）、停車場維護設施即採 OT 模式。

另外一種是設施出租，是指政府興建設施後可透過有償或者無償的方式租借給私人，而委由私人進行營運管理，管理營運之費用則由從利用人之處收取之收入充之。我國《促參法》第八條第一項第四款規定「由政府委託民間機構，或由民間機構向政府租賃現有設施，予以擴建，整建後並為營運；營運期間屆滿後，營運權歸還政府（Re-habilitate-Operate-Transfer, ROT）」即包含此一類型。我國公辦民營個案有許多，萬芳醫院乃是著名且成功的個案[5]。

5 相較於臺北市其他地區，文山區算是醫療資源較為缺乏者，因此政府於1988年動工興建萬芳醫院，以提供區域居民醫療服務。若由市府自行經營醫院，除必須投入11億元的固定資產投資及開辦支出外，依市立醫院以往經營經驗，每年還需投入5億元的公務預算補助。若採公辦民營，市府除可減少11億元的固定投資外，還能減少每年5億元的公務預算支出，初步估計市府自行經營的9年內基本支出約97億元，若委託經營則市府無須編列預算，同時由業者自負盈虧，故最後乃決定藉助民間機構的經營效率，將萬芳醫院委由民間經營。

（三）民辦民營

由於公共建設多具有投資大、風險高、回收慢等特質，且可以創造出相當大的外部效益社會利益。有鑑於此，政府爲了加強民間參與重大公共建設之意願，近年來致力於引進國外盛行的公私協力模式，希望透過引進民間的技術、資金、專業與效率，來達到提升公共建設品質並增加社會福祉的目的（劉憶如、王文宇、黃玉霖，1999：2）。整體而言，民辦民營是指公共設施的設計、建設、管理與營運均由私部門擔任，而根據其做法的不同又可分爲下列幾種類型：

1. PFI（Private Finance Initiative）

PFI意指民間資金主導公共建設，我國官方將其翻譯成「民間融資提案」。這是將公共基礎設施之設計、興建、營運與資金調度權交給私部門完成。PFI模式主要是指政府與民間業者間以長期契約方式，由民間業者投資公共建設資產，於民間業者開始利用公共設施資產提供服務時，政府向民間業者購買符合約定品質之公共服務，並相對給付費用的一種民間參與公共建設模式（黃崇哲，2012：8）。所以PFI的基本理念，是政府在實施公共事業時，如何有效率、效能的使用國民的稅金，盡可能提供國民較高品質的服務。若將此概念運用到實務上，是指若將傳統由政府實施公共事業或提供公共服務的手法和以PFI手法相比，如民間業者所提供之服務品質較高或成本較低，則意謂達到縮減成本效果之目的。這是民辦民營類型中最極致的型態。

2. BTO（Build-Transfer-Operate）

公共基礎設施之設計、興建、營運與資金調度權全部都委由私部門完成，但是建設完成後將所有權移轉給政府的類型。我國《促參法》第八條第一項第二款規定「由民間投資興建完成後，政府無償取得所有權，並委託該民間機構營運；營運期屆滿後，營運權歸還政府」，以及第三款規定

「由民間機構投資興建完成後，政府一期或分期給付建設經費以取得所有權，並委託該民間機構營運；營運期屆滿後，營運權歸還政府」，即指此一類型；如馬祖南竿三期海水淡化廠。

3. BOT（Build-Operate-Transfer）

一種積極讓民間參與公共建設的方式，由民間團體透過與政府之合約關係，投資興建公共建設，於興建完成後，由政府以特許方式交由民間經營一段時間，作爲投資報償，經營期滿後，民間團體再將設施資產交還政府的做法。我國《促參法》第八條第一項第一款規定「由民間投資興建並爲營運；營運期間屆滿後，將所有權移交予政府」，即指此一類型的合作關係。儘管我國 BOT 爭議不斷，但卻也帶進民間的效率和品質，著名的 BOT 個案有高鐵、臺北交九、宜蘭傳藝中心、海生館第三館的興建等。

4. BOO（Build-Own-Operate）

是指公共基礎設施之設計、興建、營運與資金調度權全部都委由私人完成，但是建設與營運期間屆滿後，並不將所有權移交給政府的類型。我國《促參法》第八條第一項第六款規定「爲配合國家政策，由民間機構投資興建，擁有所有權，並自爲營運或委託第三人營運」，即包括此一類型；如日月潭纜車是國內第一個以 BOO 方式興建的觀光纜車。

三、概念比較

如比較 1980 年代以來，各國陸續採行的幾種導入民間活力的方式（如民營化、委託外包等）可以發現，相較於民營化將公營事業的主導權完全移轉民營，而服務的內容與品質也由民間業者自行決定，公部門無法過問的缺點，PFI 的優點在於公部門爲公共事業的管理者，除有權訂定所需公共服務的品質標準，還可以對民間業者所提供之服務進行監督。因此，公部門掌握事業的主導權，私部門僅負責建設或提供服務。對於獲利性不高的公共事業較有保障。

又，不同於委託外包的是，PFI是由民間業者自行興建設施，自行提供服務的做法，而委託外包卻是由公部門提供設備，並基於單一年度契約，將部分事業委託給民間業者的做法，且在此契約中，公部門決定有關詳細的作業流程。因此，就自主性的程度而言，PFI因設備與經營一體之故，比委託外包有較強的自主性（林淑馨，2013：86）（參見表❶）。

表❶　PFI與其它促進民間活力方式之比較

	服務提供者（營運）	設備提供者	服務品質的決定與監督者
傳統公共事業*	公共	公共	公共
民營化	民間	民間	民間
PFI	民間 （長期、綜合業務）	民間	公共
委託外包	民間 （單年度、單一業務）	公共	公共

* 傳統公共事業非為促進民間活力的方式，在此僅作為參考之用。

廁所變企業活廣告！環保署推認養公廁計畫[6]

公廁有時會因爲沒人清理變得骯髒、甚至傳出臭味。環保署最近就打算推出「公廁認養」方案，讓企業認養公廁，如此一來企業可用公廁作爲廣告宣傳，政府也能減少維護公廁的支出。環保署今天召開「公廁促進認養計畫說明會」，希望可以透過讓企業認養公廁，結合更多資源，建立更優質的公廁、並提供民眾更乾淨的如廁空間。

環保署長李應元表示，德國過去就有將公廁與企業廣告結合的成功經

6 資料來源：自由時報（http://news.ltn.com.tw/news/life/breakingnews/2405198；檢閱日期：2018/6/19）。

驗，這樣公廁除了有如廁功能外，還能變成企業的賺錢金雞母，讓企業得到宣傳效果、擁有廣告收益。環保署也表示，過去公廁的認養模式多是以環境巡檢爲主，現在則鼓勵企業能認養公部門公廁，運用民間創意與活力進行公廁硬體改善，並有效管理、維護公廁的潔淨。這樣的認養計畫不只能讓企業獲得正面形象、讓公部門減少公廁管理維護支出，也能讓民眾擁有乾淨的廁所，是三贏的局面。

其實環保署去年就曾試辦過公廁認養，當時是讓衛生紙廠商「金百利克拉克」認養臺北市立大學中正堂的廁所，廠商會免費提供自家的衛生紙、洗手乳等產品，讓公廁成爲宣傳、展現企業形象的新管道。

第四節　公私協力的成功要件與課題

一、協力的成功要件

在公私協力過程中，也許會碰到許多不論是在政策面或是執行面上的問題，如欲使公、私部門的協力關係成功達成預定的目標，必須注意公私協力之基礎因素，才能使公、私部門協力關係順利，成功達成預定目標。公部門與私部門究竟要如何協力才能成功，達到預期的目標，是目前各界所關注的議題。以下整理相關之研究說明如下（江明修、鄭勝分，2002：96-97；林淑馨，2010：42-43）：

（一）清晰的目的

目的清晰有助於任何協力參與者都能清楚分享目的之願景，以及瞭解協力所欲達成之目標，因此，清晰的目的扮演攸關協力成功與否的重要因素。另外，清晰的目的也可使參與者容易共事，進而提升角色認知與提高績效。

（二）對等之關係

一般論及公部門與私部門的關係，多認爲兩者是「主體」與「客體」的關係。但是過於強調這種主從關係，反而使得私部門的彈性、效率、多元等特性受到限制而難以發揮。基於此，有部分學者認爲，如欲達成兩者間的共通目標，應尊重彼此的立場而行共同事業，彼此應以充滿信賴，而且處於「對等」關係爲前提，政府部門如以支援姿態來對待私部門，即非爲所謂的對等關係。

（三）互信與互敬

由於私部門能彈性解決公共問題，因此如何發揮私部門的該項長處乃極爲重要，對於該組織的自主性需予以尊重。同時，信任與敬意也會使溝通、分享敏感性資訊與學習更加順暢，改善雙方的關係並提升協力的成效。

（四）目的共有

由於公共問題的解決是以解決不特定多數的第三者之利益爲目的。因此，私部門與公部門雙方需共同瞭解合夥的目的究竟爲何，並予以確認。若協力的雙方缺乏共同的目的，在協力過程中將容易出現爭議，影響協力的成效。

二、協力的課題

公私部門在互動的過程中，可能因爲利益觀點不同，造成公私部門無法形成唇齒相依的工作團隊，而複雜的政府機關組織導致權責歸屬的不明確，以及政策倡導不足所造成的執行上的阻礙等等，這些都足以使公私協力關係的過程無法順暢。研究指出，公部門與私部門的協力關係會遇到下列幾項困境（吳英明，1996：88-91；行政院人事行政局，2001：32-39）：

（一）政府機構層級複雜，私部門難以配合或貫穿

公私協力關係的推動是為了有效率的整合社會資源，而社會資源的整合有賴公私部門資源充分的互動。然而政府機關的龐大和層級複雜，是因為公共事務範圍廣泛，同一任務往往由許多不同單位共同負責，造成權責歸屬的模糊及不明確。私部門往往因為此種因素而無法在政府機構裡找到適合的專責機構一起共同協商，而制式的溝通方法造成政策的延遲效果，許多時效性的決策最後便失去了意義。

（二）協力過程監督、審議太多，削弱競爭契機

公私部門在協力過程中，要接受雙方的監督、審議。公部門議會審核方案的程序必須三讀通過，才能進入執行階段。許多議案常常無法順利地排上議程，因此在推動協力關係時若每一方案都須經過議會的通過，這容易因為時間的延誤而降低了企業商機。

（三）公私部門對公共事務認知差距

公部門與私部門兩者對利益著眼點的不同也會形成公私部門互動的障礙。不管是主張國家利益優先或人民利益優先，政府都是從大層面的環境來考量，追求全民利益是政府的基本使命；私部門則以本身的考量為重，追求利潤才能維持他們的生活，因此在公共事務管理的體認方面，公私部門有很大的認知上的不同。如何做好政策溝通（policy communication）和政策倡導（policy advocacy）的工作，是政府縮短公私部門認知差距的

辦法。

（四）公部門資訊具壟斷性，無法流通

在公部門方面，資源壟斷有時是爲了公平性的考量；在私部門方面則是爲了競爭的因素。爲了達到公平性與競爭性的目的，公私部門的資訊往往無法以開誠佈公的精神相互交流達成協力關係，因此，如何將公私部門各自壟斷的資訊變成共同分享的資訊，是在推動公私協力關係時必須考量的重點。

（五）協力機構的承接能力問題

政府思考要將某種業務交由民間辦理時，需先評估民間機構是否有能力提供等於乃至於高於政府原本自辦該業務的水準。由於部分協力或委託業務過去多屬於由政府獨占經營或具有特殊性的事業，若民間機構沒有承接的能力，或是承接的結果比政府自己辦理還差的情形下，即暫無交由民間辦理的必要性。如欲解決此問題，政府除應積極創造協力誘因外，還應培養私部門承接業務或協力經驗。

大臺南環檢警結盟 [7]

個案背景

長期以來，政府對於產業發展與經濟的關注大於環保議題，以致近年來各縣市政府在解決地方環境污染問題上略顯能力不足。甚且，臺灣重北輕南的發展，反映南部縣市政府因資源與能力不足，亦直接體現在執行環境保護面向上的問題。若能促使行政部門與民間團體共同合作提供情資，

7 資料來源：許耿銘、林淑娟（2015）。

將有助於檢察機關偵辦。前環保署長沈世宏也指出一些環境犯罪案件，是充斥武力與暴力的大型規模犯罪，若無檢警機關的協助將難以處理。因此，檢警力量的介入，可免於行政人員在執行公務時暴露在高風險情境中。

個案介紹

臺南市政府透過與社區居民與非營利組織的協力合作，於民國 96 年成立臺灣首創由環保機關、檢察部門、警察單位與民間團體組織跨部門合作的「大臺南環檢警結盟」（以下簡稱臺南環境結盟）。環保機關在結盟運作中扮演受理環保團體、地檢署與環保警察通報污染情形，並負責處理與回覆處理進度，在面臨執行阻礙時可向地檢署請求協助偵查；環保警察在結盟中扮演執行者的角色，除協助環保機關稽查秩序維護、排除不法阻力外，還要負責刑事案件蒐證，以提供地檢署辦案之事證；社區大學、環保團體、志工巡守隊屬於民間團體組織，最主要的功能是負責環境巡守，並通報環境污染案件與協助污染蒐證；地檢署則以刑事偵查爲主要工作，同時也協助於稽查時排除外力的不當干預。

臺南環境結盟致力於查緝臺南地區河川流域內非法排放廢水及廢棄污染水體者，以期有效改善直接排入河川污染量，減輕沿海海域污染並改善河川與海洋生態環境，另外強化偵查攔截不明廢棄物運送車及廢棄物棄置點，期能遏阻非法清除及棄置行爲，防止土壤及地下水遭受污染，以提升良好生活環境。整個臺南環境結盟的運作圍繞在打擊環境犯罪，希望達到更全面、完整的監控，保護環境之功能與任務。

個案成果

由於臺南環境結盟模式創全臺之首例，且因成效頗獲好評，環保署指示各縣市環保局推動；環境督察總隊各區督察大隊依轄區污源特性，研訂兼顧區域性質的環境守護行動稽查專案計畫；而法務部黃朝貴檢察官以此結盟模式爲藍本，擬定「檢察機關查緝環保犯罪案件執行方案」，據此要求各地檢署與環保局、警察局和民間團體合作，在臺中與高雄等地成立相似之結盟。

惟在臺中的結盟組織，是以檢方、警方與環保局的傳統官方間合作關係，民間環保組織涉入較少；而高雄的結盟組織，雖有相當積極的地檢署與地球公民基金會等民間環保團體，但高雄市政府相對較爲被動；而其他地方成立的結盟組織則未曾運作。整體而言，臺南環境結盟的個案，確實是相對較爲成功的。

歷屆考題

1. 「國營的中華郵政轉爲中華郵政公司」是屬於那一類型的民營化？（107 年公務人員初等考：行政學大意） (A)
   (A)組織民營化
   (B)任務民營化
   (C)功能民營化
   (D)財產民營化

2. 下列何者係屬市場模式之公共治理的特質？（107 年身心障礙人員特考：行政學概要） (D)
   (A)以多元主義爲其理論基礎
   (B)主張中央集權的授能領導
   (C)避免政府組織當中產生競爭機制
   (D)運用私人企業提供公共服務

3. 下列那一個概念無法說明政府愈來愈仰賴民間社會的力量，以解決公共事務欠缺效率的問題？（107 年身心障礙人員特考：公共管理概要） (D)
   (A)委外體制
   (B)民營化
   (C)第三方政府
   (D)影子內閣

4. 關於政府機關「業務委託」的概念，下列敘述何者錯誤？（107 年身心障礙人員特考：公共管理概要） (D)
   (A)屬於行政委託的一種類型
   (B)主要透過簽訂契約建立公私協力關係
   (C)實務上通稱爲「委外」
   (D)「機關內部業務委外」通常涉及公權力行使

5. 有關非營利組織在公共服務上與政府形成緊密的協力關係，下列理論何者最為適當？（107年身心障礙人員特考：公共管理概要）　(D)
(A)挽救市場失靈
(B)社群主義理論
(C)志願服務理論
(D)第三方政府理論

6. 下列有關各國政府再造的共同特色之敘述，何者錯誤？（107年身心障礙人員特考：公共管理概要）　(C)
(A)政府組織精簡成為撙節施政成本的必然手段
(B)廣泛運用市場的自由競爭機制進行政府再造
(C)基本理念是以公民導向取代顧客導向的服務
(D)建構績效型政府已成為各國政府的共同目標

7. 將市場機制與競爭功能導入政府部門的是：（107年身心障礙人員特考：公共管理概要）　(C)
(A)官僚主義思維
(B)統合主義思維
(C)政府再造思維
(D)大有為政府思維

8. 有關全球公共行政改革運動，下列敘述何者錯誤？（107年身心障礙人員特考：行政學大意）　(C)
(A)市場化與民營化的全球運動，重新界定了公私部門的關係
(B)需要全球化官僚體制以適應跨國界逐漸密切的互動
(C)各國內部的行政組織與法規應該維持穩定
(D)各國皆須相互適應不同的經濟社會與政治環境

9. 依照薩瓦斯（E. Savas）民營化分類，我國開放民間設置電廠之電業自由化政策，可以被歸類為那一種類型？（107年身心障礙人員特考：行政學大意）　(A)

(A)替代（displacement）
(B)委託（delegation）
(C)分散（deconcentration）
(D)分解（decomposition）

10. 針對公私協力的夥伴關係（public private partnership），下列敘述何者錯誤？（107 年身心障礙人員特考：行政學大意） (D)
(A)公部門可以獲得民間夥伴的專業知能
(B)民間夥伴可以影響公共事務的規劃
(C)公部門有管道獲得私人的資本
(D)民間夥伴不能獲得減稅的待遇

11. 高層行政人員可擬定一套範圍廣泛的策略，來因應政府機關的政治環境，下列何者不屬於「合作」策略？（106 年公務、關務人員升官等考試：行政學） (B)
(A)互助（logrolling）
(B)行銷（marketing）
(C)聯盟（coalition）
(D)妥協（compromise）

12. 公私協力關係的發展可能面臨諸多的困境，相較而言，下列何者不屬之？（106 年地方政府特考：公共管理概要） (A)
(A)公私部門資訊流通順暢
(B)政府行政層級比較複雜
(C)政府行政程序比較冗長
(D)民間機構能力參差不齊

參考文獻

一、中文資料

王文宇，1998，〈政府、民間與法律——論公營事業民營化的幾個基本問題〉，《月旦法學雜誌》，36：26-39。

江明修、鄭勝分，2002，〈非營利管理之協力關係〉，江明修（編），《非營利管理》，台北：智勝，頁 81-14。

行政院人事行政局，2001，《推動政府業務委託民間辦理實例暨契約參考手冊》，台北：行政院人事行政局。

吳英明，1996，《公私部門協力關係之研究：公私部門聯合開發與都市發展》，高雄：麗文。

林建山，2002，〈公營事業民營化政策績效之比較評量〉，《主計月刊》，553：6-15。

林淑馨，2007，〈民營化、解除管制與政府職能：我國公營交通事業改革之過程分析〉，《公共事務評論》，8（2）：21-52。

林淑馨，2010，《日本型公私協力：理論與實務》，台北：巨流。

林淑馨，2013，《檢證：民營化、公私協力與 PFI》，台北：巨流。

孫本初、郭昇勳，2000，〈公私部門合夥理論與成功要件之探討〉，《考銓季刊》，22：95-108。

許耿銘、林淑娟，2015，〈公私協力推動環境犯罪防治之研究——大台南環檢警結盟之個案分析〉，《中國行政評論》，21（2）：75-105。

陳淳文，2003，〈公民、消費者、國家與市場〉，《人文及社會學集刊》，15（2）：263-370。

陳朝威，1990，〈公營事業民營化之問題與探討〉，《理論與政策》，5（1）：50-62。

程明修，2005，〈行政行爲形式選擇自由——以公私協力行爲爲例〉，《月旦法學》，120：37-65。

詹中原，1993，《民營化政策：公共行政理論與實務之分析》，台北：五南。

詹鎮榮，2003，〈論民營化類型中之「公私協力」〉，《月旦法學雜誌》，102：8-29。

潘偉華、俞慧芸，2000，〈國際間推行民營化經驗的回顧〉，《公營事業評論技術報告》，7：1-42。

蔡秀卿，2005，〈從行政之公共性檢討行政組織及行政活動之變遷〉，《月旦法學》120：19-36。

陳師孟等，1992，《解構黨國資本主義》，台北：澄社報告。

黃崇哲，2012，〈政府與民間合作推動公共建設新方向——導入 PFI 機制〉，《當代財政》，21：8-17。

劉憶如、王文宇、黃玉霖，1999，《BOT 三贏策略》，台北：商鼎。

二、日文資料

山内弘隆，1995，〈交通の産業組織〉，金本良嗣、山内弘隆（編），《講座　公的規制と産業 4　交通》，東京：NTT 出版会，頁 3-51。

山谷修作、植村利男，2005，〈公益事業規制とその改革〉，公益事業学会（編），《日本の公益事業　変革への挑戦》，東京：白桃書店，頁 1-34。

森田朗，1988，〈イギリス保守政権の「民営化」政策〉，《季刊 行政管理研究》，42：13-26。

植草益編，1997，《社会的規制の経済学》，東京：NTT 出版　。

遠山嘉博，1987，《現代公企業総論》，東京：東洋経済新報社。

遠山嘉博，1995，〈わが国における民営化の胎動・現実・評価〉，《追手門経済論集》，30(1)：1-19。

野田由美子，2003，《PFI の知識》，東京：日本經濟新聞社。

三、西文資料

Savas, Emanuel. 1987. *Privatization: The Key to Better Government*. Ghatham, N.J.: Chatham House Publishers, Inc.

Savas, Emanuel. 1990. "A Taxonomy of Privatization Strategies." *Policy Studies Journal* 18(2): 341-355.

四、網路資料

自由時報：http://news.ltn.com.tw/news/life/breakingnews/2405198，檢閱日期：2018/6/19。

11

非營利組織管理

學習目標

- ▶瞭解非營利組織的定義、功能，區分使命與願景的不同。
- ▶陳述非營利組織的理論基礎。
- ▶釐清非營利組織事業化的優缺點。
- ▶檢討非營利組織經營管理的課題。

隨著政治開放與經濟成長，社會發展日趨多元，公民的權利意識逐漸被喚醒，對於許多公共議題，提出了各種不同的需求。而針對特定的社會議題，當政府與市場無法滿足公民需求時，一群具有共同理念的公民，自動自發組成團體，期許促使社會問題的改善與解決，此類團體機構稱之為「非營利組織」（Nonprofit Organization，簡稱 NPO）。另一方面，伴隨著大型災難的陸續發生、人們需求的多樣化、以及高齡化社會的到來等諸多因素，眾多學者對於非營利組織在處理政府與市場侷限性的事務方面，亦產生了濃厚的興趣以及重視。簡單來說，非營利組織興起遠溯於人類的互助與慈善行為，一方面反映出一個社會上的需求，另一方面也代表著個人的社會價值可以透過群體來加以實現。

近年來，臺灣的非營利組織如雨後春筍般蓬勃發展，尤其是在九二一大地震發生時，以慈濟為首的非營利組織發揮相當大的救援力量，同時也協助災後的重建，促使社會或政府開始正視非營利組織所扮演的角色和發揮的功能，進而引發一連串有關整合非營利組織研究的成果出現。然而，相較於美國，臺灣的非營利組織研究仍可算是一個新興的領域，有許多方面極待努力與充實。在現今的社會中，非營利組織在服務的提供上，扮演了不可或缺的角色，不僅提供人民參與社會事務的管道，還能滿足自我實現的需求，另一方面，更能夠有效彌補政府於面臨當今社會需求的多元卻力不從心之困境。所以，非營利組織蓬勃發展乃為社會力的展現，也代表著社會的多元與開放。

基於上述，為了增加讀者對非營利組織的基本認識，在本章中首先介紹非營利組織的定義、功能、使命與願景；其次整理非營利組織的理論基礎；接著闡述非營利組織的事業化概念，分析所帶來的影響與課題；最後則探討非營利組織經營管理所面臨的問題。

第一節　非營利組織的基本概念

一、非營利組織的定義

根據 Salamon（1992: 3-7）的定義，非營利組織的構成應具備有下列六項特點：

（一）正式的組織（formal）

意指非營利組織必須具有某種程度的制度化，若僅是暫時性、非正式性的民衆集合並不能稱爲非營利組織；同時該組織必須得到政府法律的合法承認，並且有正式的組織章程、定期的會議以及規劃運作過程。

（二）私人性質（private）

意指非營利組織必須與政府機構有所區隔，並非隸屬於政府部門，亦非由政府官員所掌理。但這並不是代表非營利組織不能接受政府的特定支持，或是政府官員不能成爲其董事，最主要的關鍵在於非營利組織的基本結構必須是民間組織。

（三）非營利且不得分配盈餘（non-profit-distributing）

意指非營利組織並非爲組織擁有者獲取利益而存在，非營利組織雖可以獲取利益，但必須將所獲取之利益運用在組織宗旨限定的任務上，而非分配給組織成員，此乃是非營利組織與企業最大不同之處。

（四）自主管理（self-governing）

意指非營利組織具有能夠管理自身活動之能力，不受政府部門與企業部門等外部力量所影響。

（五）志願性質（voluntary）

意指非營利組織在組織行動與事務管理上，應有某種程度是由具有志願性質的志工來參與，但並不意味組織的多數員工都必須是志工。

（六）公益屬性（philanthropic）

意指非營利組織的成立或活動之目標，應具有公共利益的性質，並以服務公共爲目的。

而另一位較常爲其他非營利組織研究者所介紹的爲 Wolf，其認爲非營利組織具有如下五項特質（Wolf, 1999: 21）：

（一）必須具有公共服務的使命。
（二）必須組織是非營利或慈善的機構。
（三）其經營結構須排除私人利益或財物之獲得。
（四）經營享有合法免除政府稅收的優惠。
（五）須具有法律上的特別地位，捐助者或贊助者的捐款得列入免（減）稅範圍。
（六）爲政府立案之合法組織，且接受相關法令規章規範管轄。

由 Salamon 和 Wolf 的定義可知，非營利組織一詞或許缺乏統一的定義，但無論何者皆強調組織的公益和不以營利爲目的之特質。此外，正式的民間組織與享有稅賦上的優惠也是非營利組織的重要構成要素。

二、非營利組織的功能

關於非營利組織所扮演的社會功能，如參考學者 Kramer（1981：8-9）所言，應可以整理爲下列四項：

（一）開拓與創新的功能

非營利組織常因有豐富的創意與彈性，對社會變遷與大衆需求較爲敏銳，因而發展出新的因應策略，並從實際的行動中去實現組織目標，達成組織使命；例如董氏基金會爲國內最早推動菸害防制的非營利組織，致力於國內菸害防制工作規劃、教育宣導，並促成相關政策法案制定及監督執法。基金會於民國 86 年完成《菸害防制法》立法（歷經六年）；89 年成功推動菸品開徵「健康福利捐」，政府開始有專款專用於菸害防制。

（二）改革與倡導的功能

非營利組織往往從社會各層面的實際參與中洞察社會脈動，並運用服務經驗所得資訊展開輿論與遊說，以促使政府改善或建立合乎需要的服務；如我國《兒童及少年福利法》即是由勵馨基金會推動而制定的兒童少年保護法規。

（三）價值維護的功能

非營利組織透過實際運作以有系統地激勵民衆對社會事務的關懷，並藉由各種方案的實施，提供人們人格教育與再社會化的機會，其中如人本文教基金會，即透過不同的管道與相關研究，來推動尊重學童的人權，反對體罰的價值觀念，這些均有助於正面價值觀之維護。

（四）服務提供的功能

非營利組織的出現彌補了政府因資源有限，無法充分保障到社會中所有人民之限制，而提供多元服務以滿足特定民衆，使其適時獲得需要的幫助，例如臺灣兒童暨家庭扶助基金會，其服務涵蓋有對於貧困的兒童家庭進行扶助，或是對於受虐兒童進行保護，甚至對於發展遲緩兒童提供早期療育服務等皆是。

三、非營利組織的願景與使命

（一）願景與使命的區別

1. 願景（vision）

對於營利組織而言，追求利潤是組織發展的重要目標，但對於不以追求利潤的非營利組織來說，願景和使命則被認爲是指引組織發展方向的重要因素。有研究指出，所謂願景是在充分瞭解本身的處境，人們心中對期盼的未來有著清晰明確的意象（高寶華，2006：103）。對於非營利組織而言，願景就宛如是「夢想」，給予組織無限的希望。也因爲有夢想，所以組織會有想達成夢想的動力（田尾雅夫、吉田忠彥，2009：70）。而非營利組織的成員更因有著共同的願景，可以創造出彼此一體、休戚與共的歸屬感。

2. 使命（mission）

一般來說，當組織擬定好願景之後，接下來要將組織願景轉化爲組織的使命。任何一個組織創設與存在都有其神聖的目的，此一目的即是使命，也就是組織行動的動力基礎。使命對於非營利組織的發展與運作而言，是不可或缺的基本要素。因爲使命是組織的價値系統，也是組織的長期目標及長期承諾，其說明組織的營運範圍，包含組織發展方向，且引領組織成員達成目標（田尾雅夫、吉田忠彥，2009：68-69）。

那麼，非營利組織的使命究竟所指爲何？簡言之，組織的設立與存在目的即是使命，也就是「爲某些人提供某些服務」。具體而言，使命的內涵應包含「這些服務對他們有何價值？滿足了他們哪方面的需求？本組織爲何有能力做好這項工作？」等多項意義（司徒達賢，1999：48）。

管理學大師彼得．杜拉克（1998）表示，使命乃是組織爲了達成重要目標所需的特定策略，同時也創造出訓練有素的組織（轉引自洪久雅，2003：44）。換言之，組織必須透過正式的過程以界定組織所欲完成的使命，並將這些使命以清楚陳述的方式讓組織中的成員充分瞭解、明白與接納。另一方面，組織主管等相關人員則基於使命來訂定各項具體目標。因之，使命一詞應具有下列幾項意義（陸宛蘋、何明城，2009：78）：

（1）使命是陳述組織所欲提供的產品或服務。

（2）使命是界定組織永續生存與發展的疆界。

（3）使命表明了組織存在之目的與理由。

（4）使命在宣示組織究竟要爲哪一群對象做出什麼貢獻。

總結上述得知，如比較願景和使命的差異可以發現，若將願景比喻是「組織的夢想」，那麼使命即是「組織可以達成的夢想」，願景比使命具有較高的理想性，兩者的差異可以參考圖❶。在面臨現實環境瞬息萬變的情況下，非營利組織所有的行爲與決策都以使命的實現爲其最高指導原則，因此，使命的表達應該簡單明瞭。而好的使命意指富有行動潛力，並集中在組織眞正努力要做的且眞正可行的事情上（余佩珊譯，2004：46-47）；如主婦聯盟環境保護基金會的使命是「結合婦女力量，關懷社會，以提升生活品質，促進兩性合諧，改善生活環境」，因而自成立以來，該基金會乃致力於環保觀念的宣導與環境議題的倡導。由此可知，使命爲非營利組織擘劃出組織發展之藍圖，而組織所有作爲乃在於促進藍圖之實現。

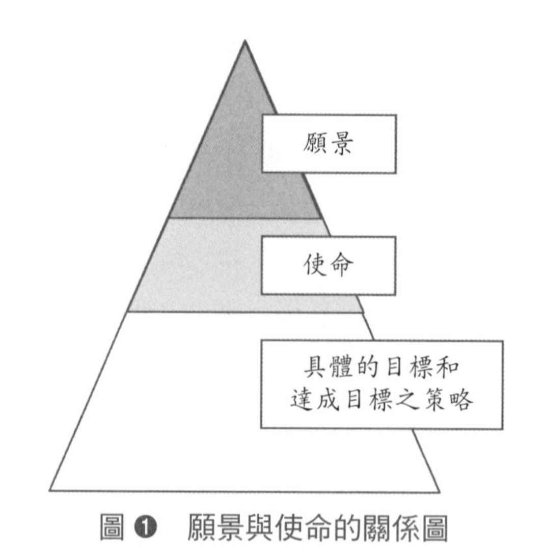

圖❶　願景與使命的關係圖

資料來源：田尾雅夫和吉田忠彥（2009：71）。

（二）重要性

對於非營利組織而言，使命除了可作爲組織行爲指導的準則，使得組織成員在面臨活動或決策時得以有所共識之外，更具備資源凝聚的功用。由於非營利組織並未如企業以追求利潤爲目標，財務資源容易出現困境，所以清楚明確的使命則有助於社會大衆瞭解組織運作與發展，自然能夠吸引較多社會資源的投入。

另外，清楚明確的使命亦會對於非營利組織的職工或志工形成號召力量，影響其投入於組織運作的時間與熱忱，甚至影響參與程度，對於非營利組織的人力資源亦能夠產生正面效果（陸宛蘋、何明城，2009：78-79；司徒達賢，1999：50-52）。因此，使命對非營利組織的重要性即在於將組織活動、組織資源以及組織發展等予以連結，使非營利組織得以有效提供服務，並且能夠永續發展。

第二節　非營利組織的理論基礎

非營利組織的出現由於學科的不同，所關注的理論基礎會有所差異。主要的相關理論約可以簡單整理如下：

一、市場失靈（Market Failure）

經濟學的基礎假定就是人是自利的。因此，當人們處在一個自由競爭的市場中，每個人（買方與賣方）會爲自己的利益做出最佳的決定，進而達成供需平衡，這就是所謂的「帕雷圖最適配置」（Pareto optimality），而此機制就稱爲市場機制（馮俊傑，2004：33）。照理來說，市場機制會自由運作，但在某些情況下，卻會產生「市場失靈」的現象，主要原因之一乃是「資訊不對稱」。所謂「資訊不對稱」是指消費者對於產品品質與價格沒有完善的資訊或判斷能力，因此處於不合理或不公平的地位，使得生產者有機會以欺騙消費者的方式，抬高產品的價格或是提供劣質的產品。在此情況下，資源的配置自然不會是最佳配置而產生失靈。

此外，造成市場失靈的另一個原因乃是「外部性」（externalities）。所謂「外部性」是指市場交易的結果對非交易的第三者所造成的影響，此影響可能是負擔，也可能是享受。例如國民納稅可能享受警察保護，但沒有納稅的人也享有同等的保護。外部性所涉及的利潤或成本，並非專屬生產之企業，亦非由價格系統所掌控之因素（張潤書，2009：282）。然而，非營利組織因不以追求本身的利益爲目的，故不會降低品質以追求組織利益，較爲人民所信賴。

二、政府失靈（Government Failure）

當市場面臨失靈的情況時，消費者希望政府能提供可以信任的產品或服務，因爲政府的出現與功能被認爲可以彌補市場的缺點，並提供市場所無法提供的集體性財貨（Salamon, 1987）。Wolf（1979）指出，在各種情況下，政府欲介入私有經濟部分、修正市場失靈可能創造出新的無效率，且強調政府在某些條件下，其公共服務可能生產過度或生產不足，甚至在過高的成本下提供公共服務。而 Weisbord（1974、1988）建構的政府失靈理論中，有一個重要的前提是，愈是在人民多元化發展的地區，非營利組織的發展愈是活躍，且該類型的組織對於政治上的少數者之需求滿足扮演了重要的角色（轉引自官有垣，2003：11-12）。

政府失靈的論點，主要是指出人民對政府的績效，特別是公共財的供給無法盡如人意，這可能與民主政府的制度設計瑕疵有關。例如在特殊情況下人民投票產生的結果，並非是對於政策的偏好，而是制度設計或運作上扭曲所致。基於此，非營利組織因有其公益的特質，可協助政府解決部分的公共問題，改善政府資源有限的事實。因此，政府失靈可視爲是非營利組織存在的原因。

三、第三者政府理論（The Third Party Government）

基於上述兩種理論，也就是由於市場失靈與政府失靈，導致非營利組織可以藉由其特殊性來彌補市場與政府運作的不足。對此，Salamon（1995: 41-43）提出「第三者政府理論」來說明，認爲由於政府行動的轉變與多樣性，在公共服務的輸送上，必須仰賴非政府的機構來加以提供，即政府須透過代理人來運作。

第三者政府理論認爲非營利組織在服務提供上並非僅爲次要的，而是一種優先的機制（preferred mechanism），藉以提供集體財（collective goods）與服務。換言之，第三者政府理論的主要特點即是由民間的非營利組織執行政府目標，對公共基金的支出具有實質的裁量權，代政府執行公權力（馮燕，2000：10-11；江明修、曾冠球，2002：5；張潤書，2009：283）。

然而，即使非營利組織得以彌補政府與市場的不足，但其自身也有失靈的時候，稱之爲志願失靈（Voluntary Failure）。造成志願失靈的主要內容如下（馮燕，2000：11；江明修、梅高文，2002：21-22；Salamon，1995：45-48）：

（一）慈善的不足性（philanthropic insufficient）

非營利組織往往無法獲得足夠充分和可依賴的資源以服務人民需求，且服務也無法涵蓋所有地理範圍，使得需求或問題較爲嚴重的區域可能無法取得所需資源。

（二）慈善的特殊性（philanthropic particularism）

非營利組織雖以公益爲使命，然而在服務或資源提供上，經常集中受惠於少數特定次級人口群體，因而忽視社會其他次級群體，此一現象可能導致服務資源出現缺口，使得服務不普及，也可能造成資源的重複浪費。

（三）慈善的家長制（philanthropic paternalism）

非營利組織的資源，部分是透過外界捐助，因此，組織中掌握最多資源者對於組織運作與決策具有相當程度之影響力，造成非營利組織的服務對象與目標由掌握資源者來加以決定，非經由組織評估審議過程而決定。

（四）慈善的業餘性（philanthropic amateurism）

非營利組織的服務多依賴未受過正式專業訓練的志工來加以執行提供。另外，由於非營利組織受限於資源困境，較無法提供職工具有競爭力的薪資，因此難以吸引專業人員參與，進而影響組織運作成效。

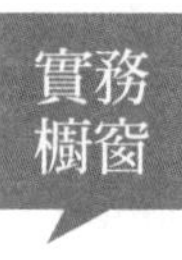

非營利組織也有同學會[1]

「2017 桃園 NPO 串連交流平台」於 2017 年 10 月 14 日在中壢區中正公園舉辦，堪稱是非營利組織的同學會。桃園市長鄭文燦表示，桃園市非營利組織發展中心目前位在青年事務局大樓內，市府會尋找更適合的地點，提供 NPO 更大空間運用、交流。主辦單位表示，非營利組織簡稱 NPO，桃園市去年開始舉辦 NPO 的交流活動，就像是 NPO 之間的同學會，今年有 12 個單位參加，包含長照、社區、新住民、閱讀、燒燙傷、社會運動等面向，希望達到公部門、NPO 與民眾的三方交流。

交流的 NPO，都希望透過自己的努力，讓社會進步，如桃園市歡喜學堂推廣協會以推動長者學習爲目標，希望有開心的地方讓長者樂於參與；龍潭硬頸市集，則是希望龍潭青年在家鄉就有舞台可以綻放光芒。市長說，每個 NPO 團體都有值得瞭解的地方，各有不錯的運作經驗，不同的 NPO 團體之間，也有交流的必要。NPO 帶動社會進步，也傳遞價值，不論與當前的主流意見相同或不同，市府都會給予 NPO 更多支持，讓 NPO 能夠發展更好。

1 資料來源：中國時報（http://www.chinatimes.com/newspapers/20171015000334-260107；檢閱日期：2018/5/24）。

第三節　非營利組織的事業化

非營利組織的存在價值在於負責解決與改善社會問題，如貧窮、環境污染、家庭暴力、吸毒等，以及提供市場經濟無法完全供給的基本社會服務，如教育、藝術、醫療等。而支持非營利組織持續運作的經費來源，大多來自政府的補助及民間捐款。然而，近年來受到經濟不景氣的影響，政府補助及民間捐款日益減少，非營利組織為求自給自足，越來越傾向採取社會事業化之模式，藉由販售服務、商品等方式籌措運作與活動經費。例如我國的陽光基金會，就引進行銷管理及汽車美容等專業技術成立汽車美容中心，雇用的員工大多是中重度的身心障礙者。這種創新的手法，不僅可以達到宣傳組織、提供弱勢族群工作機會等效果，還可以為組織爭取額外的收入，有助於組織長期的發展。

一、非營利組織事業化的概念

（一）事業化的定義

非營利組織事業化的概念主要是來自社會企業化，但在此之前需先瞭解所謂社會企業（social enterprise）。事實上，有關社會企業一詞至今未有明確的說法。根據官有垣（2008：2）的解釋，所謂社會企業是指「一個私人性質非以營利為目的組織，致力於提供社會財（social goods），除了有非營利組織的傳統經費來源外，還有相當部分包括商業的營利收入（從政府部門撥款者與私人營利部門的消費者獲得經費），以及商業上的活動」。換言之，社會企業的「主體」有二，一是非營利組織，另一則是企業。前者如第一社會福利基金會的清潔隊與烘焙屋，後者如大誌社會企業和光原社會企業。不論主體為何，社會企業一般至少有兩個底線，一是

「財務收益」，另一是「社會收益」，其中社會收益又比財務收益來的重要。由於本書是以非營利組織爲主軸，因此以企業爲主體的社會企業在此暫不介紹。

社會企業化，簡言之，即是藉由商業性賺錢的策略來獲取組織經營所需的資金，以實踐組織的慈善和社會使命（呂朝賢，2008：83）。這種將企業部門與社會部門融合在一起的混合型態，爲的便是希望解決福利國家的危機，且能夠更積極的介入公共事務及服務的輸送（鄭勝分，2007：67）。學者 Dees 認爲，非營利組織從事社會事業化，就是在取得資源或是配送產品服務的過程中以商業的方式來運作。相較於營利的商業組織，非營利組織的事業化不僅能提供案主產品與服務，同時也運用案主的技巧與能力提供更多服務或產品給顧客，將服務人群視爲一種投資，故營利應是一種手段而非目的。基於上述，非營利組織並不被禁止從事商業活動，只是必須將盈餘用作合乎公益的目的，即「禁止分配盈餘」與「利益不得歸自然人」（黃坤祥等，2005：452）。

（二）事業化的特色

非營利組織走向事業化雖有人支持，卻也有人反對。支持者認爲，藉由事業化不僅能夠降低對政府財務的依賴，爲組織帶來一些收入，甚至能夠減緩當前嚴重的失業問題，增進國家經濟發展，但反對者則擔憂，將企業的手段引進非營利組織，可能造成目標錯置的情況，發生「使命置移」（mission drift）的危機，或非營利組織變成「營利組織的僞裝」（for-profits in disguise），破壞社會大眾對組織的觀感（Weisbrod, 1988，轉引自陳定銘，2007：119）。所以，非營利組織是否能夠採行事業化的過程來進行變革，依 Tuckman（1998，轉引自鄭讚源，2003：78）運用 Porter 的五力分析，認爲非營利組織事業化必須具有四個條件：

1. 非營利組織必須察覺額外收益的需求，且瞭解販售商品是達成此目標的可行手段。

2. 非營利組織的董監事會必須決定從販售所得以謀取利潤的行動與組織一致或至少不相違背。
3. 非營利組織必須有適合於市場販售的商品。
4. 消費者必須願意購買非營利組織所提供的商品。

二、非營利組織社會事業化的影響與課題

（一）正面影響

1. 提高非營利組織財務的穩定性

受到政府預算緊縮的影響，目前各國政府正有計畫性的縮減對非營利組織的補助，而在私人捐助方面的成長幅度也彌補不上這部分的缺口，特別是近來經濟不景氣，私人捐款幅度更是大幅縮小。因此非營利組織將必須發展新的資金來源，從事社會事業活動就是方式之一。透過社會事業化的活動，非營利組織所獲得的收益，將提供組織一個新的資金募集管道，使得外在環境的變動不致過度影響非營利組織的營運，如此非營利組織才能追求更多社會使命的達成。

2. 改善非營利組織的服務品質

非營利組織的社會事業化意味著非營利組織必須藉用商業的概念與技巧，利用市場力量以滿足日益迫切的社會需求，而市場的競爭力量將使得非營利組織的運作更有效率及更能回應需求。

另外，非營利組織在社會事業化成功之後，通常回過頭檢視組織本身的運作，期望更有效率地經營組織，進而發現非營利組織在行銷、募款等管理、會計與資訊系統上更需要強化其專業性，藉以提高品質管理的精密度，同時有助於組織的長遠發展。

3. 提供弱勢團體工作機會

遊民、殘疾或其他長期失業者等弱勢團體在傳統勞動市場中因容易受到排斥而無法獲得公平適當的工作機會，或是因爲傷害、災變長期遠離勞動市場，而對於再就業心生恐懼。因此，非營利組織所成立的社會事業不僅能提供這些長期受助者適應勞動市場的機會，同時非營利組織也透過對嚴重或多重障礙者的訓練與雇用，促使就業市場能提供適合此類障礙者的長期工作，對於弱勢族群的個人成長與整體社會公益的促進皆有很大的幫助。

4. 促進非營利組織的專業化

爲了因應非營利組織社會事業化的推行，非營利組織內的營運管理會變得更爲專業複雜，分工也會更精細，因此必須透過專業人才來負責相關業務的規劃與執行，才能使組織的社會事業化得以順利進行。是故，非營利組織社會事業化的結果將有助於組織對專業人才的培養與重視，進而促進非營利組織的專業化管理。

（二）課題

1. 組織使命遭受質疑

一旦非營利組織從事社會事業化活動之後，組織不得不更改原先的經營管理模式，甚至爲了維持事業部門的存續，不得不仿效企業，把「市場」列爲第一優先順序，計算成本效益，以設法降低損失並尋求新的收入來源，但如是的做法可能有違非營利組織不以追求利潤爲目的之使命，造成社會大衆、政府機關甚至是非營利組織本身都會產生質疑，容易讓人懷疑其免稅地位的正當性，進而造成非營利組織經營的危機。另一方面，對內部員工而言，定位不明的使命也會使員工無所適從，降低對組織的認同感。所以，非營利組織在考量是否從事社會事業化活動時，應將事業內容與組織使命進行整合性評估，並與內部人員進行充分溝通，以減少上述情形的發生。

2. 組織文化落差

非營利組織在從事社會事業活動後，若是組織內部員工缺乏事業經營、商務專業等知識，必定需延攬瞭解、執行新任務的員工，例如洗衣坊需聘任整燙師、洗車中心則雇用具汽車修理背景的人才。然組織一旦聘用這些新員工，就必須處理非營利組織與企業文化差異所造成的衝擊。此種衝擊可能導因於慈善部門的員工對事業經營理念尚屬陌生，對事業部門其商務經營的做法與提案無法接受，或事業部門的員工無法適應組織內部的運作需經無數的會議討論以及簽呈、公文等繁複的行政程序。甚至組織在進行事業化之後，事業部門的組織文化因需考量成本效益，其組織文化勢必會與原本非營利組織的組織文化有所差異。因此，如欲使非營利組織在進行事業化後，內部還能維持和協的運作，則非營利組織的管理者先要找出此種文化落差可能產生的衝突，同時推動內部教育與溝通，把衝突的負面影響減到最低。

實務櫥窗

引入企業力，增進非營利組織產業創新量能 [2]

隨著公民社會的發展，非營利組織近年已成爲協助政府提供各類公共服務的重要夥伴。我國的社會企業發展也逐漸呈現多元化的發展，不再侷限於弱勢的救助與扶持，領域亦擴展至文化藝術類，惟與政府合作的關係，仍處於傳統經費補貼的依存關係，缺乏投資創新的方式，連帶影響到非營利組織的存續以及服務效益。有鑒於此，國家發展委員會透過專案研究，對於我國非營利組織社會企業化的發展，進行跨國研究，並借鏡英國

2　資料來源：國家發展委員會（https://www.ey.gov.tw/Page/AE5575EAA0A37D70/6ab7655a-3bb6-4def-9f52-e229aecd1c12；檢閱日期：2014/6/19）。

首相卡麥隆2010年提出「大社會」(Big Society)的政策願景，透過《公共服務(社會價值)法》(Public Services [Social Value] Act)的頒訂，提升非營利組織公共服務的效能，其中，從政策供給面的角度，改變政府對非營利組織傳統採經費補貼的支持方式，嘗試運用公私協力的概念，引入企業管理與市場經濟的模式，增進非營利組織的企業能力與經濟效益，一方面能兼顧社會、經濟和環境福祉，另方面也可促進民間力量創造社會價值。

研究指出，我國非營利組織普遍存在人力、營運制度、財務平衡、經營觀念與制度上的不足等問題，爲增進其組織發展、財務自主，並促進社區的融合發展與社會經濟的形成，推動非營利組織社會企業化，已成爲經濟發展與創新的重要項目。建議參酌英國社會企業的發展經驗，從縮減政府角色，壯大社區和志工組織著手，在政策、法制與資金運用等三方面，提供有利的發展環境。

在政策方面，英國採取包括成立企業解決方案獎(Enterprising Solutions Award)，訂定社會企業日等具體措施，作爲政策推動的誘因，以提高民眾和企業的參與意願。另外，亦成立跨部會的社會企業小組，並於各地區成立發展中心(Regional Development Agencies, RDAs)，透過資金投資、跨部門策略聯盟和各種專業諮詢，提供在地社會企業適當支援，排除社會企業發展的障礙。在法制方面，英國則藉由《公共服務(社會價值)法》的頒訂，改變政府採購的方式，引入市場經濟的企業管理機制與公私協力模式，提高非營利組織的創新價值功能與兼顧社會發展的和諧，該法已成爲英國社會企業重要的支持系統。

另外，在資金運用方面，英國政府爲提升非營利組織的社會影響力，於2012年提撥6億英鎊成立大社會資本(Big Society Capital)，提供草根慈善組織與社會企業財務支持，同時開發社會成效債券(Social Impact Bonds)，由政府透過中介機構長期募集民間資金；並與非營利組織簽訂合約，投入資金於合約計畫中，將資源效益極大化。相關措施對政府而言，除可增加服務品質和效率外，亦可發掘和聯結民間資源網絡，促進創新的問題解決策略，豐厚民間社會資本；對投資者而言，購買債券可獲得經濟、社會與環境改善的回報，並可分擔財務投資上的風險；對非營利組織而言，透過社會債券可減少繁重的募款工作，共創三贏局面。

第四節　非營利組織經營管理的問題

整體而言，非營利組織普遍存在經營管理的問題。受限於篇幅，本章嘗試從非營利組織內部管理來分析其所面臨的問題，約可以整理如下（林淑馨，2015：429-432）：

一、財務確保問題

非營利組織以社會大衆的捐款爲機構的主要財務來源，如何確保組織財源的穩定則相當重要，而其所牽涉的因素包括：捐款所占經費的比例、捐款的持續性與穩定度、組織的服務宗旨與形象、社會經濟環境的變化等。因此，擬訂合理的財務結構、開發小額定期的捐款、明確的組織服務宗旨與奠定良好的形象等等，均是非營利組織穩定社會捐款來源的可行途徑。當然，非營利組織中董事與成員對募款計畫的投入與建立資源網絡，亦是提升非營利組織財務籌措能力的有效措施。

就非營利組織而言，以往接受政府部門的補助或委託，或與企業部門之合作，固然可以增加經費的穩定度與組織的公信力及聲望，同時回應政府部門、社會與組織內部的正面要求。但相對來說，倘若非營利組織接受政府部門與企業部門的經費過多、依賴過深，很可能產生經營自主性喪失的問題。因而，非營利組織在接受政府部門或企業部門經費補助與援助時，必須注意在不違反組織使命，以及避免產生淪為政府部門的附庸或幫企業部門背書的情況。近年來非營利組織發展出來的社會事業化經營，應可以視為是非營利組織為因應財源不穩定問題所嘗試提出之解決方案。

二、策略經營問題

由於外在環境急速的變動，使得非營利組織開始注意到策略規劃的重要性並思索其他經營管理方法。換言之，策略規劃是組織在一定期間所期望能發展達成設定目標的設計，而「策略」就是使組織的構想設計能夠實現的手段。

以非營利組織獲取資源的策略經營而言，其策略方式包括與政府部門及企業部門的互動最為常見，亦即非營利組織與政府部門及企業部門之間的夥伴關係、或是與其他組織策略聯盟、或是組織進行事業化、加強行銷等。上述每一項策略都有被選擇的可能性，但每一項策略的選擇也都有其風險，例如：策略聯盟可能會受到對方財源不穩定之影響而瓦解，或是產生不平等的情形等；在行銷方面，非營利組織可能會受到行銷專業人才難覓或執行能力不足等因素的限制而無法徹底落實行銷管理。

綜上所述得知，每一項策略都有其適用的情形與限制，端視非營利組織管理者審視組織內部的資源與情形而定。換言之，策略代表著為達成某特定目的所採取之「手段」，表示對組織重要資源之調配方式及所擬採取的行動。因而對非營利組織來說是一種特別的計畫，應結合組織的使命與目標長期發展計畫，用以表明非營利組織經營者對未來構想的藍圖。故策略所要達成的目標，必須與組織的使命環環相扣，若進行策略規劃時，忽略了組織目標與具體行動之間的聯繫，造成盲目努力或行動散漫，將阻礙組織達成目標。

三、人力資源管理問題

人力資源管理也是非營利組織經營管理的重要問題。非營利組織在志工管理時會出現工時無法配合、品質難以控制、自我意識強、流動率高及專業不足等問題。如探究其原因，均與志工的招募、訓練與維繫等息息相關。另一方面，即使支薪的職工，同樣也會出現招募不易、流動率高、工作視野和生涯期待有衝突、工作傳承的問題、服務績效評估基準的建構與工作觀念的調整等等的問題。

因此，在談論非營利組織人力資源管理問題時，可分別從職工與志工來說明之。在職工方面，由於涉及專業與薪酬，非營利組織或許可以參考營利部門的員工招募、教育訓練、薪資福利、績效評估及員工激勵等做法進行整體性考量，研擬可行之道，以完善職工的管理與發展，才能長期地留住人才。至於志工方面，非營利組織可以藉其使命吸引志工，同時輔以教育訓練，或是激勵、表揚等方式來提升志工的自我成就感。尤應注意的是，由於志工是不支薪的，會加入組織多是對組織有較深的認同與期待，因此較重視心理層面的滿足。故非營利組織在志工的管理上，必須重視志工動機之激發，並增強其持續之意願，使其獲得自我認可和實現理想的滿足。

四、內部自我評估問題

1990年代，政府部門企圖師法企業部門的管理模式，強調績效評估的重要性。基本上，企業部門因所有人相當明確，且組織利益可以清楚評量，因此較容易實施績效評估。相形之下，非營利組織與政府部門相同，都屬於機效評估較困難者。非營利組織因有不同利益取向的所有人，而各所有人之目標也不盡相同，無法以單純的財務狀況作爲績效評估之指標。

此外，若從「績效的目標設定」而言，非營利組織除了無法以明確的財務貢獻來評估工作表現的優劣之外，也無法以工作分析的結果來評定績效的高低，此乃是因爲非營利組織以使命爲目標，講求的是服務對象的感受程度所致。

另外，非營利組織與一般企業部門最大不同之處在於「公益」的特質，故較無法有具體的績效指標來對其服務品質與產出進行評量。加上非營利組織在績效評估方面會受到許多因素之影響，包括服務目標的多重及複雜化、不易建立簡易的績效標準、慈善的不足性、僅能顧及社會中部分的弱勢等等，導致組織績效評估方面無法做一個完整的解釋體系，造成監督及課責的困難。所以，如何將其服務內容指標化與具體化，即成爲今後非營利組織實施績效評估的首要課題。

公管小檔案 **非營利組織與政府協力——以弘道基金會為例**[3]

一、衛福部國民健康署將「活力秀」納為全國衛生局推動項目

阿公阿嬤活力秀是弘道開始推廣的長輩表演活動，以村里或是社區照顧關懷據點爲單位，邀請長輩們準備十分鐘的動態表演，包含唱歌、跳舞或演戲等活動。

2008 年剛開始推動活力秀時的規模，大約是每年五場、參加人數達幾千人。而前衛生署長楊志良先生認同此項活動的價值，透過了全國衛生局的力量將活力秀推廣至全國，直至 2013 年，參與活動之年長者已高達五萬多位。此種規模是 NPO 難以以單打獨鬥方式達到的程度，因此，一

3 資料來源：公益交流站（http://npost.tw/archives/21901；檢閱日期：2018/03/04）；弘道基金會官方網站（http://www.hondao.org.tw；檢閱日期：2018/03/04）。

項好的活動，如果搭配上政府的力量，就能發揮更大的成效。

二、弘道承辦社家署據點形象躍進計畫，趣味宣傳全臺社區照顧關懷據點

政府的力量足以推行很多政策，但在面對一般大眾時的宣傳，做的卻不一定比民間組織來的好。

「建立社區照顧關懷據點實施計畫」自2005年至今已推行逾十年，全臺灣目前已經建立2050個據點，此些據點不僅是老人家活躍社交的地方，也是能夠和家人同樂的所在，讓爺爺奶奶帶孫子孫女一起去，也讓工作中的兒女更加放心。但是若希望全臺灣總數七千多個村里都能普及，仍然有很長的距離需要努力。爲此，關懷據點的重要性需要被更多人重視。弘道承辦社家署據點形象躍進計畫，執行了一系列的趣味行銷，包括邀請知名配音員阿松來做有趣配音，搭配上阿公阿嬤的趣味演出，結合成一個非常有趣的宣傳短片；並且選出全臺的五十個據點，組合爲一個旅遊路線做成旅遊書。凡此種種，都是有別於傳統「政令宣導」，既白話也趣味的推廣方式。

由上述可知，政府面臨時代的瞬息萬變，無法站在最前線提供一網打盡的服務，因此NPO也必須協助擔任先行者的角色，藉由多方嘗試和做出成效後，再整合政府資源，以便有效減少無效政策所耗費的成本。

歷屆考題

1. 下列何者不是非營利組織的角色？（107 年公務人員初等考試）　(A)
   (A)服務擁有者
   (B)改革倡導者
   (C)價值守護者
   (D)先驅者

2. 非營利組織有必要向公眾或相關政府部門展示其服務效率與效能，是屬於那一類非營利組織的壓力？（107 年公務人員特種考試關務人員、身心障礙人員考試及 107 年國軍上校以上軍官轉任公務人員五等考試試題）　(C)
   (A)志願性社會服務失敗的壓力
   (B)社會服務專業化的壓力
   (C)社會課責的壓力
   (D)可信賴性的壓力

3. 下列何者是非營利組織主要的人力來源？（106 年特種考試地方政府公務人員四等考試試題）　(B)
   (A)契約受僱者
   (B)志願工作者
   (C)中高齡失業者
   (D)政府公務人員

4. 依據韓斯曼（H. Hansman）的分類，醫院及療養院屬於那一類非營利組織？（106 年特種考試地方政府公務人員五等考試試題）　(A)
   (A)商業型
   (B)互助型
   (C)捐贈型

(D)社福型

5. 有關政府行銷相關概念，下列敘述何者錯誤？（106年公務人員特種考試警察人員、一般警察人員考試及106年特種考試交通事業鐵路人員、退除役軍人轉任公務人員三等考試試題） (C)
   (A)政府行銷適用於中央和地方的行政、司法和立法機關等政府機關
   (B)公部門行銷適用於政府機關和國營事業等
   (C)社會行銷僅適用於非營利組織
   (D)政府和公部門行銷可以透過立法或行政措施的手段

6. 下列何者不是非營利組織公共關係的主要功能？（105年公務人員高等考試三級考試試題） (B)
   (A)鼓吹理念
   (B)競選
   (C)政治遊說
   (D)建立媒體關係

7. 依據克拉馬（R. M. Kramer）的分析，非營利組織無須扮演下列何種角色？（105年公務人員高等考試三等考試試題） (A)
   (A)法規捍衛者
   (B)價值維護者
   (C)倡導改革者
   (D)服務提供者

8. 下列對於社會企業的敘述，何者錯誤？（105年公務人員普通考試試題） (D)
   (A)兼具公益與私利的企業類型
   (B)非營利組織的新典範
   (C)盈餘不得全數分配給股東
   (D)從事資本密集的經營活動

9. 非營利組織藉由揭露政府不良的政策，引發社會輿論的爭議，並提出本身的對策以說服社會大眾，此種影響策略屬於下列敘述那一種類型？（105 年公務人員普通考試試題） (D)
(A)遲滯策略
(B)資訊策略
(C)選區壓力策略
(D)困窘策略

10. 比較而言，公共管理者進行政府公關行銷及形象塑造何者是最強的社會公器？（105 年公務人員普通考試試題） (A)
(A)傳播媒體
(B)非營利組織
(C)社區組織
(D)利益團體

11. 下列有關非營利組織之敘述，何者錯誤？（105 年公務人員普通考試試題） (B)
(A)低度手段理性與高度團結一致
(B)完全不受政府法令和外在團體的約束
(C)組織收入依賴募款能力而非組織績效
(D)扁平式組織故層級節制少

12. 公部門可透過那些方式，增強與非營利組織間的合作關係？①捐助 ②租稅誘因 ③委託 ④輔導監督 ⑤勒令解散 ⑥納入正式組織（105 年公務人員普通考試試題） (B)
(A)②④⑤⑥
(B)①②③④
(C)③④⑤⑥
(D)②③④⑤

參考文獻

一、中文資料

司徒達賢，1999，《非營利組織的經營管理》，台北：天下。

江明修、梅高文，2002，〈非營利管理之法治議題〉，江明修（編），《非營利管理》，台北：智勝，頁 19-44。

江明修、曾冠球，2002，〈非營利管理之理論基礎〉，江明修（編），《非營利管理》，台北：智勝，頁 1-18。

余佩珊譯，2004，《彼得．杜拉克：使命與領導——向非營利組織學習管理之道》，台北：遠流。

呂朝賢，2008，〈社會企業與創業精神：意義與評論〉，《國立政治大學社會學報》，39：81-117。

官有垣，2003，《第三部門的理論：非營利組織與政府、企業、非正式部門之間的互動關係》，行政院國家科學委員會補助專題研究計畫成果報告。

官有垣，2008，〈台灣社會企業組織的經營管理：以陽光社會福利基金會爲例〉，《多元就業開發方案——民間團體發展成爲社會企業論述精選集》，行政院勞工委員會職業訓練局中彰投區就業服務中心，頁 1-12。

林淑馨，2015，《非營利組織管理》（增訂二版），台北：三民。

洪久雅，2003，《我國非營利組織產業化之研究》，台北：國立政治大學公共行政研究所碩士論文。

高寶華，2006，《非營利組織策略經營管理》，台北：華立圖書。

張潤書，2009，《行政學》（修訂四版），台北：三民。

陳定銘，2007，《非營利組織、政府與社會企業理論與實踐》，台北：智勝。

陸宛蘋、何明城，2009，〈非營利組織之使命與策略〉，蕭新煌、官有垣、陸宛蘋

（編），《非營利部門：組織與運作》（第二版），台北：巨流，頁 75-102。
馮俊傑，2004，《以非營利組織之觀點探討其與政府互動關係——以社會福利財團法人爲例》，台中：東海大學行政管理暨政策學系碩士論文。
馮燕，2000，〈導論：非營利組織之定義、功能與發展〉，蕭新煌（編），《非營利部門：組織與運作》，台北：巨流，頁 1-42。
黃坤祥、游皓偉、黃瓊芬，2005，〈庇護工場與身心障礙者就業開發之探討——高雄縣「一家工場」之實証分析〉，《社區發展季刊》，110：450-466。
鄭勝分，2007，〈社會企業的概念分析〉，《政策研究學報》，7：65-107。
鄭讚源，2003，〈第三部門產業化及其可能影響〉，《第三部門產業化新趨勢研討會論文集》，台北：行政院研究發展考核委員會，頁 69-89。

二、日文資料

田尾雅夫、吉田忠彥，2009，《非営利組織論》，東京：有斐閣。

三、西文資料

Kramer, R. M. 1981. *Voluntary agencies in the welfare state*. Berkeley: University of California Press.
Salamon, L. M. 1987. *The Nonprofit Sector: A Research Handbook*. New Haven, Conn: Yale University Press.
Salamon, L. M. 1992. *America's Nonprofit Sector: A Primer*. New York: Foundation Center.
Salamon, L. M. 1995. *Partners in Public Services: Government-Nonprofit Relation in the Modern Welfare State*. Baltimore, Md.: John Hopkins University Press.
Wolf, T. 1999. *Managing a Nonprofit organization in the Twenty-First Century*. New York: Simon & Schuster.

12

公共關係與政策行銷

學習目標

▶瞭解公共關係的定義、功能與特性。

▶說明公共關係的運作原則。

▶闡述政府公共關係的目的、對象與原則。

▶釐清行銷、政策行銷與社會行銷的差異。

▶掌握政策行銷的核心概念。

民主國家的政府施政，必須以民意為依歸。簡言之，就是要瞭解民眾所需，以建構富裕、安康與和諧的生活環境，更重要的是，要讓民眾知道政府在做什麼？目的是什麼？因此，如何建立一個有效率（Efficinet）、負責任（Accountable）、有應變力（Responsive）的傾聽型（EAR）政府，乃是公共管理者應嚴肅面臨的課題，也是公共關係（Public Relation, PR）與政策行銷（Policy Marketing）受到重視的主因（黃榮護主編，2000：520）。

公共關係最主要的對象是人，無論政府對民眾、企業機構對消費大眾，或是人與人之間的關係，無非是透過人與人的交往，人與人的溝通，以取得彼此的瞭解、信任與支持。也因此，公共關係是一個社會組織與公眾之間的一種傳播溝通，這種溝通，並非漫無目標，而是有計畫且有系統的依其步驟進行（鄭貞銘，2000：7）。在政府機關中公共關係的核心在與媒體之互動，以美國政府與記者的互動為例，如開放政府活動、接受記者採訪、主動發布新聞稿等，顯得較為積極主動。至於我國則遲至 1987 年以後公共關係才開始受到政府機關的重視，其背後的因素是大型機構的成長、社會變化與對立、傳播科技的發達及公眾意見的受重視等環境的變遷。檢視我國公共關係的發展，第一代的任務在廣結善緣、減少敵人，第二代公共關係則強調主動面對大眾、強化危機管理，近代公共關係則強調專業素養，越來越重視議題行銷（何吉森，2011：35）。

由以上所述得知，公共關係與行銷有著密不可分的關係。近年來，行銷已不再是企業的「專利」，號稱第三部門的非營利組織為求永續發展，必須進行善因行銷，而政府部門的統治為了得到人民的衷心支持，當然更需要行銷（丘昌泰，2011：1）。因為一個再好的公共政策，如果欠缺良好的溝通與說明，不僅事倍功半，也無法獲得人民的支持。特別是在今日的民主時代，如何讓民眾能經由溝通與宣傳瞭解公共政策，更進而支持公共政策，則成為民主時代政府的必要技能（劉兆隆，2011：14)，而公共關係與政策行銷正可以協助政府機關達到此目的。過去在臺灣，政府並不是沒有政策行銷的觀念，最常使用的是「政令宣導」，然而隨著時代的演進，僅用「政令宣導」已經不合時宜，政府一定要善用政策行銷的技巧與手法。例如2009年，政府為了提振國人消費信心，每人發放3600元的消費券，為了吸引民眾到該地消費，以爭取財政收入，各縣市長無不盡力行銷，其中，臺中市政府以「抽豪宅」方式創造全國最高知名度、臺北縣政府以「十五兩黃金」為餌鼓勵民眾到該縣消費，而偏遠的澎湖縣政府更以「擔任無人島主」為號召，發揮極大的消費效果（丘昌泰，2011：2)。

基於上述，在本章中，首先介紹公共關係的基本概念；其次，整理公共關係的運作原則與工具；接著，闡述政策行銷的定義、理由、功能、特性等相關概念，以及政策行銷的類型與核心概念；最後則探討政策行銷所可能面臨之挑戰。

第一節　公共關係的基本概念

一、公共關係的定義

關於公共關係一詞，美國著名的公共關係學者雷克斯．哈羅（Rex F. Harlow）曾有如下的定義：「公共關係是一種特殊的管理職能。有助於建立和維持一個組織與其公眾之間的交流、理解、認可與合作；懂得如何運用媒介，並與其密切配合，參與處理各種問題與事件；幫助管理部門瞭解民意，並對之做出反應；並作爲社會趨勢的監視者，幫助企業保持與社會變動同步。」由此定義得知，公共關係具有一種特殊的經營管理功能（鄭貞銘，2000：9；胡豪東，1985：10）。

至於英國公共關係中心（British Institute of Public Relations）將公共關係定義爲「名譽管理」，最爲簡潔。公關實際上是照顧名譽，以贏取大衆的理解與支持、公意與行爲影響力爲目標的方法，此乃意謂著個人所說所做的一切結果以及別人對其的總評價，能不能夠取得公衆的信任、理解與支持，就是公共關係（成天明，1998：72）。國內研究指稱，所謂公共關係是個人或組織爲強調內外關係溝通之管理功能，藉以承擔社會責任，走入公衆之間，並建立善意關係（何吉森，2011：35）。

二、公共關係的功能

公共關係在組織體系究竟可以發揮何種功能，茲整理相關研究說明如下（鄭貞銘，2000：109、115、120；熊源偉，2002：64-65、68、70；樂和，1985：17）：

（一）訊息的功能

公共關係首先要發揮蒐集訊息，監測環境的作用，即作爲組織的預警系統，透過各種調查研究方法，蒐集訊息、監視環境、回饋輿論、預測趨勢、評估效果，以幫助組織在複雜、多變的公衆環境中保持高度敏感性與警覺性，以對組織社會環境之不同動態保持平衡。

（二）監測的功能

組織環境是由公衆以及其他影響組織生存、發展的社會政治、經濟、文化等因素組成，這個環境不斷變化，公共關係希望透過訊息的蒐集、處理和回饋，以達成監測作用，而得以掌握組織內部和外部的各種變化，合理地制訂或調整組織本身的目標。

（三）宣傳的功能

宣傳的功能乃是在爲組織樹立良好形象，透過各種傳播媒體將訊息即時、準確、有效地傳播出去，大力宣傳組織做出的成績，從而影響或引導公衆輿論，使之有利於組織本身。宣傳應本諸於事實，不能有絲毫虛僞，質言之，宣傳是以基本政策爲經，以事實爲緯。如何使宣傳有效，除了應留意在宣傳技巧上透過各種宣傳媒體外，還需有堅持的原則和在小節上讓步的雅量。

（四）決策的功能

公衆是否會接受組織提出的決策，是當今社會組織決策時應考慮的重要因素，公共關係部門必須就有關組織環境問題、公衆關係問題向組織決策機構提供諮詢，參與組織決策的整個過程，只有當公共關係成爲最高管理層進行決策的一部分時，公共關係才能最有效率。

三、公共關係的特性

公共關係的特性約可以整理說明如下（劉秀曦，2001：16-17）：

（一）公共關係是一團隊工作

公共關係的推展並非僅是組織領導者的責任，而應由全體成員共同參與。因爲唯有組織中所有成員明瞭組織所進行活動的目標並產生認同感時，活動才能收到成效。因此，組織要確認是否將整體組織成員納入公關活動的運作中，藉由全員的共同參與，發揮其對社會大衆個別影響力。

（二）公共關係是一持續性的歷程

有學者將公共關係分爲「預期的公關」（proactive PR）與「危機處理公關」（reactive PR），前者屬於策略性的公關活動，藉由一連串的調查、規劃、決策與行動，以產生有效的策略；後者則是針對突發狀況做及時有效的處理，使組織因該狀況所導致的危害程度降至最低。一般而言，有計畫的公關策略才可以使活動推展易於成功，因公關的成效並非一蹴可幾，組織與公衆的互信、互賴關係亦非一朝一夕可建立，必須經長期持續的努力才能達到效果。

（三）公共關係是一有系統、有步驟的行動

有效的公共關係應是一有系統、有步驟的行動，而非興之所至，隨意而爲。換言之，組織發展公共關係應是整體組織發展計畫的一部分，經由輿論調查、問題界定、計畫發展、擬定決策再付諸行動，最後還需經評估修正的程序，才算圓滿達成，因此是經過審愼計畫的一套工作。

（四）公共關係是手段而非目的

公共關係是組織爲達成目標所經歷的過程，在組織中，經營者爲促進行政溝通與人際關係，常運用公關活動來爭取公衆的瞭解與支持，因此它是一種手段而非目的。無可諱言地，今日仍有部分組織的領導者，由於對公共關係缺乏正確的認知，誤把手段當目的，爲人所詬病，此乃亟待導正和澄清的錯誤觀念與做法。

（五）公共關係的運作需符合誠信原則

誠信的目的在建立組織的公信力。以誠信爲基礎的公共關係，自然有別於利益輸送、人情關說的交流方式。組織的公共關係活動是爲達成組織

的目標而進行，故當行政人員與外界進行溝通協調時，要以組織整體利益爲考量，在個人的操守上也應保持超然的態度，避免不法行爲。

帥哥美女預防犯罪宣導 警民樂開懷[1]

端午連假，雲林縣政府於口湖鄉宜梧滯洪池舉辦第一屆龍舟賽，刺激的賽事吸引大批民眾現場觀賞。北港警分局出動帥哥美女反毒大使，結合龍舟競賽會場執行青春專案宣導活動，經由深入人群近距離的互動、發送文宣品，讓民眾感受到警察工作除了取締等剛性勤務外，亦有活潑生動的柔性作爲，透過趣味問答，更貼近青少年，展現政府、民間全體動員合作保護青少年的決心。

主辦單位配合龍舟賽舉辦全國寫生比賽，期望結合藝文與民俗節慶、生態教育等倡導藝術風氣，提升藝文水準。北港警分局反毒打詐宣導大使現場呼籲參與活動的大小朋友，青春無限、六「不」正夯，反吸毒、反菸害、反援交、反飆車、反幫派、反詐欺，勿因一時好奇或不瞭解而誤觸法網。

北港警分局今年青春專案宣導，特別選擇數名美女帥哥警員擔任青少年反毒品、反詐騙宣傳大使，利用網路臉書、學校、社區活動進行預防犯罪宣教，警員詹佳怡、吳柏諺 2 人在龍舟賽設攤駐點，與民眾良好互動，有效爲警方犯罪預防做最佳宣傳。

1 資料來源：蕃薯藤新聞（https://n.yam.com/Article/20180619652148；檢閱日期：2018/6/19）。

第二節　公共關係的運作原則

公關原則旨在公關活動中處理關係、進行傳播活動時所依循的根本法則和價值標準取向，其深刻制約著公關行爲活動的出發點、目的、方法等，是使公關行爲活動更具自覺意識的理性依據（姚惠忠，2006：79）。以下將分述公共關係的原則（盛元清譯，1978：5；王德馨、余成業，1990：21；姚惠忠，2006：88-89）：

一、信任

相互信任是良好公共關係的基礎，要他人相信自己，就要先相信他人。在現實社會中，儘管「害人之心不可有，防人之心不可無」，但比較正確的做法是先肯定他人，而非先否定他人的一切。

二、誠實

公共關係忌諱的是，組織爲了爭取公衆的好感或產品的銷路，竟不惜以虛假僞造的訊息欺瞞公衆，這種欺騙的行爲不但會使組織形象毀於一旦，也無法再取信於大衆。誠實原則並不意味著「知無不言或言無不盡」，當眞有難言之隱或基於某些原因無法說明情境時，組織應該說明理由，相對的，組織也不應一味的以業務機密爲由，不願對外透漏任何有關訊息。

三、言行一致

組織的任何作爲都看在大衆眼裡，代表一種訊息，組織發出的訊息必須前後連貫並保持一致性，才不會讓公衆的認知混淆、無所適從。舉例而言，許多組織想要透過公益活動來加強其本身的社會形象，以大筆經費贊助公益活動，但其服務和對待顧客的態度卻沒有相對應的改善，這裡要強調的意思是，參與公益活動並沒有錯，但必須與組織的形象產生聯繫，在產品和服務上做相應的配合，從而發揮預期之功效。

四、溝通

溝通爲縮短人際間距離之方式，溝通也是促進互相瞭解的手段，溝通應以坦率的心態來進行，藉著交換意見而更瞭解對方；在溝通同時，公關人員應牢記對等的理念，因爲對等的目的是要獲得大衆的瞭解與接納，唯有讓大衆接納組織，組織才能夠營造出最有利的環境，也才能夠順利完成公關目標。

公共政策網路參與平台上線囉，歡迎您來提點子[2]

爲提供全民參與公共事務的常設管道，國家發展委員會將於2015年2月10日推出「公共政策網路參與平台」測試版（http://join.gov.tw）（以下簡稱參與平台），實踐開放政府的理念，以利政府在政策研擬、執行及評估階段，就先廣納社會多元聲音，吸納社會創新量能，提升政府治理效能。

參與平台以公民政策提議、強化政策溝通及政策公開透明爲目標，提供四項網路參與服務，包括：政府在政策形成前徵詢各界意見的「政策諮詢（眾開講）」；計畫執行中提供各界監督政策的「重大施政計畫（來監

2　資料來源：國家發展委員會（https://www.ndc.gov.tw/News_Content.aspx?n=114AAE178CD95D4C&sms=DF717169EA26F1A3&s=C3953677A57B7A71；檢閱日期：2018/2/7）。

督）」；由公民主動發起，徵集群眾智慧，協力擴大施政量能的「公民提議（提點子）」；另有「首長信箱（找首長）」連結中央部會之首長信箱反映意見。

第一階段首先開放「政策諮詢（眾開講）」，率先以「網路智慧新臺灣政策白皮書」在「眾開講」開放民眾討論，以群眾大量共同協作。後續參與平台將分階段在3月及6月陸續開放重大施政計畫、首長信箱及公民提議等服務。希望透過參與平台機制，讓民眾監督政府施政，也歡迎民眾提點子，匯集眾人智慧，建立政府與民間理性對談，周延政府施政，對於參與平台的後續推動，歡迎提出您的想法與方向。

第三節　政府公共關係

一、定義與目的

洛克曾說：「政府的成立是受到人民所普遍支持的理想、信念和原則而存在。」政府部門要談論公共關係的原因是：政府施政要使民眾知道，民眾才能與之配合；民眾亦根據資訊評估政府的政策是否正確；民眾要知道政府有何種服務可供民眾利用（張在山，2004：15）。成天明（1998：77-78）認爲政府公共關係可粗分爲國內公關與國際公關，國內公關可視爲「政府施政成績」或是「名譽管理」；國外公關則牽涉外交政策的執行，如國際政治傳播與國際宣傳。因此，所謂政府的公共關係能力，是指政府在自身的公眾資訊管理、公眾輿論管理、公共關係管理和公眾形象管理方面所具備的能力（陳一香，2007：215）。

政府公共關係的目的有二：一是促進公共認知，提高政府聲譽以及公眾的信任感；二是實現公共利益，提高社會效益。由此可知，政府追求的公關價值是公共取向的，也就是政府在制定公共政策和實施公共活動時，必須堅持公共利益至上，不斷提高政府在對應公共問題和公共危機過程中的公關能力，成為現代政府發展，進而維護社會穩定的必要條件。故政府公關至少有三個任務：（1）把政府的活動告知人民；（2）確保人民積極參與政府活動，並能遵守相關法規；（3）爭取人民對於現行政策與方案的支持（姚惠忠，2006：397-398）。

二、對象與原則[3]

（一）對象

政府公關的對象，與一般企業在處理的面向上仍有不同的情況。其公關對象大致可分為六類：上級機關、平行機關、下級機關、民意代表、社會大眾以及新聞媒體。

1. 與上級機關的公關：著重的無非是想爭取較多的人與經費，有幾項原則須掌握，即放低姿態、先溝通再行文、逐級溝通以及注重上級機關中基層同仁的意見。要先讓負責簽辦的人瞭解所提出的案子（有關人事或經費等），這對該機關正常的運作是有必要的。
2. 與平行機關的公關：主要為取得合作共識默契，因此多溝通、協調及適度妥協為不二法門；另外，前述與上級機關作公關所採取的低姿態、先溝通再行文、以及注重基層同仁意見的原則還是適用的。
3. 與下級機關的公關：除直屬機關依行政系統的運作可直接下達指令外，還是應事先多溝通，此外應作人性化考量，讓下級機關感受到來自上級機關的尊重、關懷，而非頤指氣使。

3 相關資料請參閱陳一香（2007：216-218）。

4. 與民意代表的公關：口訣是：「在不違法的前提下，酌作行政裁量的彈性考慮。」民意代表有審核機關的預算權，對於民意代表的請託，現實考量上不能完全置之不理，但首應判斷請託是否違法，是否為惡意、連續行為，若否，則可在行政裁量權限內，酌作彈性考慮。
5. 與民眾的公關：陳情案的處理常不可避免，處理的原則有四：親身、及時、現場、誠懇。民眾陳情，各有所求，最終都是希望能將陳情案送達具有決定權的最高首長。出面溝通者其職級不宜太低，態度要誠懇，且應親臨現場即時處理，讓民眾相信其陳情案肯定可上達決策者。
6. 新聞媒體：平日媒體關係的建立，有助於政府與媒體記者之間的相互溝通與瞭解，包括瞭解媒體定位、媒體工作及截稿時間、作業流程等，公關人員要能掌握各媒體的節奏與取向，才能「對症下藥」，找到媒體所感興趣、所喜歡的新聞面向，同時適切抓到重要的目標公眾，而非純粹從政府部門主觀的認知或需求出發。

（二）原則

政府公關的原則與企業公關的應變原則之出發點相同，皆是為避免危機的發生或擴大，及時控制議題，並在面對媒體時能有臨危不亂、準確明白的回應。其概要原則共有兩點，分述如下：

1. 真實、公開的原則，保障公眾的知情權

作為政府公關主體的政府，是從社會中獨立分化出來且又居於社會之上的特殊權威機構，也是公共問題的資訊源。因此政府應該及時、眞實地提供資訊，尤其是對涉及公民自身生命財產安危的重大公共問題。

當公共問題出現後，與此有關的人們出於趨利避害的本能，往往強烈要求瞭解事情的眞實狀況及自身的關係，如果缺乏可靠的資訊，則往往會

做出最壞的設想，作爲自己行動的根據。在緊急事件發生時，若當地政府部門不能準確的回答實質性的問題，勢必會在某個程度上影響老百姓對政府的信心。有眞實、準確的傳播，才能獲得公衆的信任；爭取公衆的配合才有可能將不利因素轉變爲有利因素，儘快解決問題，維護社會穩定。

2. 即時、迅速的原則

由於缺乏健全完善的監控和應對機制，致使一些政府部門對重大事件和突發事件不能做出即時、迅速的反應。政府怠慢處理的態度，將會令人懷疑相關當事人對人民的誠意和負責的程度。只有通過第一時間掌握資訊，盡快發布資訊，才能避免資訊在傳播過程中被歪曲，使民衆瞭解事情的發展狀況，樹立負責任的政府形象。

三、困境

目前在政府部門的運作上，因對於公共關係角色與定位仍有模糊之處，政府公關人員在職務和授權上，與企業部門相較仍有相當大的差異，加上公關費用經常有經費不足的問題。因此，政府公關人員在執行公關工作時，有下列幾項困境有待克服（梁玉竺，2002：18-19；陳一香，2007：218-219）：

（一）角色衝突的困境

公共關係部門在中央或各縣市政府所扮演的關係角色非常多元，又因各方面的角色期望不盡相同而可能產生矛盾，令公關人員左右爲難，無所適從。例如縣市政府大多抱持「多一事不如少一事」的心態，所以期待公關部門最好是扮演「沒有聲音」的角色。然而相反的，媒體記者因爲需要採訪報導，所以常要求公關人員提供越多越詳盡的資料，最好還能給予較多採訪和資訊蒐集上的方便。這兩種情形經常讓公關部門有如夾心餅乾，陷入兩難。此外，公關單位所擔任的「新聞行政」工作，也因常需接受來自中央的上級指揮，於體制內又應服從首長的領導，而容易出現意見不同的雙軌指揮情形，成爲公關部門的一大困擾。

（二）道德多元的矛盾

公共關係工作應追求社會的公益，但問題是目前政府機關所面臨的社會大衆，並非是性質完全一致的團體，而是多元價值、目標互異的群體組合，公關部門在面對這種「異質性的社會組合」（heterogeneously social aggregation），其鼓吹倡導的政策，在執行上可能一方面受到接納喝采，但另一方面卻遭到杯葛抗爭。上述多元化的矛盾，使得公關人員經常需面對來自社會上各種不同利益的需求與壓力，而產生道德矛盾的困境。

（三）力不從心的無奈感

在政府未意識到政府公關重要性的情況下，自然在提撥公關費用上常有經費不足的問題，而在經費短絀下，公關人員也難伸大志。其次，由於組織內部的配合支持未臻理想，政府各部門不能全力支持公關人員之要求與希望，例如：在統一發言人上，各部門極可能在媒體採訪上未能配合，而造成各說各話的情況，更使公關人員疲於應付，造成工作執行的困難。另外，在職務的劃分上，由於公關尚未被肯定爲一專業性的工作，編制上通常附設於其他科室之下，未有一正式編制，因此政府公關人員時常在工作內容中需參與許多職務上並未有太大相關的工作，被指派不屬於自我專業的工作內容，不僅耽擱了原本工作的進度，也面臨專業不足的困擾。

（四）對公共關係存有錯誤認知

政府公共關係之負面發展因素，主要來自社會大衆對公共關係普遍具有錯誤的認知所致，如在民主政治的政府，權力的行使人是總統，總統是由人民選出的，因此只要是政府的公共關係運用，常常被誤解爲是「執政黨的宣傳」，亦造成民眾不能確實知道政府公共關係人員在科層化政府和民眾間所具的橋樑作用。此外，也有將公共關係誤認爲是文過飾非的手段，這些都是對公共關係有錯誤認知的表現。

第四節　政策行銷

一、概念的釐清

（一）行銷

「行銷」（marketing）不是「推銷」，因爲推銷只是行銷的一小部分，是許多行銷功能的一環。在多數人的印象裡，行銷的手法多半應用於營利事業之中，亦即企業以策略的方式讓產出的服務與產品不但能夠滿足消費者的需求，同時也能一併爲組織創造豐厚利潤。隨著時代的變遷，行銷的概念不僅只應用於私部門，在公部門及第三部門中也逐漸受到重視。

有學者指出，行銷是一種深入的追究，找出人類的需求，以作爲服務的依據（高寶華，2006：98）。根據美國行銷協會（American Marketing Association）對行銷一詞所下的定義，所謂行銷是針對創意、想法、產品及服務來創造交易，以滿足個人與組織目標，在概念化、定價、推廣和分配上所做的規劃及執行的過程（陳定銘，2003：53）。學者 Kotler（1991）也曾賦予行銷概念明確之定義，認爲行銷是分析、規劃、執行和控制一系列的計畫，藉以達成企業所預設的目標。爲了達成此目標，組織本身需根據目標市場的需求來提供產品，並同時善用有效的定價、溝通及分配的技巧來告知、刺激及服務目標市場（轉引自王順民，2006：53）。由此可知，組織運用行銷手法之目的，無非是希望能夠使顧客主動對組織所供給的服務和產品感到興趣，使這些產品能夠不需特別著重銷售的功能便能容易地受到顧客的青睞。而為了達成這項目的，學者 Bearden 等整理出下列三項成功行銷的關鍵要素組合（王居卿等譯，2002：23，轉引自陳定銘，2003：54）：

1. 組織的基本目的在滿足顧客的需要。
2. 要滿足顧客需要，整個組織必須同心協力。
3. 組織應強調長期成功，意即長期的掌握顧客。

（二）社會行銷

根據 Kolter 的定義，社會行銷（social marketing）是「應用行銷的原則與技術去影響標的群眾自願接受、拒絕、修正或放棄有助於個人、團體、或是整體社會的一種行為」（轉引自魯炳炎，2007b：36）。所以社會行銷是一種計畫的設計、執行與控制，以增加民眾對社會觀感的接受度。這種結合顧客導向和社會公益關懷的社會行銷時常被政府部門與非營利組織所使用。社會行銷的重點在於設法瞭解目標對象的真正需求，然後再針對需求來設計社會產品，同時以最有效率的方式將產品傳達給顧客（王順民，2006：54）。換言之，當顧客滿足需求時不僅能達成組織的使命任務，也可同時增進整體社會的福祉。

基本上，社會行銷所銷售的產品是行為的改變，如改善健康、保護環境、防範傷害或社區參與，希望其所服務的顧客能夠做到接受一個新的行為、拒絕一個習慣行為、修正一個現行行為和放棄一個舊的行為。從事社會行銷者強調不會運用訴諸法律、經濟等脅迫方式，要使顧客的行為能夠自願發生（Philip Kolter 等著，俞玫妏譯，2005：6-7）。

二、政策行銷

政策行銷是政府機關及人員採取有效的行銷策略與方法，促使內部執行人員及外部服務對象，對研議中或已形成之公共政策產生共識或表示贊同的動態性過程，其目的在增加政策執行成功的機率、提高國家競爭力、達成為公眾謀福利的目標。政策行銷人員一方面扮演倡導性角色，將政策實質內涵傳達給標的顧客群體，或是政策利害關係人；另一方面，則透過政策行銷機制與利害關係人進行政策對話，以使雙方得以理解彼此之意向與需求。政策行銷欲收實效，必須採取有效的行銷策略及方法，而策略及方法之有效與否，則須視時空環境變化而定。在當前時空環境下，政策行銷應當揚棄以往「為政不在多言」、「多做少說」的錯誤觀念，而代之以「多做多說」、「做多少說多少」，以爭取服務對象認同及支持的做法（吳定，2006：338；翁興利，2004：216）。

行銷概念之所以能引入公共組織管理的領域中，可能受到下列因素的影響（孫本初、傅岳邦，2009：28-29）：

（一）強調社會需求的滿足。
（二）公、私部門間的差異日漸模糊。
（三）社會變遷的速率增快。
（四）公民參與觀念的提升。
（五）政府行政人員服務導向的轉變。
（六）有限資源的有效利用。
（七）改善公共部門的生產力。

關於政策行銷的定義，國內外未有一致的說法。Buurma（2001：1288，轉引自劉兆隆，2011：21）認為：「政策行銷是政府用來誘使社會行動者與政府進行行銷交換的一連串計畫與執行過程的總合，藉由發展及提供令社會行動者滿意的政策工具，以及要求社會行動者從事特定的社會行爲和其他的交互活動，讓政府與社會行動者雙方都達成其目標。」而丘昌泰等（2001：37）認爲，「政策行銷是指政府機關提供一套讓市民需求得到滿足的行政服務，市民則以納稅、付費或其他成本支出的方式支持政府的公共政策，這是兩蒙其利的事。」

三、政策行銷的功能

究竟政策行銷可以發揮哪些功能？整理相關研究大致如下（丘昌泰，1998：34；2011：7-8；翁興利，2004：217-218）：

（一）加強公共服務的競爭力

政策行銷可以提升公共服務的競爭力，競爭可以產生不同的選擇，有選擇就可以有所比較，有比較才能使民衆得到較佳的服務，故良性的競爭是使政府部門發揮效率的最佳策略。

（二）建立良好的公共形象

透過市場機能中行銷廣告的運作，可以樹立公共部門良好的公共形象，有助於相關公共政策的推展，爭取民衆的支持。

（三）促使公共服務商品化

政府所提供的服務，可以透過行銷的方式予以商品化，使其能吸引更多民衆的購買與採納。而所謂的商品化就是將公共服務予以價格化，其中最具體的就是「使用者付費」的運用。例如我國自 2012 年開始高速公路實施「按里程計費」以及垃圾費隨袋徵收政策皆是。

（四）博取民眾更多的好感

現代不少民主政府是靠選舉來執政的，故執政黨政府非常重視民眾滿意度，如果民眾對於政府施政感覺不滿，要繼續取得執政權就很困難。因此，政策行銷可以博取民眾更多的好感。例如，2009 年 8 月 8 日莫拉克颱風重創臺灣南部地方的民眾，民眾對馬政府救災的速度與態度相當不滿，創下馬政府上任以來最低的施政滿意度，博取民眾更多好感成爲執政當局重要的行銷重點。

（五）澄清不必要的誤會

民主政治是言論自由的社會，傳播媒體成爲批評政府的公器，但傳播媒體亦經常成爲散布謠言的溫床。爲了澄清誤會，必須透過政策行銷，以澄清群眾的疑惑。例如，2009 年 8 月 8 日莫拉克颱風過後，國軍官兵協助災民整理家園期間，發生兩起 H1N1 死亡病例，一是救災民眾，一是非災區民眾，但軍中則有謠言不斷傳開，誤認爲軍中已有兩起感染死亡病例，影響軍心甚大，經澄清後情況穩定。

四、政策行銷的特性

根據研究指出，政策行銷管理具有下列幾項特性（丘昌泰，2011：6-7）：

（一）無形性（intangibility）

大多數政府機關的公共服務是無形的、抽象的；當民眾接受服務時，並不需要付出代價購買任何實體物品，而是享受其使用過程、使用經驗、花費時間或其他無形的服務。由於其爲無形，故欲評估行銷的價值十分困難，必須花費較多的時間與精力，才能滿足民眾多元與殷切的需求，進而獲得支持，建立良好的機關信譽。

（二）易消逝性（perishability）

公共服務不能建立存貨，服務很容易消逝（例如必須於某段期間內報稅），因此，在某段期間未使用的服務就會消逝，形成一種浪費。服務無法像有形產品一樣可以儲存，並且到需求旺盛時再提出供應。因之，政策行銷者要平衡供需有其困難。同時，政策行銷要滿足巔峰需求的成本太過龐大，爲此也常遭到社會各界批評其未能提供妥善即時的服務。例如，春節高速公路的某些時段可以「免費」通行，這種免費服務期間相當短，容易消逝，未享受到該項服務的民眾，若未事前告知，往往頗有怨言。

（三）不可分割性（inseparability）

許多公共服務的製造過程往往是由許多機關同時參與，無法分割，例如政府機關的生產階段往往與消費者的享受同步發生，消費者在某階段積極參與公共服務製造過程，服務提供者與服務接受者形成不可分割的關係。例如，舉辦地方節慶活動，民眾本身就是參與者，透過參與者來呼籲其他更多民眾來參與此項活動。

（四）異質性（variability）

由於政府機關之業務性質不同，且服務人員的素質不一，更何況每一政府機關對於服務品質的定義殊難一致，故往往呈現異質性的色彩而有所差異，很難標準化，導致服務品質不穩定。例如，監獄機構與戶政、地政的服務品質概念與標準必然有所差異。

實務櫥窗

熱氣球翻轉臺東創造幸福經濟 臺東縣府奪傑出公關獎[4]

財團法人公共關係基金會舉辦第十一屆「2018傑出公關獎」頒獎典禮，於15日下午3時在張榮發基金會國際會議中心舉行，臺東縣政府提報「用熱氣球翻轉臺東——創造臺東幸福經濟」專案深獲評審團一致肯定，奪得2018傑出政府傳播獎殊榮！由臺東縣府交通及觀光發展處王國政副處長代表上台受獎。

每兩年評選一次的傑出公關獎爲臺灣公關業界的年度盛事，今年共吸引66件專案角逐9個組別的獎項，臺東縣提報參選「2018傑出公關獎」政府傳播獎類別獎項，該類別獎項含臺東縣政府「用熱氣球翻轉臺東——創造臺東幸福經濟」，共3項作品入圍。

典禮上，王副處長帶領同仁上台接受獎項，同時也表示「感謝傑出公關獎這個獎項，有機會讓社會大眾可以看見爲熱氣球嘉年華默默付出心血的同仁們，在團隊裡，合作是最美好的關係，每個組成都是不可或缺的」。今年臺灣國際熱氣球嘉年華預計6/30~8/13登場，他特別歡迎國內外的朋友，來到臺東鹿野高台體驗暑假最夯的活動，跟著熱氣球一起夢想起飛。

臺東擁有優越的自然資源及環境，但交通不便，無法順利把這個優越的條件轉化成爲臺東實質經濟價值。八年前，縣府團隊首創臺灣唯一熱氣球嘉年華，跳脫普遍煙火秀的節慶方式，進而產業在地化，利用花東縱谷獨特的空域地理條件，爲全世界最長的熱氣球嘉年華，成功地讓國內外認識臺東，提高國際能見度，2018年更同時榮獲Booking.com列爲年度10大新興旅遊城市，及Travel Channel列爲世界12處令人驚豔熱氣球嘉年華。

4　資料來源：ETtoday新聞雲（ https://www.ettoday.net/news/20180618/1193082.htm；檢閱日期：2018/6/19）。

第五節　政策行銷的核心概念

研究指出，「行銷組合」之運用是行銷成功之關鍵，若透過傳統 4Ps 的行銷組合模型，並加上第五個 P 夥伴（partnership）與第六個 P（policy）則可以將其運用於政府機關的政策行銷。換言之，政策行銷的核心概念是從原先行銷組合的 4Ps 發展成 6Ps，以下乃搭配實例來說明政策行銷的運用方式（蘇偉業，2007：16-17；丘昌泰，2011：8-9；劉兆隆，2011：22-23）：

一、產品（poduct）

產品是指「政策」本身，但政策多不是實體（tangible）產品，甚至不是政府提供的無形服務，而是一套規範守則或是一套作業流程。由於社會觀念與公共服務的產品或服務通常是無形的，如何將這種無形的產品或服務成功轉化成一種價值給予目標群衆，如設計產品的 logo、標語，以加深消費者對產品的印象，則考驗著政府機構能否有效掌握該項產品或服務的特性，才能使民衆對其產生信賴，而願意投入購買或參與其任務。如臺北市「祝你好孕」政策，透過北市密集交通網（公車、捷運）及網際網路宣傳政策，使專案在臺北市曝光度極高，隨時可見專案圖文宣傳。

二、訂價（pricing）

社會觀感或政策行銷的對象是「公共財」，雖然多半是採取免費服務，不需要考量價格問題，但爲了避免搭便車（free-rider）的效應，往往對於使用服務的消費者亦酌收象徵性的費用，以產生「以價制量」的擁擠效果，因此，訂價問題也非常重要。通常政策行銷的價格設定僅反映「成本」，不以營利爲導向。價格代表民衆爲取得政府部門提供的「產品」而需付出的成本或代價。其除了貨幣成本之外，也包括時間、精力、心理等各種非貨幣成本。爲嚇阻民眾不可違反政府政策，政府也常採行貨幣性的懲罰措施，讓不配合施政方案者付出較大的代價，如菸害防制新法規定，在禁菸場所吸菸罰新台幣 2000 元以上，1 萬元以下，又菸品健康福利捐自 2009 年 6 月起從每包新台幣 10 元調高到 20 元。

三、通路（place）

通路是指讓民眾可以方便快速地取得各項公共服務的管道或途徑。在傳統行銷學中指的是產品如何有效到達顧客的中間渠道。由於政策產品多不牽涉實體產品，甚至沒有服務，而是一些規範，要求標的團體行爲與規範一致，所以配銷通路在政策行銷中宜指政策推動的潤滑器（facilitator），是指如何使相關民眾能方便及有效地遵守政策或獲得政策服務，這是政策順利執行之關鍵，且可能牽涉政策的相關軟體措施及硬體設備。例如要宣導青少年不要夜遊不歸，青少年聚集最多的地點——西門町，就是一個理想的行銷通路。

四、推廣（promotion）

推廣是指如何使相關人士及政策受眾注意關心政策問題及政策方案，它不應是傳統說教式的政策宣導。政策推廣的目的一方面要使以上兩方面人士（也指行銷代理組織的內外部）瞭解政策，使他們對政策有正確的認知，並將政策產品的信息有效地傳播開來；另一方面使他們接受認同政策，並內化（internalize）於他們的心中。以限塑政策的推廣來說，環保署是以鋪天蓋地的形式進行，透過不同媒體、學校、民間團體、問答集、海報及貼紙方式宣傳，務必使全國民眾及所有飲食店都要認知政策，並學習商業機構的行銷方式，選用高知名度、有良好公益形象的白冰冰作爲政策代言人。

五、夥伴（partnership）

夥伴是指政策執行者獲取外界合作參與政策過程。因爲政策行銷往往面對社會各方面的阻力，加上公共部門繁瑣的功能分工及現今強調的網絡或參與式公共治理，政策行銷者（可能是單一政府部門）很難以單方力量推動政策理念，必須與不同組織團體（包括其他政府部門）建立理念聯盟，加入行銷隊伍，以促進政策產品在政策市場之推廣。在現今公共部門資源不足及政策網絡在政策過程重要性之認知下，政策夥伴是政策行銷不可或缺的部分。在限塑政策上，當時的環保署長郝龍斌雖動員全體環保署內部人員推動政策，重組署內組織成爲行銷團隊，也重視爭取不同政策市場的支持，但卻沒有建立政策夥伴聯盟來參與政策之推動，例如結合民間環保組織、行業公會、基層社會組織來共同協力推動政策，明顯使環保署處於孤立的狀況下推動政策，強化政策的反彈力量。又如政府部門在推廣戒菸理念時，會與董氏基金會合作，或是在推動食品安全衛生、消費者保護活動時，常與消費者文教基金會及其他民間組織合作乃是最佳實例。

六、政策（policy）

政策行銷所涉及的公共政策往往不是一個機關所能決定，因此，政策的內涵與主管機關都是政策行銷必須注意的對象。例如有關「防制青少年犯罪」的宣導活動中，至少就涉及三個部門的政策：警察、教育與社會三大部門，而這三部門在行銷政策之前必須對「防制青少年犯罪」的分工與職掌有所瞭解，以免到時發生職掌衝突與重複的情形，降低行銷的效果。

公管小檔案　新北市政府幸福保衛站[5]

新北市超商密度居全球之冠，市府透過不斷的溝通和簡化行政流程，結合四大超商、學校、志（社）工及每一個市民的力量，有效利用民間捐款與力量。自102年1月1日起，參加幸福保衛站的每一家超商員工，都代表著社會力量的延伸，都是充滿愛心的志工，將主動關懷與協助18歲以下家中遭遇緊急變故的學童，使其飢餓時能到超商門市求助，並免費享用主食餐點，若經認定爲須協助個案則由超商店員協助通報，新北市政府高風險家庭服務管理中心後續將啓動關懷協助系統，即時支持或援助弱勢學生，聯繫或轉介相關單位提供適切之處遇協助與輔導關懷，持續追蹤至結案爲止。

目前全市約有2000餘家門市成爲學童急難的幸福「飽胃」站。計畫自開辦至2014年以來，民間捐款存入「新北市社會救濟會報專户」已超過950萬元，支用128萬元，且已有超過1萬1,721名學童登記取餐，發現超過5,000名學童爲須協助個案，其中協助中輟生返校，及時救助阿嬤生病、隔代教養的兄妹；幫父母找回翹家兒等。此外，2014年財團法人公共關係基金會舉辦第九屆「2014傑出公關獎」，更由新北市政府的「幸福保衛站」政策脱穎而出，評審團以「首創政府預算零投入＋KPI達陣先例」，一致讚譽此計畫之多元合作、效益龐大，不僅結合户外實體活動宣傳（兒童遊樂園），亦透過網路媒體（youtube）宣傳凸顯個別感人故事，引發更多社會投入及廣泛共鳴。

據新北市政府秘書長許育寧表示，「幸福保衛站」獲頒「傑出公關獎」，爲政府與民間合作的成功典範，代表每位市民、老師、志工及超商

5 資料來源：謝文瑄，2014，〈宣導幸福保衛站 出動2樓高溜滑梯〉，http://www.chinatimes.com/realtimenews/20141019002737-260405；檢閱日期：2016/7/1。

業者對孩童守護、關懷的幸福承諾，並將這份榮耀歸功於每位參與這個計畫的小天使。除媒體的廣泛報導外，地方民代、主責機關教育局與下轄高中、國中、小與社福單位共同協助宣傳……等，同時亦結合超商通路的立即性與廣布性的支持，讓外界從一開始擔憂此計畫的實施恐怕會使資源遭到濫用，至最終獲得社會普遍認同這個「救急不救窮」的計畫。透過該計畫，新北市政府不僅達成社會救助的目標，透過跨局處與民間的合作與溝通宣導，成功取得社會大眾的認同與支持，亦有效形塑市府的良好形象。

歷屆考題

1. 政策行銷模式中以何種概念代替傳統行銷模式中「產品」的概念？（107 年公務人員初等考：行政學大意）　(C)
   (A)網絡
   (B)治理
   (C)服務
   (D)溝通
2. 機關組織所設立的公共關係室或發言人，係屬於何種類型的幕僚？（107 年身心障礙人員特考：公共管理概要）　(C)
   (A)技術性幕僚
   (B)監督性幕僚
   (C)報導性幕僚
   (D)輔助性幕僚
3. 關於公共關係的理念，下列何者錯誤？（107 年身心障礙人員特考：公共管理概要）　(D)
   (A)前提爲履行社會責任
   (B)基礎爲個人或機構有良好表現
   (C)手段爲有效溝通
   (D)目的爲文過飾非
4. 在政策行銷方面，政府官員接受採訪時，下列何者最爲適當？（107 年身心障礙人員特考：公共管理概要）　(C)
   (A)遣詞用字只用專業術語
   (B)儘量提供複雜的數據圖表
   (C)對於主要的重點應以不同方式重述
   (D)發布來不及完整查證消息

5. 下列對於政策行銷原則的敘述，何者錯誤？（107 年身心障礙人員特考：行政學大意） (C)
   (A)應站在行銷對象的立場以同理心進行行銷
   (B)作任何政策承諾均應努力設法兌現
   (C)政策制定過程應適時保密以避免政策受到影響
   (D)政策行銷單位與人員應主動積極地進行必要的行銷活動
6. 有關「酒後不許駕駛的守則或環境保護政策中控制汙染的作業流程」之敘述，最符合下列那一項政策行銷組合的核心概念？（106 年地方特考：公共管理概要） (A)
   (A)產品
   (B)推銷
   (C)夥伴
   (D)通路
7. 下列那一項政策行銷原則強調應站在行銷對象的立場，以同理心進行行銷，才能夠被對象所接受？（106 年地方特考：公共管理概要） (C)
   (A)公開原則
   (B)誠信原則
   (C)設身處地原則
   (D)主動積極原則
8. 有關政府行銷管理作用之敘述，何者錯誤？（106 年身心障礙人員特考：公共管理概要） (B)
   (A)澄清不必要的誤會
   (B)進行流程管理的再造
   (C)獲得社會更多的支持
   (D)建立雙向溝通的管道
9. 有關政府行銷的敘述，下列何者錯誤？（106 年身心障礙人員特考：公共管理概要） (C)

⑷政府行銷本質上是屬於非營利行銷
⑻政府行銷本質上是偏向於總體行銷
⒞政府行銷是以追求利潤為目的
⒟政府行銷的產品大多是抽象無形的公共服務

10. 政府在宣傳「道路交通管理處罰條例」時，不說明所有內容，僅不斷強調「酒後不開車，開車不喝酒」是屬於政府公關與行銷中的那一種基本技能？（106 年身心障礙人員特考：行政學大意）　(D)
⑷政策管理
⑻危機處理
⒞社會學習
⒟策略傳播

11. 下列對於公眾關係的內涵及目的之敘述，何者錯誤？（106 年地方特考：行政學概要）　(C)
⑷積極目的在爭取或維持公眾對本機構的了解與支持
⑻消極目的在消除公眾對本機構的誤會與攻訐
⒞做好公眾關係則政府機關在預算審查將會無往而不利
⒟做好公眾關係也可以達到了解輿情的目標

12. 政策行銷應重視「市場區隔」的理念，一個好的「市場區隔」應符合下列那個原則？（106 年公務人員初等考試：行政學大意）　(A)
⑷組內的差異最小，組間的差異最大
⑻組內的差異最大，組間的差異最小
⒞組內的差異和組間的差異都最小
⒟組內的差異和組間的差異都最大

參考文獻

一、中文資料

王順民，2006，〈當代台灣地區非營利組織的社會行銷及其相關議題論述〉，《社區發展季刊》，115：53-64。

王德馨、俞成業，1990，《公共關係》，台北：三民。

丘昌泰，1998，〈市政府政策的宣導：行銷管理〉，《公訓報導》，80：33-40。

丘昌泰，2011，〈政府施政與民眾感受之間的連結器：政策行銷〉，《研習論壇》，129：1-13。

丘昌泰、余致力、羅清俊、張四明、李允傑，2001，《政策分析》，台北：國立空中大學。

成天明，1998，〈政府公共關係研究之探析〉，《立法院院聞》，26（11）：71-84。

何吉森，2011，〈媒體公關與政策行銷〉，《研習論壇》，129：35-45。

吳定，2006，《公共政策辭典（第三版）》，台北：五南。

俞玫妏譯，Philip Kolter、Ned Roberto、Nancy Lee 著，2005，《社會行銷》，台北：五南。

姚惠忠，2006，《公共關係學：原理與實務》，台北：五南。

胡豪東，1985，〈公共關係的探討〉，《石油通訊》，405：10-11。

孫本初、傅岳邦，2009，〈行銷型政府的治理模式：政策行銷與政策網絡整合的觀點〉，《文官制度季刊》，1（4）：25-55。

翁興利，2004，《政策規劃與行銷》，台北：華泰。

盛元清譯，1978，《公共關係》，台北：徐氏基金會。

高寶華，2006，《非營利組織策略經營管理》，台北：華立。

梁玉竺，2002，〈政府公共關係之研究 III〉，《消防月刊》，5：13-29。

張在山，2004，《公共關係學（三版）》，台北：五南。

陳一香，2007，《公共關係：理論、策略與應用》，台北：雙業。

陳定銘，2003，〈非營利組織行銷管理之研究〉，《社區發展季刊》，102：218-241。

黃榮護主編，2000，《公共管理（第二版）》，台北：商鼎。

熊源偉編，2002，《公共關係學》，台北：揚智。

劉兆隆，2011，〈政策溝通與政策行銷的理論及實務〉，《研習論壇》，129：14-24。

劉秀曦，2001，〈我國大學公共關係之探討〉，《學校行政雙月刊》，11：14-24。

鄭貞銘，2000，《公共關係總論》，台北：五南。

魯炳炎，2007，〈政策行銷：理論意涵之研究〉，《中國行政》，78：31-53。

蘇偉業，2007，〈政策行銷：理論重構與實踐〉，《中國行政評論》，16（1）：1-34。

二、網路資料

ETtoday 新聞雲：https://www.ettoday.net/news/20180618/1193082.htm，檢閱日期：2018/6/19。

謝文瑄，2014，〈宣導幸福保衛站 出動 2 樓高溜滑梯〉，中時電子報：http://www.chinatimes.com/realtimenews/20141019002737-260405，檢閱日期：2016/7/1。

13
公共部門課責

學習目標

- ▶釐清責任、義務與課責之差異。
- ▶瞭解公部門課責的理由與目標。
- ▶說明公部門課責的內涵與類型。
- ▶掌握非營利組織課責特性與方式。

20世紀末，世界主要經濟發展國皆面臨「雙重困境」(Catch-22)，即政府財政危機日益惡化，但民眾需求卻日益增多，因此各國政府無不致力於政府再造工程，希望以「師法民間」精神改善政府績效（江明修、鄭勝分，2002：81)。長期以來，政府在公共服務的提供上具有獨占性，政府留給民眾的是「不能立即因應問題及有效處理公共事務」的刻板印象。然而，反觀企業，由於在其所生產或販賣的同類商品或服務中有相近的顧客群，所以有高度彼此競爭特質。企業如欲在該環境中求得生存，除了要能迅速因應環境的變遷外，還需能充分掌握所處環境未來的動脈（吳英明，2000：586-587)。也因此，若能引進民間部門的特性，使其能協助政府共同來提供公共服務，或是將公共服務委託由民間部門（含非營利組織）來執行，或許能改善政府部門官僚僵化的行政效率，快速因應民眾的需求。

然而，隨著政府公共服務的外包與移轉，公私之間的界線也逐漸變得模糊不清，在公私部門所建構出的協力或委託關係中，受委託的企業或非營利組織的身分已經不再是單純的民間部門，而是逐漸轉變成具有公共行政功能，因此，所承擔的責任也不僅止於契約責任，更包含憲政責任，必須接受民主政體的公共課責（public accountability)。但是在我國，外包或協力方案執行成果的評估標準尚未建制完全，隨著契約數量的增加，政府監督契執行的機制則顯得不足，而容易產生課責失靈（accountability failure）的情形（江明修，2005：1)。由以上所述可知，課責議題在民主政治中所顯現的重要性，以及對於該議題進行深入瞭解的必須性。

由於課責屬於較抽象且新的概念，在本章中僅做概念性介紹，而為避免發生混淆和易於討論，作者將公共部門區分為公部門和非營利組織，分別從這兩個都具有公共性卻有相當差異的主體來探討其課責之內容。因此，在本章中首先整理課責一詞的意涵；其次介紹公部門課責的概念與類型；最後則以非營利組織為主，分別從其課責特質、內容與方式，來探討非營利組織的課責概念。

第一節　課責的基本概念

一、責任、義務與課責

由於課責（accountability）一詞具有多樣化特性，且存在許多可相互轉用的相似詞或相似概念，往往容易與責任（responsibility）或義務（obligation）之概念意涵混淆。因此，在瞭解課責一詞的概念之前，首先須先釐清責任、義務與課責三個概念之差別。

根據《韋氏大字典》所言，責任是意指一方所需承擔之事務，或是如道德、法律或精神課責的義務，至於義務則被定義爲代表基於承諾或契約等形式，使得一方必須有所行動的過程，或是必須去做之職責。此外，國外學者 Hughes（1998: 230，轉引自呂苔瑋等譯，2006：341）認爲，相較於課責，責任的意義較爲模糊，乃是透過層級結構而進行，每個人均對於下屬的行動「負有責任」，至於爲何事負責，或負責的範圍多大等問題，卻無法精確表示，以致責任的意義顯得模糊不清。而 Day 與 Klein（1987: 5）則認爲課責與責任往往爲同義詞，且除非雙方皆具有責任，否則單方面無法對於其他人加以負責，申言之，即其認爲課責並非是單方面的，而是具有雙向互動之特質。因之，責任可被界定爲行動的義務，而課責則是進一步要求履行對行爲結果負起責任之義務（轉引自劉淑瓊，2005：37）。

另一方面，Cooper（1990；轉引自 Kearns, 1996: 8-9）認爲：義務與課責在概念上是有所區別的，課責代表對上級或監督機構等的一種責任或回應性，而義務則是對於具體的績效目標或是無形的目標，如公共利益之責任加以負責。換言之，義務與課責之差距即存在於對象之差異。

二、行政責任

關於行政責任（administrative responsibility）的意義，根據學者菲斯勒（James W. Fesler）和凱多（Donald F. Kettl）之界定，指出行政責任具有系統層次意義的綜合性概念，由負責行爲與倫理行爲構成，前者是指忠誠地遵循法律、長官指示，以及效率經濟準則，後者乃是指堅守道德標準，以及避免不倫理行爲的發生（轉引自吳定等，2007：196）。

根據吳定等人（2007：196-200）的整理，行政責任之內涵約可分爲回應、彈性、勝任能力、正當程序、負責、廉潔，茲分述如下：

（一）回應（responsiveness）

回應是指行政機關快速熟悉民衆的需求，不僅包含「後應」民衆先前表達的需求，更含洞識先機，「前瞻」性主動行爲，研擬公共問題的解決方案，甚至確認問題的發生。民衆對政府的常見批評不外乎指責政府行動遲緩或無能爲力，就是指政府回應力不足。

（二）彈性（flexibility）

行政機關及人員在規劃及執行政策時，不可忽略與政策目標達成有關的個別團體、地方關懷或情境差異。在多數的情況下，機關組織無法以相同的條件去服務所有的標的民衆，需決定服務對象的優先順序，此乃彈性之做法。

（三）勝任能力（competence）

行政機關推動職掌、貫徹公權力的行為必須謹慎，並顧慮後果。簡言之，行政機關要有完成所應履行任務的能力，而且又表現出行政績效，既有「效率」又有「效能」。

（四）正當程序（due process）

正當程序是指任何人未經法律正當程序，不得被剝奪生命、自由、權利或財產。正當程序應用在政府運作，是指政府要「依法行政」（rule of laws, administered by laws）。

（五）負責（accountability）

accountability 中文譯為課責或是負責，其概念是「當行政人員或政府機關有違法或失職之情事發生時，必須要有某人對此負起責任，屬於狹義的行政責任」。課責的情況雖大多有法令之規範，但眞正發生功用者，還是在於個人的倫理判斷。

（六）廉潔（honesty）

廉潔是指政府運作在正面上要能坦白公開，在負面上要能抑止腐化。前者是指政策的制定與執行在某些階段要對外公開，接受外界的檢核；後者則是要求政府相關人員（政務官與事務官）不能受賄或圖利他人、自己與親人。

三、課責

關於課責一詞，因屬於多層次與多面向的概念，國內外學者有多樣解釋，並未有一致的定義。課責的基本概念是指「在一組相對應的關係中，一方（A）有義務對於自己的行爲或活動，對另一方（B）提出解釋、說明與回覆，在此情況下，B 有權對 A 課責，而 A 則是被課責的對象，一旦 A 的行事出現違失或不當，就必須負起責任」（陳志瑋，2005：133）。簡言之，課責乃指向高層權威（higher authority）負責，向某種權威來源「解釋說明」個人行動的過程，處理的是有關監督和報告之機制（Kears, 1996；江明修、梅高文，2002；郭昱瑩，2011：195）。

根據《韋氏大字典》的說法，課責係指「一種義務、自願接受責任或是對於一方的行爲加以說明」。而《公共行政辭典》則將課責界定是「有權受到外部機制與內在律則[1]限制的一種情況」。Hughes（1998: 226-230）認爲「課責是一種委託人與代理人之關係，代理人代表委託者執行任務，並報告其執行狀況的關係」。由以上可知，上述定義無論何者，其所強調的都是在一種科層體制中，有關監督與報告的機制，其所意含的是外部監督、獎懲與控制等意義，透過清楚的法規命令和正式的程序、監督來達成期望的目標。

國外研究對於課責有相當程度的探討，其中 Kears、Mulgan、Koppell 的論述經常被國內學者所引用，具有高度的代表性。Kears（1996）認爲，課責的本質是一種控制的行爲，而有效的課責機制設計，須建立在資訊（information）、監督（monitoring）與強制（enforcement）三者的基礎上。Mulgan（2003：1、9）認爲課責是指某人或某組織有義務被他人所監督，是讓公衆知情並且是一種權力制衡的方式，亦是使犯錯者負起責任，使委託人對於代理人有權制裁及實施補救措施。

另外，在《國際公共政策與行政百科全書》（*International Encyclopedia*

1 所謂外部機制包括公民、代議士、民選或政治任命的首長、法院的指令或命令。而內在律則包括了各級政府所公布的法律、命令、規章、行政規則等，甚至道德規範、善良風俗、民間習慣等非正式規範，也可對公共的行政運作產生影響力（史美強，2010：108）。

of Public Policy and Administration）之中，Romzek 與 Dubnick 將課責定義爲一種「關係」，在這種關係中，「個人或是單位在被授權的行動中，有義務向授權者回答有關授權行動績效的問題」。因而藉由此簡單定義中，可以將課責概念歸納出下列三個重點（轉引自陳敦源，2009：32-33）：

（一）課責是一種關係，這種關係應該至少包含「課責者」（accountability holder）與「被課責者」（accountability holdee）兩種角色個人或單位間的某種互動關係，這種關係十分適合運用資訊經濟學當中代理人理論來理解。

（二）被課責者因授權的關係，有義務「回答」課責者關於授權行動的表現問題，這種義務的設計，應該包括資訊公開的法律義務，與資訊表達結構的「可理解性」（comprehensiveness）。

（三）課責者與被課責者之間關於彼此關係互動的資訊焦點，是課責者所關心的「績效」問題，也就是被課責者受託應完成事項的達成程度問題，通常這種績效資訊是不對稱地儲存在被課責者身上。

在國內，近年來開始重視課責議題的探討。由於國家行政的管理是社會大衆、政府領導人及公務員之間彼此透過制度安排與政治互動而緊密的聯結。政府被人民賦予期待，其任何的行動結果皆會關係到公民的利益，因此對政府部門課責是爲確保回應公衆的需求。課責的最狹義解釋，係指向高層權威負責，要求向某種權威來源「解釋說明」個人行動的過程，處理的是有關監督和報告之機制。此種課責概念採用的是「命令與控制」（command-and-control）的定義方式（江明修、梅高文，2002：24）。若再具體而言，課責指涉的是一種權威關係，即行政人員基於他在制度中的角色去履行特定的職責，而其制度上層的權威者依據法令，以外在強制性的判斷標準對於行政人員順服與否以及績效高低進行獎懲，迫使行政人員對其直屬長官、民選行政首長或民意機關負擔起正式責任（孫本初，2007：212）。

第二節　公部門的課責

一、公部門課責的理由與目標

在民主治理的發展過程中，如何使政府向人民負責是一個重要的課題，特別是1980年代隨著新公共管理風潮興起，公部門開始積極導入企業化的管理模式與精神，並將部分公共服務或業務交由私部門或非營利組織來提供，致使公私部門間的界線越來越模糊，「如何課責」（how to be accountable）的問題則更顯得重要。有學者認為，這股政府改造運動的趨勢不僅改變了許多國家公部門的治理型態，也造成公部門傳統的課責觀念無法適用於一些具有複雜網絡關係的政策領域，也難以替相關行動者導引出清楚的課責關係架構（張世杰，2009：108），講究經濟、效率與效能固然重要，但真正本質問題，乃是公部門如何對人民負責的問題，當人民有管道接受政府的解釋、說明與報告，且政府部門能因此被課以責任，亦即透過課責機制的設計，以達成治理所欲建構的目標，此時民主課責才算是真正獲得落實（陳志瑋，2005：133；2006：174）。

根據英國學者 Mattew Flinders（2008）的分析，政府課責的目標有下列七項：（1）避免公權力受到濫用、腐化、誤用；（2）確保公共資源依其公共目的來使用，並堅持公共服務的價值；（3）改善公共政策的效率與效能；（4）增強政府的正當性，以及提升對於政治人物與政治制度的公眾信任；（5）記取教訓，避免錯誤重蹈覆轍；（6）提供可達成、具改善效果的社會功能；（7）在複雜的政策網絡中釐清錯誤（轉引自劉坤億，2009：67-68）。由上述的內容可以得知，課責在現代政府的民主治理過程中具有相當的重要性。

二、公部門課責的內涵

關於公共課責的概念國外有許多討論，一般在論述「公共課責」時多將課責的焦點置於公部門中。簡言之，公部門課責的核心概念是指具有公共職責的人，應該能夠向「人民」回答其在職務上的績效表現（劉坤億，2009：60）。Romzek 與 Dubnick 認爲，公部門課責爲公部門機構和員工回應組織內部和外部的多項期待，而 Dowdle 對公部門課責的定義雖與 Romzek 和 Dubnick 相似，但 Dowdle 更進一步從英國、美國民主政治的歷史發展脈絡來探討公共課責的內涵，並認爲公共課責含括了以下五項概念，簡述如下（Dowdle, 2006: 3-6，轉引自王琪，2012：15-16）：

（一）選舉（elections）：美國從建國以來，選舉制度一直被給予很大的信任，藉由選任出可以代表全民意見的官員，對選民負起政治責任。

（二）理性官僚（rationalized bureaucracies）：對選舉出來的官員有了疑慮，因此轉而認爲建置一個完善理性、專業官僚框架可以促進公共利益的實現。

（三）司法審查（judicial reviews）：當美國轉向理性官僚制度時，英國學者則希冀借助「司法」的力量以解決民主和官僚制度的問題——「法治」可以監督行政機關的所作所爲。

（四）透明化（transparency）：1960 至 1970 年代，經過越戰和水門事件的衝擊，美國人開始反省是否應該透過其他形式來監督政府。那就是將政府作爲透明化讓民眾可以進行監督，而具體的方法，例如：1966 通過資訊公開法案、1976 的陽光法案等。

（五）市場（market）：1970 年代，經濟發展停滯，公部門的浪費、無效率及回應性低落，使得改革者尋求私部門市場的機制，以提高政府效率。

另外，Nancy Roberts 所提之「行政課責模式」（administrative model of accountability）指出公部門課責包含三個課責機制，Roberts 認為這三項機制，可以詮釋並含括幾乎各個層面的公部門活動，其內涵為（Roberts, 2002: 659，轉引自王琪，2012：16-17）：

（一）以目標導向為基礎的課責（direction-based accountability）：確保組織目標與政治權威及選民利益都相符合，組織行動依此為據。

（二）以績效導向為基礎的課責（performance-based accountability）：清楚釐清組織的產出和結果，以備後續的成果評估，並審視是否與目標相連結，過程需符合管理實務的規範。

（三）以程序導向為基礎的課責（procedure-based accountability）：建立法律、規則、與規範，以限制和引導政府執行的方向。

不同於 Dowdle 利用年代進行公部門課責概念的演進分析，Roberts 的著眼之處，則以三種課責機制來詮釋公共課責整體內涵，認為公部門活動，無非在於確保目標達成符合政府與選民利益、將課責與績效作連接進行評估與形成約制政府的力量。

三、公部門課責的類型

關於公部門課責的分類相當多樣，受限於篇幅，無法一一整理介紹，僅能選取較常被國內學者專家所提及者。對 Romzek（2000: 22）來說，課責之所以成立，必須是在有合法性的權威關係中，委託人才可以要求代理人對其績效表現之結果提出說明。Romzek 與 Dubnick（1987: 228-230）以及 Romzek 與 Ingraham（2000: 242）認為，公共行政課責意指行政機關及其組織成員處理組織外部分歧之期望過程，因此根據「課責關係的權威來源」（課責之期待或控制是出自組織外部或內部？），以及「官僚機構受控制程度的高低」，亦即組織本身的「自主性程度」兩項關鍵要素，提出下列層級節制、法律、專業和政治四種課責關係（參考表❶），每種課責都有不同的價值強調與重視，但層級節制與法律課責的自主性較小且比較接近監督的關係，至於專業與政治課責則允許較大的自主性存在，擁有較大的裁量權。茲說明如下（轉引自張世杰，2009：118-119）：

（一）層級節制課責關係（hierarchical accountability relationships）

這是最爲人們所熟知的課責關係，其特徵是個人時常受到上級的監督，而工作上的許多行動需依照程序規則來辦事，故個人的自主性很低。由於權威的控制來源出自於內部，故這層關係主要表現在上級和部屬之間的課責關係。根據 Romzek 的觀點，直屬長官的工作監督與定期績效審核乃是這方面課責關係的典型代表。

（二）法律課責關係（legal accountability relationships）

當權威的控制來源是出自外部，而個人對於是否要遵守這些外部權威所制定的規則或期待之結果來辦事，沒有多大的自由裁量權時，此時的課責關係便是所謂的法律課責關係。Romzek 認爲，「潛藏在法律課責關係之下的是一種委託人與代理人的關係；課責的標準是針對代理人是否遵守委託人的期待（外部趨使的）」。雖然可以預期委託人會對代理人進行詳細的監督，但是這種課責形式是有點被動的。例如，國會對行政部門的監督或外在監督機關對某官僚機構人員申訴案件的審議等。值得注意的是，法律課責關係標榜的是「法治價值」，因此監督的重點在於檢視官僚機構是否有依法行政。

（三）專業課責關係（professional accountability relationships）

專業課責關係主要是反映在某些工作任務方面，若能給予個人高度的自主權，並使其根據內化的（internalized）專業規範與判斷來作決策時，這種工作任務的制度安排便是專業課責關係的具體表現。這類型的課責關係強調對行政專業知識的尊重，只要在可接受的實務範圍內，官僚機構公務人員的自由裁量權之行使，被期望是一種負責任的專業行為。因此，績效標準乃是根據同儕團體之間的專業規範、共同議定的準則與普遍盛行的實務規則來訂定。

（四）政治課責關係（political accountability relationships）

政治的課責關係給予官僚機構人員相當多的自主權來回應外在主要利害關係人的期望，例如民選官員、服務對象與一般大眾。根據 Romzek 的說法，在這層關係上，公務人員擁有自由裁量權來決定是否要或如何來回應這些利害關係人的關注與期待。此外，目前所強調顧客服務取向與對服務對象需求的回應性，也可視為是這種課責關係的展現。

表❶　課責系統的類型

	內部控制	外部控制
低度的自主性	層級節制	法律
高度的自主性	專業	政治

資料來源：Romzek（2000: 24），轉引自張世杰（2009：118）。

另外，如表❷所示，Richard Mulgan（2003: 65-66）的課責的機制則顯得更為精緻。其認為無論透過哪些課責途徑，任何課責制度都必然能夠回答下列問題：由誰負責？對誰負責？負什麼責？如何負責？以及負責的步驟。他進一步將政府的課責機制詳細分成：「選舉、立法監督、政策對話、媒體、司法監督、政府審計、調查與監控、民意反映及個人課責」九個面向。以「政策對話」這項課責機制為例，在民主國家中，民選政府和行政官僚須對其所制定和執行之政策負責，其所負責的對象包括無組織的社會大衆、明確的利害關係人和利益團體，並對他們負整體政策之責任。在政策對話機制之下，舉凡專業諮詢機構、政策社群的倡議和參與，乃至於藉由抗議手段，都是落實課責的方法（劉坤億，2009：68-69）。

表❷　政府課責的機制

課責機制	誰負責	對誰負責	負什麼責	如何負責	負責步驟
選舉	執政政府 個別議員	選民	總體績效	競選 政黨	討論 矯正
立法監督	執政政府 政府機關 個別官員	議會 大衆	總體績效 整體績效 個別決策	說明與報告 行政責任 委員會調查	資訊揭露 討論 矯正
政策對話	執政政府 行政官僚	利害關係人 利益團體 大衆	整體政策	諮詢機構 政策社群 抗議	資訊揭露 討論
媒體	執政政府 行政官僚	新聞工作者 大衆	整體政策 個別政策	新聞報導 採訪 揭弊	資訊揭露 討論
外部審查：司法監督	執政政府 行政官僚	法院 調查機關	依法行政 個別決策	聽證會 報告	資訊揭露 討論
外部審查：政府審計	執政政府 行政官僚	審計官 議會 大衆	財政適法性 總體績效	定期審計 績效考核	資訊揭露 討論 矯正
外部審查：調查與監控	行政官僚 公共服務之提供者	監察官員 督察人員 大衆	個別決策 成績 績效	調查 建議書	資訊揭露 討論
民意反映	行政官僚	大衆	整體政策 個別決策	申訴程序	資訊揭露 討論 矯正
個人課責	政治人物 個別官員	上司 法院 大衆	績效 依法行政	向上負責 揭弊	資訊揭露 討論 矯正

資料來源：Mulgan（2003: 109-110），轉引自劉坤億（2009：69）。

只給一天執行預算夠？公督盟籲檢討預算審查機制[2]

公民監督國會聯盟（公督盟）6月27日召開記者會，批評如今立法院審預算問題重重，一方面誇張的延宕，國營事業動輒延宕一年才通過，甚至出現只剩一天可以執行的窘境；另一方面，卻又不時出現立委疑似達成勒索目的後突然放水的情形，因此公督盟呼籲應全面檢討預算審查機制。

公督盟預算小組召集人李宗黎批評我國編預算品質不夠，常常是用特別預算，跟一般國家不同。這樣就像考試時先交給老師一個答案，先拿到分數，計算過程之後再說，實在不合民主國家法治要求。李宗黎說，執政黨常把監督之責丟給反對黨，但執政黨立委更應該要好好監督行政部門，因爲行政部門當中的文官系統不會輪替，他們往往爲了要能全身而退不惹麻煩，總是循往例辦事，如果不監督，就會繼續浮編預算下去。

公督盟執行長張宏林則指出，下周立法院要審議凍結的預算，雖然過去確實有立委挾怨報復，藉凍結勒索，但也有些是前面認眞審查，後面卻因爲忙選舉放水，這種也讓人無法接受。

張宏林列出四種常見凍結案審查放水招式，首先，行政單位書面報告敷衍行事，卻同意動支。再來，凍結理由未具體改善，卻同意動支。第三種，提出大量凍結案的立委，卻缺席實際審查，這種可能就是藉凍結勒索。最後，預算科目總量凍結，未附理由意義不明。

2 資料來源：中時電子報（http://www.chinatimes.com/realtimenews/20180627001828-260407 [2018/6/27]；檢閱日期：2018/7/2）。

第三節　非營利組織的課責

一、非營利組織的課責概念

課責一詞雖然最先用於政府部門，但課責並不純然是政府部門的概念，在企業部門中課責的途徑反而更加明確且有效。課責的觀念基本上有授權人及代理人間的關係，代理人代表授權人執行任務，並向授權人報告進度。授權人對代理人課以責任，最終的成果無非是希望經營能夠獲得利潤的回收。因此，課責可說是一種外在的判斷標準，讓組織中的某個人必須因爲其決策或行動而接受責難或獎勵（孫本初，2007：179-181）。

一般來說，課責使受託人與委託者之間建立一種特殊的關係，藉由這種關係的建立和展現，受託者必須受委託者的監督並向其負責或有所交代。不過，政府部門及企業部門的責任概念無法完全適用於非營利組織，主要的原因有下列幾項（張瓊玲，2008：7-8；孫煒，2004：146）：

（一）因爲成員的互動多是基於理念的契合及信任，缺乏明確的層級關係。

（二）組織的責任不局限於法律的遵守，更重要的是公共利益與公共信任的維持，故績效的指標並不明確。

（三）社會大衆對非營利組織追求公共利益的評價不盡相同，而且組織也多是以主觀的認定去落實組織的責任。

（四）非營利組織面對的團體多元，肩負著多重的責任，難以對全體對象負責。

此外，課責是規範組織內、外之相關的人、事是否達到有效治理的關鍵因素。若將上述課責的概念援引至非營利組織中，則非營利組織的課責是「**藉由遵守明確的法規命令等正式機制的使用，避免違法與不當行爲，並對財務進行完善的管理**」（江明修、梅高文，2002：24）。另外，有研究從組織的關係人以及責任的性質兩方面來討論非營利組織的課責，指出就關係人來說，非營利組織的課責可從與組織互動的群體（提供組織財貨或勞務的人、直接或間接受益的顧客和內部的董事、專職人員、志工三者）來觀之，看組織的經營管理可否被這些群體所信任，組織對所倡議、關懷議題及捐募的財源是否負責等。若以責任來說，則是檢視組織是否公開、釐清組織的經營責任隸屬，以及探討組織的經營成效應該由誰負責，這主要針對支薪的專職人員和執行長而言，認爲這些人需對組織決策的選擇負擔成敗所致（洪宇成，2005：22；孫煒，2004：147）。

二、非營利組織課責的特性

如上所述，課責一詞並未有確切且公定的說法，關於課責的意涵也相當多元，但本質上仍脫離不了權威單位有強制的監督機制，而被課予責任的單位則有解釋的義務，提供關於其行動與決策訊息給大眾或權威單位，知悉組織表現過什麼與想發展的目標等內容。根據周佳蓉（2007：2-27-2-32）的整理，非營利組織課責至少具有七項特性，試整理說明如下：

（一）透明度是基礎課責

非營利組織數量多且型態多樣，再加上社會大眾鮮少瞭解組織體制的設計，也不清楚何謂「非營利」，更不清楚組織是如何生存，而捐款人的錢到其手中之後又是如何的運用等，所以常對非營利組織有所誤解。但由於非營利組織的資源取之於大眾，因此如何善用金錢及建立資源使用和結果連結的財務報告，以展現組織的透明度乃是建立課責的基礎步驟。

（二）強調向使命宗旨負責

非營利組織課責的最終體現，即是在環境、利害關係人與治理壓力的氛圍之中可以選擇出另一條更舒適、安全的道路，組織的領導人仍能負責的闡釋、誠實且積極的提倡組織使命。課責可視爲一種管理策略，不管其模式和策略爲何，首先須確立宗旨與使命，再做發展策略、環境及資源偵測，並隨組織的使命、宗旨擬定相應的組織課責內容或利害關係人關係。

（三）強調向價值課責

非營利組織的價值基礎與許多課責過程、支持者角色、非營利組織的自主性及其組織運作有關，而且組織的價值觀亦會影響組織如何對其支持者負責。多數的組織皆認爲若將價值視爲主要的關注與動機，即是做到了負責任，但在組織中少有明確的機制展現，所以往往讓其他的因素稀釋了組織的價值和弱化組織與支持者的關係。

（四）強調組織的治理、表現與效能之課責

非營利組織課責在根本上是對組織的董事會或理事會的治理與經營管理之要求。組織治理的課責核心即是在組織使命的宗旨之下，經由過程和結果觀點，在一定的時間架構下檢驗其表現。而課責與效能的關係乃是組織若具備在開放且課責的環境下運作，目標也能夠清楚明瞭，則效能便可提高。

（五）強調情境依賴的多方對話與溝通

課責是「情境依賴」的。非營利組織的課責是以組織認同或自陳目標的情況下，許多利害關係人之間的對話或是協調過程。組織欲展現的課責不能僅以監督或制裁的手段對待之，可加入上下間的對話溝通或是組織間

相互約定及要求等非正式的課責機制來達到對社會的責任。

（六）強調非營利組織在公民社會之角色

非營利組織作爲公民社會的一員，應促進政治行動對動員、強化社會制度回應需求，以及促進社會制度的整體民主課責。非營利組織欲推動公民社會蓬勃，需奠定組織的自主性、與弱勢者接近、成爲具有代表性的結構，並花時間與民眾進行對話工作。雖然很難要求組織同時具有這些特質，但某程度缺乏課責，會導致組織表現不佳和代表性喪失的可能性。

（七）強調非營利組織課責與正當性

非營利組織課責是正當性管理與發展的一種過程，在制度的環境中除了組織自我努力外，也需要反映社會的觀感以提高社會的支持度與接受度。非營利組織的課責與正當性多表現於內容上及行爲程序上，如：組織的目的可接受知識的驗證、行爲合乎道德倫理或具社會代表性。

三、非營利組織的課責內容

課責的概念來自於公部門，相形之下，非營利組織的課責機制則顯得模糊而不明確。Romzek 和 Dubnick（1987，轉引自劉坤億，2009：70）曾提出「課責系統之外部控制——自我控制光譜」來說明公部門課責的來源，則如圖❶所示，左側爲外部控制，右側爲內部控制，政治、法律課責的力量來源多爲組織外部，而層級、專業與道德倫理則較偏向組織內部。若將此課責系統光譜援引至非營利組織，受到組織特性的影響，政治與層級課責較不適用，僅剩下外部控制的法律課責，以及屬於內部控制的專業課責和道德倫理課責。

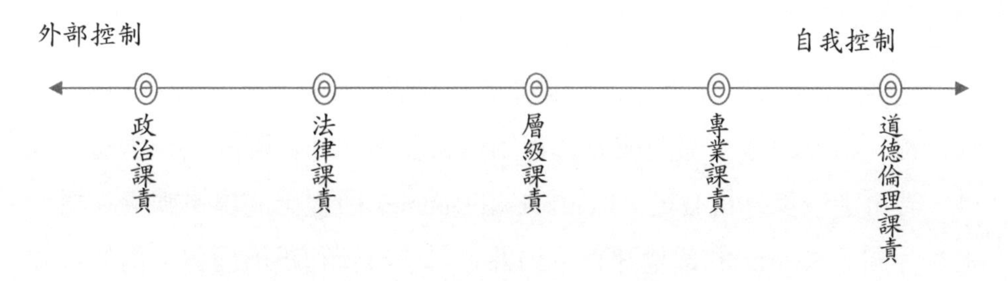

圖❶　課責系統之外部控制——自我控制光譜

資料來源：劉坤億（2009：70）。

此外，Kearns（1996；轉引自江明修、鄭勝分，2002：25）提出四種課責內容，希望非營利組織能將其整合於組織的策略規劃中：

（一）法律課責（legal accountability）：要求清楚的權威層級，遵守法律的精神和法律條文。

（二）協商課責（negotiated accountability）：要求對關係人的需求的高度回應。

（三）裁量課責（discretionary accountability）：要求在行使自由裁量權時，以知識和專業進行正確的判斷。

（四）預期課責（anticipatory accountability）：要求預測未來趨勢，並主動參與及倡導相關立法和行政創制。

然而，對非營利組織的課責並不侷限於法律或規則的限制與遵守，重要的是公共利益與公共信任的維持。此種課責的概念超越了監督控制的技術性課責，主要強調非營利組織對其關係人承諾的社會性課責，包括對一般公眾、新聞媒體、捐助者、董事、志工和其他利害關係人的責任與義務。由於非營利組織的課責對象相當多元，因此所涉及的課責面向也隨之廣泛，包含公共資訊的揭露、董事會的監督與信託責任、同儕課責、對關係人的回應、組織使命的正當性、募款倫理與廉潔等（江明修、鄭勝分，

2002：26）。

總結上述得知，雖然目前有關非營利組織的課責內容並無一明確的共識基礎，但無論是公部門或非營利組織皆需要外部控制的法律課責。此外，若再進一步分析發現，Romzek 和 Dubnick 所提出的專業課責在概念上實等同於 Kearns 的裁量課責。另外，對於非營利組織而言，由於較強調社會性課責，因此道德倫理課責應也適用於非營利組織中。也因之，非營利組織的內部控制內容至少應包含協商、裁量／專業、預期與道德倫理課責等項目。

實務櫥窗

財團法人法三讀 宗教法人不納入[3]

立法院於 2018 年 6 月 28 日三讀《財團法人法》，對於爭議已久的宗教財團法人是否適用該法，經朝野協商後，決議將宗教法人排除在外，將另立專法《宗教團體法》來規範宗教團體組織，在尚未完成修法之前，宗教財團法人適用《民法》及相關規定。

民進黨團表示，我國即將面對亞太防制洗錢組織第三輪相互評鑑，被點名要修訂《國際司法互助法》、《財團法人法》及《公司法》，有其急迫性，若是卡在是否納入宗教法人則後面都很難談下去，因此民進黨同意暫時先排除宗教法人。另有民進黨立委表示，財團法人有法制化的必要性，目前《民法》對於財團法人規範密度明顯不足，必須交錯適用各項法規命令及行政規則，實務上出現很多問題，即使發生問題也無法做有效管制，且財團法人分爲政府捐助跟民間捐助，種類性質相當多樣，卻未有不同密度的管理，長久以來爲社會所詬病。因此，財團法人應該公開財務及建立

3 資料來源：中時電子報（http://www.chinatimes.com/realtimenews/20180627003041-260407 [2018/6/27]；檢閱日期：2018/7/2）。

管理機制，是洗錢防制的重要一環，非營利組織在社會上扮演著重大角色，是以公共利益作爲運作目標，但是現在卻常被污名化是「小金庫」或「逃漏稅工具」，因此讓財團法人的財務透明化、公開人事制度、建立機制是政府不可迴避的責任。

此次修法朝野在排除宗教法人後協商還算順利，不過國民黨對於其中幾條很有意見，其中規定「原政府捐贈之財團法人後來轉爲民間的財團法人者，經主管機關審認該財團法人之政策目的仍存在時，得捐贈財產補足差額，回復爲政府捐助之財團法人」，國民黨立委認爲既然已經由公轉私了，也要看這些組織的意願，而不是認定有必要就強行「買回」，根本「霸王條款」。

四、非營利組織的課責方式

大抵而言，由於上述有關非營利組織的課責內容還是停留在較爲抽象的層次，以下則嘗試整理較具體的非營利組織的課責方式。

（一）他律管制

一般而言，政府會制定相關法律，從公共服務、公共政策與財務法規等實務面向來監督非營利組織的運作。目前我國規範非營利組織的他律法規有民法、人民團體法、各部會財團法人的設立標準及監督準則、免稅法規及募捐法規（馮燕，2000：77-88）。由於政府以他律管制來對非營利組織進行管理，主管機關不僅可藉由組織所公開的資訊來偵察舞弊，也提供主管機關掌握組織的行動（許崇源，2001：545）。不過，政府以法令對非營利組織的作爲進行課責，可能會產生角色衝突的情形，亦即一方面要組織協力合作提供公共服務，另一方面又要負起監督組織之責。其次，非營利組織多元的目標及任務常涉及數個政府機關業務，層級間可能協調不易，致使監督發生困難。因此，若僅憑政府他律的方式來監督非營利組織的作爲，難以保證課責的有效性（孫煒，2007：220）。

（二）自律規範

自律的規範是由專業人員相互約定自願遵循的準則。一般而言，非營利組織的自律規範內容可從較低層次的職工、志工活動規定、對外社交原則到較高層次的職工、志工倫理要求與道德標準。多數非營利組織的自律規範以董事會爲重心，期望執行長對組織資源運用的績效負責，較忽略了自身表現的課責。其實非營利組織的董事會也應重視對內的課責，其自律的規範的內容包括以下各項（孫煒，2007：221-224）：

1. 明確表達使命與願景：依非營利組織現行的使命與追求的願景，形成組織整體、個別成員的責任和義務或是制訂組織策略，使得組織行爲不致偏離核心組成的價值。
2. 利益迴避原則：董事會雖不宜完全排除與組織利益相關的人士爲其成員，但卻也必須強調制定相關政策時，利益關係人應主動迴避，以保證決策的客觀公正。
3. 確認議題的優先順序：根據非營利組織的未來目標在諸多重要議題中設定優先順序，用以責成執行長運用資源、發展策略來處理這些議題。
4. 與關係人進行溝通：爲確定瞭解關係人眞正情況與需求不無問題，董事會應定期對組織各關係人進行直接、開放的雙向溝通，使這些關係人的代表能直接得知董事會的決策，並將其意向納入討論與決策之中。
5. 設定即時自身評鑑指標：董事會可在每次開會之後，以口頭或匿名問卷的方式，對會議議程的合理性、報告資料完整性與適用度、行動方案可行性、會議過程或結構的有效性等事項，作爲改進董事會自身的指標。

6. 定期的正式評估：董事會應每年或每兩年對本身的績效做系統性地深入評估，對於董事會的各項功能進行完整的評估並以正式報告的形式在開會時確實討論。
7. 嘗試新的工作態度與方式：董事會應以持續學習的態度，利用上述評估的方式反饋至董事會的運作，針對董事會提出新的工作思維與程序。

在臺灣，「臺灣公益團體自律聯盟」即可視爲是非營利組織自律的表現，在聯盟裡所訂的自律規範，極力強調恪守組織合法性、不分配盈餘、注重組織治理與監督、誠信募款、訂定服務目標及流程評估、財務透明、資訊公開、利益迴避等，都意味著非營利組織欲透過公開透明的自律方式以爭取社會大眾的信任。

（三）結果評鑑

非營利組織由於缺乏利潤的概念，因此若不重視績效管理，不僅難以提升效率，組織使命也無法落實。因此，績效管理是非營利組織長期求生存發展、得到社會肯定的關鍵要素（司徒達賢，1999：310）。績效結果的評鑑不僅可以瞭解單位部門個別職位的表現，更可以確知各部門績效的加總是否能夠成就組織整體目標的達成（黃新福、盧偉斯，2006：375）。衡量非營利組織的績效可從使命達成度與社會接受度、效率（成本效益的比率、作業程序合理性的確保）、外界投入資源的充沛程度、捐款人及同仁的滿意度、組織資源與力量配置的平衡度、轉換度等指標來進行評估（司徒達賢，1999：314-324）。

然而，相較於政府和營利組織，非營利組織不僅於輸入與影響間的因果關係、產出與整體社會影響的關係難以明確界定，組織所提供的輸出更是經常以某種服務的形式提供，不容易使用具體指標來加以衡量。此外，非營利組織在追求多重目標的優先順序時，往往也會牽涉組織內部政治活動以及各種關係人間的權力結構，故組織多半不願意正面處理目標不一致的問題。其次，績效評鑑的監督功能有降低非營利組織適應環境能力的可能性，甚至形成排擠效應、投機作爲、目標轉換等的負面效果。因此，在進行非營利組織的結果評鑑時需注意應將評量達成使命的程度視爲是評量績效的首要工作，對於不同類型的非營利組織應該採取不同的績效評量機制。不僅要以客觀的指標進行評估，也需納入關係人的主觀認知判斷，而且因爲組織的績效無法化約爲單一層面，故可在評量時將組織的績效視爲一個多重層面的階級體系，由不同的角度予以評量（孫煒，2006：182-202）。

公管小檔案　日本中間支援組織——仙台・宮城 NPO 中心[4]

日本「中間支援組織」是「爲支援非營利組織而存在之非營利組織」。此類型的組織特別強調中介特質，本身介於非營利組織和資源提供者（政府、企業、民眾等捐款者和志願服務者）之間，藉由資訊提供、諮詢、評估以降低交易成本，並累積信任，進而從事人、財、物與資訊等資源仲介，目前在臺灣尚未有類似性質的組織。

「仙台・宮城 NPO 中心」成立於 1997 年 11 月，而於 1999 年 7 月取得法人資格，爲一「民設民營」的中間支援組織。該中心成立的使命爲「支援非營利組織，整備有利非營利組織發展的社會環境，結合非營利組織、行政部門、企業部門與民眾，共創有活力的社會」，故該中心自我定位爲「仲介型 NPO 支援組織」，而其所支援的非營利組織不限於取得法人

4 資料來源：改寫自林淑馨（2014）論文。

格的特定非營利活動法人，還包含市民公益活動團體在內。

研究指出，「仙台・宮城NPO中心」發揮如下三項功能：(1) 積極提供誘因，發揮第三者認證的實質監督功能；(2) 發揮雙面仲介功能，建立長期雙向的永續關係；(3) 發揮建構支援網絡與跨縣市的廣域支援網絡之平台功能；其中又以第一項發揮實質監督功能最爲特別。該中心爲了促使第一線非營利組織能體認到資訊公開的重要性，在資料的質與量方面多投注心力，乃規劃資料陳列與資訊登錄雙向管道，要求參與的組織遵守並需定期更新，同時將各個組織資訊公開的狀況予以適當的評比（1-5顆星），也就是進行第三者認證。期望透過系統化公開第三者認證的做法，爭取社會大眾對非營利組織的認同與信賴。另一方面，爲了提高組織的參與意願，中心提供多項誘因：除提供組織來自企業或政府的相關資訊外，也給予經濟方面的援助。由此可知，政府部門對於非營利組織僅能提供形式規範，要求其遵守，但礙於人力與專業，卻無法對內容做具體審核，而該中心正好彌補政府部門在此方面所產生的制度缺失，發揮實質審查與監督的功能。

歷屆考題

1. 有關政務官與事務官之比較，下列敘述何者錯誤？（107 年公務員初考：行政學大意） (D)
   (A)政務官因特定政治條件而任職及去職，事務官是依法進用的公務員
   (B)政務官負責政策決定或政務領導，事務官從事法律與政策的執行
   (C)政務官與政治才能相關，事務官須具專業才能
   (D)政務官僅負政治責任，事務官則負行政責任和法律責任
2. 以行政機關爲主體，公務員勇於向外界揭發機關弊端，係屬下列何種行政責任的確保途徑？（105 年公務員初考：行政學大意） (C)
   (A)內部正式途徑
   (B)外部正式途徑
   (C)內部非正式途徑
   (D)外部非正式途徑
3. 下列那一項非屬於非營利組織的主要課責方式？（106 年身心障礙人員特考：公共管理概要） (B)
   (A)結果評鑑
   (B)獲利評價
   (C)自律規範
   (D)他律管制
4. 非營利組織有必要向公眾或相關政府部門展示其服務效率與效能，是屬於那一類非營利組織的壓力？（107 年身心障礙人員特考：行政學大意） (C)
   (A)志願性社會服務失敗的壓力
   (B)社會服務專業化的壓力
   (C)社會課責的壓力

(D)可信賴性的壓力

5. 新公共管理理論認為行政人員的課責途徑，主要在於：（105年身心障礙人員特考：行政學大意） (B)

(A)社會代表的

(B)市場導向的

(C)多元面向的

(D)層級節制的

6. 史塔寧（G. Starling）認為行政責任涵義包含六項：回應、彈性、勝任能力、正當程序、負責，以及下列何者？（105年身心障礙人員特考：行政學大意） (C)

(A)權威

(B)民主

(C)誠信

(D)組織

7. 成立「調查委員會」是屬於那一種途徑來確保行政責任？（102年身心障礙人員特考：行政學大意） (A)

(A)內部正式確保途徑

(B)外部正式確保途徑

(C)內部非正式確保途徑

(D)外部非正式確保途徑

8. 下列何者不是新公共管理主張小而美政府可能帶來的疑慮？（105年原住民特考：公管概要） (A)

(A)對公務人員缺乏課責機制

(B)消費主義可能導致民粹主義

(C)政府萎縮，加劇大型企業的寡占和壟斷

(D)民營化可能產生圖利與腐化的倫理問題

9. 根據梁瑞克（Babara S. Romzek）的觀點，直屬長官的工作監督與定期績效審核乃是屬於下列何種課責關係？（106年原住民特考：行政學大意） (A)

(A)層級節制課責關係
(B)法律課責關係
(C)專業課責關係
(D)政治課責關係

10. 以行政機關爲主體，行政責任的實踐得分爲內部／外部並各有正式／非正式途徑，美國尼克森總統因媒體針對水門事件持續報導評論，迫使其辭職下台。依據吉伯特（C. Gilbert）的看法，此種媒體監督係屬下列何種行政責任的確保途徑？（105 年原住民特考：行政學大意） (D)
(A)內部正式確保途徑
(B)外部正式確保途徑
(C)內部非正式確保途徑
(D)外部非正式確保途徑

11. 政策方案的執行常涉及許多機關，在多頭馬車事權不一的情況下，最易造成問責機制的下列那一種情形？（104 年原住民特考：行政學大意） (B)
(A)執行責任的僵化
(B)執行責任的分散化
(C)執行責任的例行化
(D)執行責任的空洞化

12. 公部門課責機制的運作，可由課責來源是內在或外在，以及控制程度高低進行區分，請問下列何種形式的課責來源是來自於行政組織外部，且控制程度較高者？（102 年原住民特考：行政學大意） (D)
(A)官僚
(B)專業
(C)政治
(D)法律

參考文獻

一、中文資料

王琪，2012，《政府捐助之財團法人的公共課責研究——以內政部捐助的財團法人爲例》，台北：國立台北大學公共行政暨政策學系碩士論文。

史美強，2010，《都會永續發展全觀型治理下治理能力與課責之研究：以台中都會區治安面向爲對象》，行政院國家科學委員會專題研究計畫成果報告，未出版。

司徒達賢，1999，《非營利組織的經營與管理》，台北：天下。

江明修，2005，《公私協力關係中台灣非營利組織公共課責與自主性之探究：理論辯證與制度設計》，行政院國家科學委員會專題研究計畫成果報告，未出版。

江明修、梅高文，2002，〈非營利管理之法制議題〉，江明修（編），《非營利管理》，台北：智勝，頁 19-44。

江明修、鄭勝分，2002，〈非營利管理之協力關係〉，江明修（編），《非營利管理》，台北：智勝，頁 81-14。

江明修、鄭勝分，2010，〈政府與第三部門協力關係之關鍵議題：公共課責與自主性之探究〉，《研習論壇理論與實務》，116：1-24。

吳定、張潤書、陳德禹、賴維堯、許立一，2007，《行政學（修訂再版）》，台北：空大。

吳英明，2000，〈公共管理 3P 原則——以 BOT 爲例〉，黃榮護（編），《公共管理》，台北：商鼎，頁 585-632。

呂苔瑋、邱玲裕、黃貝雯、陳文儀譯，2006，《公共管理與行政》，台北：雙葉。譯自 Owen E. Hughes. *Public Management & Administration*. UK: Palgrave

Macmillan. 2003.

林淑馨，2014，〈日本中間支援組織的意義、啓示與課題：以仙台．宮城NPO中心爲例〉，《文官制度季刊》，6（3）：109-142。

周佳蓉，2007，《環保團體課責表現衡量架構之建立與實證研究》，高雄：國立中山大學公共事務管理研究所博士論文。

洪宇成，2005，《宗教性非營利組織課責之研究——以花蓮縣爲例》，花蓮：國立東華大學公共行政研究所碩士論文。

孫本初，2007，《新公共管理》，台北：一品文化。

孫煒，2004，〈非營利管理的責任問題：政治經濟研究途徑〉，《政治科學論叢》，20：141-166。

孫煒，2006，〈非營利組織績效評量的問題與對策〉，《政治科學論叢》，28：163-202。

孫煒，2007，《第三部門的治理研究》，台北：翰蘆。

張世杰，2009，〈公共部門的多元課責關係困境：台灣全民健康保險制度的個案分析〉，《法政學報》，22：107-142。

張瓊玲，2008，〈探討非營利組織與政府互動的課責機制——以托育服務爲例〉，「2008台灣公共行政與公共事務系所聯合會（TSP）夥伴關係與永續發展國際學術研討會」論文（5月24日），台中：東海大學行政管理暨政策學系主辦。

許崇源，2001，〈我國非營利組織責任及透明度提升之研究：德爾菲法之應用〉，《中山管理評論》，9（4）：540-566。

郭昱瑩，2011，〈基金會之預算課責〉，余致力（編），《廉政與治理》，台北：智勝，頁194-216。

陳志瑋，2005，〈邁向民主課責：透明化機制運用之分析〉，《國家菁英季刊》，1（4）：131-148。

陳敦源，2009，〈透明之下的課責：台灣民主治理中官民信任關係的重要基礎〉，

《文官制度季刊》，1（3）：21-55。

馮燕，2000，〈非營利組織的行銷管理與募款策略〉，蕭新煌（編），《非營利部門：組織與運作》，台北：巨流，頁 1-42。

黃新福、盧偉斯，2006，《非營利組織與管理》，台北：空大。

劉淑瓊，2005，〈績效、品質與消費者權益保障：論社會服務契約委託的責信課題〉，《社會政策與社會工作學刊》，9（2）：31-93。

劉坤億，2009，〈政府課責性與公共治理之探討〉，《研考雙月刊》，33（5）：59-72。

二、西文資料

Day, P. & Klein, R. 1987. *Accountabilities: Five Public Services*. London & New York: Tavistock Publications.

Hughes, O. E. 1998. *Public Management and Administration: An introduction*. N.Y.: St. Martin's Press.

Kearns, K. P. 1994. "The Strategic Management of Accountability in Nonprofit Organizations: An Analytical Framework." *Pubic Administration Review* 54(2): 185-192.

Kearns, K. P. 1996. *Managing For Accountability: Preserving the Public Trust in Public and Nonprofit Organizations*. San Francisco: Jossey-Bass.

Koppell, J. G. S. 2005. "Pathologies of Accountability: ICANN and the Challenge of Muliple Accountabilities Disorder." *Pubic Administration Review* 65(1): 94-108.

Romzek, B. S. & M. J. Dubink 1987. "Accountability in the Public Sector: Lesson from the Challenger Tragedy." *Public Administration Review* 47(3): 227-237.

Romzek, B. S. & P. W. Ingraham 2000. "Cross Pressure of Accountability: Initiative, Command, and Failure in the Ron Brown Plane Crash." *Public Administration Review* 60(3): 240-253.